STEPHAN STEINGRÄBER / HORST BLANCK (HRSG.)

VOLTERRA

ETRUSKISCHES UND MITTELALTERLICHES JUWEL IM HERZEN DER TOSKANA

SONDERBÄNDE DER ANTIKEN WELT

Zaberns Bildbände zur Archäologie

VERLAG PHILIPP VON ZABERN · MAINZ AM RHEIN

STEPHAN STEINGRÄBER / HORST BLANCK (HRSG.)

Volterra

ETRUSKISCHES UND MITTELALTERLICHES JUWEL
IM HERZEN DER TOSKANA

VERLAG PHILIPP VON ZABERN · MAINZ AM RHEIN

V, 142 Seiten mit 101 Farb-, 35 Schwarzweiß- und 33 Strichabbildungen

Umschlag vorne: Volterra, Blick auf das römische Theater mit den Überresten des Bühnenhauses. (Photo R. Asmus)

Umschlag hinten: Volterra, le Balze und die verlassene Kamaldulenser-Abtei (vgl. auch Abb. 4, S. 7). (Photo S. Steingräber)

Vorsatz vorne: Volterra. Stadtansicht. (Photo S. Steingräber)

Vorsatz hinten: Volterra. Über den Dächern der Altstadt. (Photo S. Steingräber)

Frontispiz: Volterra, Via Roma. Portale von 1868 in Cotto. (Photo S. Steingräber)

Bibliographische Information der Deutschen Bibliothek

Die Deutsche Bibliothek verzeichnet diese Publikation
in der Deutschen Nationalbibliographie; detaillierte bibliographische Daten
sind im Internet über <*http://dnb.ddb.de*> abrufbar.

ISBN 3-8053-2540-1
Gestaltung: Ilka Schmidt, Verlag Philipp von Zabern, Mainz
Redaktion: Gerhild Klose, Bärbel Morstadt, Annette Nünnerich-Asmus, Verlag Philipp von Zabern, Mainz
Lithos: Scan Comp GmbH, Wiesbaden

Printed in Germany by Aumüller Druck KG, Regensburg
Printed on fade resistant and archival quality paper (PH 7 neutral) · tcf

In Erinnerung an
Enrico Fiumi, Franco Lessi;
Franco Porretti und
Otto Wilhelm von Vacano

Inhalt

8

Vorwort

Die Idee eines Sonderbandes der ANTIKEN WELT über Volterra geht auf den 18. Juni 1994 zurück, als der Verleger Franz Rutzen, der Archäologe Horst Blanck und die englische Journalistin Alta Macadam von der Stadt Volterra im feierlichen Rahmen des mittelalterlichen Palazzo dei Priori mit dem Orden der «Dignitari dell'Ombra della Sera» ausgezeichnet wurden. Daß die Realisierung dieses Projektes mehr als acht Jahre in Anspruch nahm, hat diverse Gründe wie etwa die späte Abgabe einiger Beiträge und die lange Abwesenheit des Mitherausgebers Stephan Steingräber im fernöstlichen Japan, wo Volterra und sein Alabaster durchaus ein Begriff sind.

Für das Zustandekommen dieser Volterra-Publikation sei vor allem Franz Rutzen, dem «Lokalheros» Piero Fiumi, allen Autoren und den Photographen Fabio Fiaschi und Piernello Manoni aus Volterra sowie Akio Suzuki aus Japan gedankt. Bedanken möchten wir uns auch bei den Mitarbeitern der Redaktion ANTIKE WELT des Verlages Philipp von Zabern, die für das gute Gelingen dieses Sonderbandes das ihrige beigetragen haben: Annette Nünnerich-Asmus, Beatrice Zucker, Gerhild Klose, Bärbel Morstadt und Ilka Schmidt.

Dieser erstmals einer etruskischen Stadt gewidmete Sonderband der ANTIKEN WELT umfaßt 16 Beiträge von 15 Autoren aus mehreren Nationen – vor allem aus Deutschland und Italien – unterschiedlicher Thematik von der frühen Eisenzeit bis in die heutigen Tage, wobei einige Kapitel mehr Überblickcharakter haben, andere von speziellerer Art sind. Die meisten Autoren sind Ordensträger der Volterraner «Ombra della Sera» und Prähistoriker, klassische Archäologen, Etruskologen, Kunsthistoriker, Architekten, Stadtplaner oder Journalisten.

Hauptziel dieser reich bebilderten Publikation ist es, Volterra – dieses primär etruskisch und mittelalterlich geprägte Juwel im Herzen der Toskana – auch einem größeren Publikum stärker bekannt zu machen in seiner Geschichte, Urbanistik und Architektur, in seinen Monumenten und Kunstschätzen aus fast 3000 Jahren, in seiner Symbiose mit dem Alabaster, aber auch in seinen aktuellen Problemen, in Wort und Bild. Das thematische Schwergewicht liegt freilich auf der Antike.

Möge dieser Volterra-Sonderband vielleicht der Start für eine Serie von weiteren Sonderbänden interessanter antiker Städte Etruriens sein wie etwa von Cortona, Perugia, Chiusi, Orvieto und Tarquinia!

Stephan Steingräber und
Horst Blanck, Rom 2002

Stephan Steingräber

Einleitung

Volterra, «Stadt der Etrusker», «Stadt des Mittelalters», «Stadt des Alabasters, des Salzes und Alauns», «la città di vento e di macigno» (Gabriele d'Annunzio) – dieses Juwel von herbem Reize und charaktervoller Schönheit im Herzen der nordwestlichen Toskana und im Spannungsfeld von Siena, Pisa und Florenz ist vielfach beschrieben, gerühmt und besungen worden und steht doch – teilweise zu Unrecht – im Schatten mancher ihrer toskanischer Schwestern. Für seine etruskische Vergangenheit, als es zu den Mitgliedern des mächtigen Zwölfstädtebundes gehörte, stehen vor allem die wuchtigen Stadtmauern mit der berühmten, von drei verwitterten Köpfen geschmückten Porta all'Arco sowie das altehrwürdige Museo Guarnacci mit der an Skulpturen des modernen Künstlers A. Giacometti erinnernden, stark überlängten und abstrahierten Bronzestatuette der «Ombra della Sera» und Hunderten von meist aus lokalem Alabaster gearbeiteten, reliefverzierten Urnen. Die römische Epoche wird durch das große Theater und die Thermen, das Mittelalter durch den wappengeschmückten Palazzo dei Priori, den Dom mit Baptisterium und die charakteristischen Turmhäuser, die Renaissance durch den Palazzo Minucci-Solaini verkörpert, der heute die Pinakothek mit der Kreuzabnahme des Rosso Fiorentino als Höhepunkt beherbergt.

Volterra, diese «Stadt am Scheideweg», in der die Geschichte noch lebendig ist, ruft Assoziationen an zahlreiche Persönlichkeiten unterschiedlichster Couleur wach wie etwa den etruskisch-volterraner Politiker und Freund Ciceros Aulus Caecina (1. Jh. v. Chr.), den Volterraner satirischen Dichter Aulus Persius Flaccus (34–62 n. Chr.), den aus Volterra stammenden zweiten Papst Linus (der 78 n. Chr. den Märtyrertod starb), Papst Leo den Großen (5. Jh.), Kaiser Otto den Großen (10. Jh.), Italiens Dichterfürsten Dante Alighieri und die Maler Francesco Neri (14. Jh.), Giovan Battista di Jacopo detto il Rosso Fiorentino (16. Jh.), Daniele Ricciarelli detto Daniele da Volterra (16. Jh.) sowie Salvator Rosa (der von 1641–1649 in Volterra lebte), den «Condottiere» Federico da Montefeltro («Sacco fiorentino di Volterra» 1472), den Volterraner Prälaten und «Etruskologen» Mario Guarnacci (1701–1785), Francesco Inghirami (1772–1846) und andere, meist adlige Lokalgelehrte des 18. und 19. Jhs., den französischen Dichter Stendhal und den französischen Maler Jean-Baptiste-Camille Corot (der 1834 eine wunderschöne Stadtansicht Volterras malte), die beiden englischen Bildungsreisenden George Dennis (der 1848 sein berühmtes Werk *Cities and Cemeteries of Etruria* publizierte) und Samuel Ainsley (der die Etrurienreise mit Dennis in schönen Zeichnungen und Aquarellen illustrierte), den englischen Schriftsteller David Herbert Lawrence (der 1927 in seinen *Etruscan Places* auch Volterra eindringlich beschrieb), Italiens Gabriele d'Annunzio (der sich im Herbst 1909 im Albergo Nazionale von Volterra für sein berühmtes *Forse che si forse che no* inspirieren ließ, woran eine Gedenktafel am Hoteleingang erinnert), den Volterraner Archäologen und langjährigen Museumsdirektor Enrico Fiumi, die zeitgenössischen Schriftsteller Carlo Cassola und Rudolf Borchardt, die Filmregisseure Luigi Comencini (*La ragazza di Bube* von 1963), Luchino Visconti (*Vaghe stelle dell' orsa* von 1965) und Ermanno Olmi (*Cammina, cammina* von 1980). In Viscontis Film, der hauptsächlich im Palazzo Viti und in der Villa Palagione bei Volterra gedreht wurde, spielte Claudia Cardinale eine ihrer ersten Hauptrollen.

Volterra ist heute nicht nur ein touristisches Ziel, sondern ist stolz auf seine Tradition und verfügt über ein reiches Kulturleben. Das mittelalterliche Erbe kommt in den 12 *contrade* und in großen historischen Festen zum Ausdruck. Zahlreiche Alabasterwerkstätten und -geschäfte prägen bis heute das weitgehend intakte Stadtbild. Drei wichtige Museen verdienen einen Besuch, nämlich das auf das 18. Jh. zurückgehende archäologische Museo Guarnacci, die Pinakothek im Palazzo Minucci-Solaini und das Museo di Arte Sacra neben dem Dom. Hinzu kommen

1

***Abb. 1** Ansprache des Bürgermeisters von Volterra anläßlich der Ordensverleihung im Juni 1994 im Palazzo dei Priori.*

***Abb. 2** Die Ordensträgerin Claudia Cardinale zusammen mit F. Cristaldi, F. Porretti, B. Raspi und P. Fiumi 1974 in der Volterraner Alabasterwerkstatt von Piero Fiumi.*

das Teatro Persio Flacco, Bibliotheken (vor allem die Biblioteca Guarnacci), die z. T. zugänglichen Adelspaläste wie der Palazzo Viti, altehrwürdige Akademien wie die Accademia dei Sepolti (seit 1597) und die Accademia dei Riuniti (seit 1819). Seit 1995 hat das sog. Laboratorio Universitario Europeo, an dem die Stadt Volterra, die Provinz Pisa sowie verschiedene europäische Universitäten beteiligt sind, seinen Sitz in der mittelalterlichen Torre Toscano. Auch Italiens Elite-Universität, die sog. Scuola Normale Superiore von Pisa, plant in Zukunft Kurse in Volterra abzuhalten.

Eine besondere Erwähnung verdient der sog. Ordine dei Dignitari dell'Ombra della Sera, der jedes Jahr Persönlichkeiten – Wissenschaftlern, Journalisten, Politikern, Schriftstellern, Schauspielern etc. – verliehen wird, die sich um Volterra verdient gemacht haben (Abb. 1). Dem illustren Kreis der inzwischen 104 Ordensträger aus 13 verschiedenen Nationen gehören etwa die verstorbenen Etruskologen Massimo Pallottino und Otto Wilhelm von Vacano, der Journalist Enzo Biagi, der Verleger Franz Rutzen und die Schauspielerin Claudia Cardinale an (Abb. 2). Die feierliche Zeremonie der Ordensverleihung findet im mit Fresken ausgemalten Ratssaal des Palazzo dei Priori in Anwesenheit des Volterraner Bürgermeisters und Bischofs, anderer örtlicher Autoritäten, bisheriger Ordensträger und der Volterraner Bevölkerung statt. Weitergefeiert wird mit einer großen, von edlen Weinen begleiteten Cena im Restaurant des Albergo Nazionale. Unter den Begründern dieses Volterraner Ordens sind vor allem Piero Fiumi und der leider im August 2000 verstorbene Franco Porretti hervorzuheben.

Zwei weitere Institutionen spielen eine wichtige Rolle im Kulturleben von Volterra. Das ist einmal die örtliche Cassa di Risparmio, die ein eindrucksvolles Studienzentrum, das sog. Centro Studi S. Maria Maddalena, hinter dem Baptisterium in ehemaligen Gebäuden des alten Krankenhauses unter Einbeziehung etruskischer, römischer und mittelalterlicher Reste eingerichtet hat, wo u. a. wissenschaftliche Kongresse und Symposia abgehalten werden wie 1995 ein großer Kongress des Istituto di Studi Etruschi über «Aspetti della cultura di Volterra etrusca» und zuletzt im Juni 2002 eine Tagung über den Volterraner Lokalgelehrten Monsignor «Mario Guarnacci (1701–1785) – Un erudito toscano alla scoperta degli Etruschi» (ein toskanischer Gelehrter entdeckt die Etrusker). Zum anderen ist lobend das internationale Kultur- und Bildungszentrum der schönen, mit Fresken ausgeschmückten und malerisch unter dem Monte Voltraio bei Volterra gelegenen Villa Palagione hervorzuheben, in dem Ferienseminare und -kurse unterschiedlicher Thematik abgehalten werden und deren Chefin Antonella Stillitano, eine temperamentvolle toskanisierte und fließend Deutsch sprechende Kalabresin, aktiv die diversen Volterraner Kontakte auf europäischer Ebene mitgestaltet.

2

Der Tourismus spielt zweifelsohne heute für Volterra eine immer wichtigere Rolle, nachdem sich die einst viele Hundert Arbeitsplätze garantierende Alabasterindustrie schon seit längerem in einer Krise befindet, und die früher in ganz Italien bekannte psychiatrische Anstalt für immer ihre Tore geschlossen hat. Man setzt auf Bildungstourismus, auf «turismo di qualità», auf die Erweiterung der «Università Europea». Hinzu kommen Agriturismo in der Umgebung sowie eine beachtliche lokale Gastronomie, die sich in einer Vielzahl von Restaurants und Spezialitätenläden niederschlägt.

Volterra ist kein heiterer, einfacher Ort, besonders nicht im Spätherbst und Winter. Schon D. H. Lawrence beschrieb die Stadt als düster und kalt, als streng, abweisend und eng mittelalterlich, als eine Stadt aus Wind und Stein. Das Umland mit den Balze empfand er als bedrückend, trostlos und abstoßend. Mehr Sympathie bekundete er für die Volterraner Urnen, die er zwar fremdartig, aber doch lebendig und anziehend, faszinierend «wie ein aufgeschlagenes Buch des Lebens» fand. Doch gerade in dieser Herbheit, Düsterkeit, mittelalterlichen Strenge, charaktervollen Landschaft und der allgegenwärtigen Präsenz der ruhmreichen etruskischen Vergangenheit liegt für viele heutige Besucher, aber auch für viele Volterraner, der besondere Reiz dieser einzigartigen Stadt.

Stephan Steingräber

Das antike Volterra

Geschichte und Topographie, Monumente und Kunst

Volterra mag im Schatten anderer toskanischer Städte stehen, doch sind sowohl die Stadt mit ihren bedeutenden antiken Monumenten, ihren wuchtigen mittelalterlichen Palazzi und engen Gassen als auch ihre beherrschende Lage und charaktervolle umgebende Landschaft von eindrucksvoller herber Schönheit (Abb. 3). So zeigten sich bereits 1843 die beiden englischen Bildungsreisenden George Dennis und Samuel Ainsley bei ihrem ersten Besuch tief beeindruckt von Volterra und hielten ihre Eindrücke in Wort und Bild fest. Unter den zahlreichen literarischen und künstlerischen Besuchern dieser nordwesttoskanischen Stadt, die auf eine mehr als 2500 Jahre alte kontinuierliche Geschichte zurückblicken kann, seien nur der bekannte englische Schriftsteller David Herbert Lawrence (*Etruscan Places*, 1932) und der französische Landschaftsmaler Jean-Baptiste Camille Corot des 19. Jh. hervorgehoben; letzterer verewigte Volterra in seinem bekannten Bild von 1834. Heute ist Volterra eine liebenswerte Kleinstadt, sicher nicht frei von sozialen und wirtschaftlichen Problemen, aber immer noch über ein reiches und lebhaftes lokales Kulturleben und die lange Tradition der Alabasterwerkstätten verfügend. Die Accademia dei Sepolti und die jährliche Verleihung des «Ombra della Sera»-Ordens an illustre in- und ausländische Persönlichkeiten im altehrwürdigen Palazzo dei Priori unter Anwesenheit des (dem linken politischen Spektrum angehörenden) Bürgermeisters und des örtlichen Bischofs sind Ausdruck dieser lebendigen kulturellen Tradition.

Geschichte

Auf einem steilen, ständig von Erosion bedrohten Hügel (Höhe 552 m) über den Tälern von Cecina und Era erhebt sich in eindrucksvoller Position Volterra, einst bedeutendes Mitglied des etruskischen Zwölfstädtebundes. Vor allem auf der Nordwestflanke bei den Balze, von wo aus der Blick über die graubraune zerklüftete Landschaft hinweg bis zum nur 30 km entfernten tyrrhenischen Meer schweift, sind ganze Teile des Stadtberges und mit ihnen eine archaische Nekropole durch die Erosion in die Tiefe gestürzt (Abb. 4). Die Stadt, die bei den Etruskern Velathri und den Römern Volaterrae hieß, bildete im inneren Nordwestetrurien das einzige größere städtische Zentrum und besaß, ähnlich wie heute, ein nur relativ dünn besiedeltes

***Abb. 3** Stadtansicht von Volterra. (Photo S. Steingräber)*

***Abb. 4** Volterra, le Balze und die verlassene Kamaldulenser-Abtei. (Photo S. Steingräber)*

3

4

Umland. Da Volterra kontinuierlich seit der Antike durch das Mittelalter hindurch bis in die Neuzeit bewohnt war, haben sich außer einigen römischen Monumentalbauten und der großen etruskischen Stadtmauer nur wenige antike Reste im Stadtgebiet erhalten. Auch von den vor allem nördlich und östlich gelegenen etruskischen Nekropolen, die großenteils schon im 18. und 19. Jh. erforscht wurden, ist heute nicht mehr viel zu sehen.

Wie Grabfunde zeigen, war die Volterraner Gegend bereits seit neolithischer Zeit besiedelt. Ebenso wie die Bronzezeit ist auch die Villanovaphase, die hier vom 9. bis weit in das 7. Jh. v. Chr. hinein retardiert, durch die Nekropolen gut belegt, obwohl Volterra nicht zu den bedeutendsten Villanovazentren Etruriens gehörte. Die Stadt hatte vom 7. bis zum 5. Jh. v. Chr. einen vorwiegend agrarischen Charakter und besaß keine reiche Handelsaristokratie wie etwa die Seestädte Populonia und Vetulonia. Im Gegensatz zu diesen war Volterra auch nicht auf das Meer, sondern primär auf das Landesinnere ausgerichtet und hatte bis in die hellenistische Zeit keinen eigenen Hafen, weshalb wir nur relativ wenige Importe aus Griechenland und Südetrurien zu verzeichnen haben. Überhaupt sind die archaischen Grabfunde in und um Volterra wesentlich ärmer als in den Küstenzentren. Eine kulturelle und wohl auch politische Ausstrahlung Volterras bis in den Florentiner Raum und in die Poebene läßt sich freilich in spätarchaischer Zeit konstatieren. So ist die Präsenz der Volterraner Familie Kaikna im 5. Jh. v. Chr. in Bologna durch mehrere Inschriften gesichert. Dies läßt auf eine mögliche Beteiligung von Volterranern bei der «Kolonisierung» der östlichen Poebene schließen. Die wenigen schriftlichen Überlieferungen zur Frühgeschichte, die Volterra die Gründung von Populonia als Tochterkolonie zuschreiben[1] und von Kämpfen zusammen mit anderen nordetruskischen Städten auf seiten der Latiner gegen Tarquinius Priscus von Rom sprechen[2], entbehren wohl jeder historischen Grundlage. Große Bedeutung erlangte die Stadt aber erst seit der 1. Hälfte des 4. Jhs. v. Chr., was sich im Bau der gewaltigen neuen Stadtmauer, in einer beträchtlichen Vergrößerung des Stadtgebietes, den ausgedehnten suburbanen Nekropolen und einer immer weiterreichenden territorialen und kommerziellen Expansion dokumentiert. Die Einflußzone Volterras dürfte sich nun vom Meer bis zum Arnotal und zum Val di Chiana erstreckt haben (mit kleinen Siedlungen wie Monteriggioni, San Gimignano, Casole d'Elsa etc.) und grenzte somit an die Gebiete von Populonia, Pisa, Arezzo und Chiusi. Die Hauptrouten verliefen wohl durch das Cecinatal nach Westen, durch das Eratal nach Norden und durch das Chiantigebiet bis ins Arnotal nach Osten. Die Wirtschaft war weiterhin vorwiegend agrarisch ausgerichtet, doch kamen in hellenistischer Zeit die Ausbeutung mehrerer Eisenerzvorkommen westlich der Stadt, die Nutzung eines Seehafens, wohl in Vada, und die Verarbeitung des einheimischen Alabasters als weitere Ertragsquellen hinzu. Die im 4. Jh. v. Chr. offenbar stark ansteigende Bevölkerungszahl von Volterra, die auf 25 000 geschätzt wurde, mag teilweise durch die Rückkehr von aus der Poebene vertriebenen Etruskern, durch die Dekadenz der Küstenzentren und nicht zuletzt durch den von Süden her stärker werdenden Druck Roms mitbedingt sein. Diese Periode des Wohlstands und der überregionalen Bedeutung der Stadt hielt bis in die frühe Kaiserzeit an. Bereits während der 1. Hälfte des 3. Jhs. v. Chr. war Volterra dem römischen Hegemonialbereich eingegliedert worden, ohne aber dabei seine sozioökonomische und kulturelle Autonomie zu verlieren. Eine Textstelle bei Livius[3], der zufolge der römische Konsul Scipio Barbatus die

5

6

7

Etrusker 298 v. Chr. bei Volterra geschlagen hätte, dürfte unrichtig sein und auf einer Verwechslung beruhen. 205 v. Chr. mußte die Stadt Holz und Korn für den scipionischen Afrikafeldzug liefern.[4] Im Jahre 90 v. Chr. erhielt sie, als Municipium in der Tribus Sabatina, das römische Bürgerrecht. Zur Strafe für die Parteinahme für Marius wurde Volterra im Bürgerkrieg zwei Jahre lang (82–80 v. Chr.) von Sulla belagert und schließlich durch Aushungerung erobert. Trotz zeitweiser Konfiszierung des Territoriums und Entziehung des Bürgerrechts trug die Stadt keinen nachhaltigen Schaden davon. Cicero, der mit der Familie Caecina (ursprünglich Kaikna) befreundet war, die neben den Persii, Laelii und Petronii zu den bedeutenden, nun auch in Rom als Senatoren tätigen städtischen Adelsgeschlechtern gehörte, trat für die Interessen Volterras ein.[5] In der 2. Hälfte des 1. Jhs. v. Chr. erlebte die Stadt laut Strabon[6] eine letzte Blüte, die sich auch in einem umfangreichen Bauprogramm manifestierte. Abseits der großen Nord-Süd-Routen (Cassia, Aurelia) gelegen, blieb Volterra auch in der Kaiserzeit ein städtisches Zentrum von regionaler Bedeutung. Volterra gilt als Heimatort des 34 n. Chr. geborenen satirischen Dichters A. Persius Flaccus und des zweiten Papstes Linus, der 66 n. Chr. die Nachfolge Petri antrat. 452 n. Chr. hielt es, dank der Intervention Leos des Großen, dem Hunnen Attila stand und 542 n. Chr. dem gotischen Angriff Totilas.

Akropolis und Stadt

Kern und Mittelpunkt der Stadt war seit der Frühzeit der Akropolishügel, der heute von der Fortezza Medicea und dem nach Enrico Fiumi benannten Parco Archeologico eingenommen wird, jenem Archäologen und früheren Museumsdirektor, der sich in den Jahrzehnten nach dem letzten Weltkrieg maßgeblich um die Erforschung des antiken Volterra und seiner Nekropo-

Abb. 5 Akropolishügel mit Resten der spätetruskischen Tempel und Blick auf die mittelalterliche Altstadt. (Photo A. Suzuki)

Abb. 6 Parco Enrico Fiumi mit der Fortezza Medicea im Hintergrund. (Photo A. Suzuki)

Abb. 7 Detail der etruskischen Stadtmauer. (Photo S. Steingräber)

Abb. 8 Alte Aufnahme der etruskischen Stadtmauer.

8

len verdient gemacht hat (Abb. 5. 6). Sein Sohn Piero leitet heute eine der führenden Alabasterwerkstätten von Volterra und steht der Vereinigung «Pro Volterra» vor. Von der Akropolis genießt man eine schöne Aussicht auf das mittelalterliche Stadtbild mit dem Palazzo dei Priori und dem Dom.

Auf der Akropolis befand sich wahrscheinlich schon in der späten Villanovaperiode eine Hüttensiedlung. Die archaische Hüttensiedlung erstreckte sich über etwa 5,2 ha Fläche. Von ihrer Mauer wurden ebenso wie von der in der ersten Hälfte des 5. Jhs. v. Chr. nach Nordwesten erweiterten Stadtmauer nur geringe Reste gefunden (Abb. 19). Diese zweite Mauer war etwa 1800 m lang und umschloß ein Gelände von 10 ha einschließlich der heutigen Piazza dei Priori. Aus dieser Phase stammen außerdem einige kleinere Siedlungsagglomerate und Nekropolen an den Abhängen des Hügels. Der immer größeren Ausdehnung und ständig wachsenden Bedeutung der Stadt wurde in der 1. Hälfte des 4. Jhs. v. Chr. durch den Bau einer gewaltigen, 7,280 km langen neuen Stadtmauer Rechnung getragen (Abb. 7. 8), die die größte überhaupt in Etrurien ist (Höhe bis zu 12 m, Dm. bis zu 4 m). Das so umgrenzte, 116 ha große Stadtgebiet war sicher nicht völlig bebaut, sondern umfaßte neben dem Stadtkern auch Einzelgehöfte und konnte in Notzeiten als Fluchtburg dienen. Im Vergleich dazu wirken die 26 ha Fläche der mittelalterlichen Stadt geradezu bescheiden. Die aus grobbehauenen lokalen Panchina- bzw. Sandsteinblöcken (Länge bis 3 m, Höhe bis knapp 1 m) in Opus quasi quadratum-Technik errichtete Mauer lehnt sich meist an die natürlichen Steilhänge an und überwindet Höhenunterschiede zwischen 458 und 552 m. Im Nordwesten umschließt sie auch die archaische, später aufgegebene Guerruccia-Nekropole. Die eindrucksvollsten Reste sind im Süden bei der Porta all' Arco, im Westen bei S. Chiara, im Nordwesten bei den Balze und im Nordosten bei der Porta Diana und in Pescaia erhalten. Die mittelalterliche Stadtmauer aus dem 13. Jh., die auf der Südostflanke in ihrem Verlauf mit der etruskischen identisch ist, umfaßt bei etwa 3 km Länge nur noch 26 ha Fläche, was die Ausdehnung und Bedeutung der einstigen etruskischen Stadt um so mehr unterstreicht.

Die in leichter Schrägstellung in den Südtrakt der Stadtmauer eingebaute und zum Meer hin orientierte Porta all'Arco zählt zu den monumentalsten und besterhaltenen etruskischen Stadttoren (Abb. 9). Von hier aus führte der einstige Cardo Maximus durch das Stadtzentrum bis zum Nordtor, der Porta Diana, etwa den heutigen Vie Porta all'Arco, Matteotti, Guarnacci und Porta Diana folgend. Der Tordurchgang der Porta all'Arco mißt 7,50 m Höhe, 4,16 m Breite und 8,16 m Tiefe. Während die Flanken des Tores aus großen regelmäßigen Sandsteinblöcken (sog. Panchina) errichtet sind, bestehen die beiden auf Gesimsen aufliegenden Keilsteinbögen auf der Außen- und Innenseite aus resistenteren Travertinblöcken. In den Außenbogen sind drei jetzt stark verwitterte Köpfe aus Segalit eingelassen, die in sehr unterschiedlicher Weise interpretiert worden sind, etwa als kapitolinische Trias, als Jupiter mit den beiden Dioskuren, als Schutzgottheiten der Stadt oder als Fein-

9

desköpfe mit apotropäischer Bedeutung. Das Tor, dessen Tonnengewölbe später mit Ziegeln ausgekleidet wurde, ist in die mittelalterliche Stadtmauer inkorporiert worden. Ein mittelalterlicher Turm über dem Tor wurde 1544 wieder abgerissen. 1883 wurde der Durchgang in seiner ursprünglichen Form wieder freigelegt. Auf einer spätetruskischen Urne im Museo Guarnacci von Volterra ist die Porta all'Arco offensichtlich abgebildet, wobei sie hier das belagerte Stadttor von Theben symbolisiert (Abb. 16). Während der untere Teil des Tores mit Sicherheit älter ist und offensichtlich auf die Entstehungszeit der Mauer (4. Jh. v. Chr.) zurückgeht, stammt die Bogenkonstruktion erst aus dem späteren 3. oder 2. Jh. v. Chr., ja sie wird manchmal sogar erst in die Zeit nach der Einnahme Sullas datiert. Die Köpfe wiederum scheinen älter als der Keilsteinbogen zu sein, welcher wohl eine ursprüngliche Holzkonstruktion ersetzte. Gut vergleichbar, aber einheitlicher in ihren Formen und fest datiert in das 3. Viertel des 3. Jhs. v. Chr. ist die Porta Giove in Falerii Novi. Weitere Stadttore mit Rundbogen kennen wir aus Perugia (Porta Marzia und Arco Etrusco bzw. Arco di Augusto), von der Stadtmauer in Tarquinia sowie von zahlreichen Darstellungen in der Grabmalerei, auf Sarkophagen und Urnen.

Weniger eindrucksvoll erscheint die 3,60 m breite und 8,11 m tiefe Porta Diana auf der Nordseite der Stadt, die ebenfalls aus großen Panchinablöcken erbaut ist, in der Antike aber keine steinerne Bogen-, sondern eher eine Holzkonstruktion aufwies (Abb. 10). Der einstige mittelalterliche Ziegelbogen ist jetzt nicht mehr erhalten.

Kehren wir zurück zum Piano di Castello, der antiken Akropolis mit den frühesten Siedlungsspuren. Im Mittelalter war diese Zone dicht mit Häusern und Türmen bebaut, die jedoch nach der Eroberung Volterras durch die Florentiner 1472 («sacco fiorentino») der Errichtung der neuen großen Festung, der Fortezza Medicea, zum Opfer fielen. Grabungen (erstmals 1926 und dann vor allem ab 1967) auf der Westseite des Plateaus lassen auf Hüttendörfer aus der späten Villanovaphase und aus der Zeit um 600 v. Chr. schließen, denen im späteren 6. und frühen 5. Jh. v. Chr. eine intensivere Bebauung auch mit steinernen Gebäuden folgte. Die Bautätigkeit wurde in der 2. Hälfte des 4. Jhs. v. Chr. bedeutend verstärkt. Im 2. Jh. v. Chr. hatte die Akropolis nur noch vorwiegend religiöse Funktion. Die im späten 7. Jh. v. Chr. einsetzenden archaischen Funde auf dem Piano di Castello umfassen Impasto, Bucchero, auch vereinzelt attisch-schwarz- und rotfigurige Keramik, eine Bronzestatuette (Abb. 42) und verschiedene spätarchaische Architekturterrakotten (Abb. 40a.b). Monumentale Gebäudereste kennen wir bisher erst aus hellenistischer Zeit: Es handelt sich um zwei nebeneinanderliegende, südwest-orientierte Tempel (Abb. 11a.b. 12), zu denen die zahlreichen hier gefundenen Antefixe und tönernen Verkleidungsplatten gehörten; sie sind z. T. figürlich verziert mit Kampfszenen wohl einer Amazonomachie und datieren die beiden Heiligtümer in die Zeit zwischen dem ausgehenden 3. Jh. und dem 2. Viertel des 2. Jhs. v. Chr. Manche Terrakotten in stark pathetischem, fast barock anmutendem Stil sind eindeutig von hochhellenistischen Vorbildern aus Kleinasien und insbesondere Pergamon – wohl durch Vermittlung Roms – beeinflußt. Vom sog. Tempel A sind Reste des Podiums (Länge 22,4 m, Breite 13,05 m) mit Basisprofil und eine Blockreihe aufgehenden Mauerwerks erhalten. Er besaß wahrscheinlich nur eine Cella und eine Säulenreihe vor der Front und war von einem gepflasterten Boden und einer Temenosmauer umgeben. Unter dem Podium liegt eine tiefe Zisterne, die einer älteren, frühhellenistischen Bauphase angehört. Der etwas ältere und in etwa gleich große Tempel B daneben ist noch schlechter erhalten. Er dürfte gemäß des Templum tuscanicum eine Cella mit zwei Alae und eine doppelte Säulenreihe an der Front besessen haben, vor der ein großer Platz lag. Funde von Votivinschriften belegen inzwischen auch einen Kult für Tinia in seiner Funktion als höchster Unterweltsgott auf der Akropolis und zwar bereits für die Zeit vor dem Bau der beiden Tempel. Aus hellenistischer Zeit stam-

Abb. 9 ***Porta all'Arco. (Photo A. Suzuki)***

Abb. 10 ***Porta Diana, Innenseite. (Photo A. Suzuki)***

Abb. S. 12 u. 13:

Abb. 11a ***Plan des Akropolisheiligtums mit Tempel A und B.***

Abb. 11b ***Akropoliszone des Piano di Castello.***

Abb. 12 ***Tempelreste auf der Akropolis. (Photo S. Steingräber)***

Abb. 13 ***Römisches Theater. (Photo A. Suzuki)***

men weitere Gebäudereste und Zisternen sowie zahlreiche Keramikfunde. Brandspuren lassen auf Zerstörungen durch Sulla schließen, unter dem die Bautätigkeit dann stark nachließ, um erst in augusteischer Zeit wieder aufzuleben. Die ebenfalls auf der Westseite des Piano di Castello gelegene, in Opus caementicium errichtete große augusteische Zisterne (Länge 21,60 m, Breite 14,60 m, Höhe 9,50 m), deren drei tonnengewölbte Schiffe von sechs Pilastern getragen werden, ist auch heute noch zu besichtigen.

Außerhalb des Akropolishügels kamen hellenistische Gebäudereste bei S. Michele, S. Francesco und unter der Orchestra des römischen Theaters zutage. Die Reste einer großen Polygonalmauer nordöstlich des Theaters können heute nicht mehr einem Tempel der Bona Dea zugeschrieben werden, sondern bildeten eine Terrassierungsmauer in hellenistischer Zeit. Vom römischen Forum mit dem Schnittpunkt von den Hauptwegen Cardo und Decumanus Maximus kennen wir nur die Lage, die sich im Namen von S. Michele in Foro widerspiegelt. In der Fassade des Istituto delle Suore di S. Caterina (Via Guarnacci 22) ist ein römischer Grabstein des Aulus Persius und in der Hausfassade Nr. 26 sind mehrere etruskische Tuffurnen mit Reliefs eingemauert. Dem großen augusteischen Bauprogramm in Volterra verdanken wir das recht gut erhaltene Theater in der Località Vallebuona unter der mittelalterlichen Stadtmauer, das sich an den Hang mit Blick nach Norden anlehnt und ab 1950 unter den Jahrhunderte alten Abfällen der Stadt systematisch ausgegraben wurde (Abb. 13). Die Orchestra mißt 17,60 m Durchmesser, die Scaenae frons 36,10 m Länge. Die Cavea mit aus dem anstehenden Tuff gehauenen Sitzreihen ist in zwei Abschnitte horizontal unterteilt und wird oben von einer überdachten Galerie und der Summa Cavea abgeschlossen. Darüber lag eine große Terrasse mit drei Exedren. Der reiche qualitätvolle Bauschmuck wurde in Carrara-Marmor gefertigt. Der frühaugusteische Bau mit zweistöckigem Bühnengebäude erfuhr am Ende des 2. Jhs. n. Chr. einige Veränderungen und wurde Mitte des 3. Jhs. n. Chr. aufgegeben und später wohl auch für Circusspiele verwendet. Das Theater ist später nie mehr überbaut worden. In jüngerer Zeit wurde ein Teil des Bühnengebäudes wiedererrichtet. Eine Weihinschrift an Kaiser Augustus nennt uns die Stifter des Theaterbaues A. und S. Caecina. Neben dieser berühmten Familie werden auf den Stufen der Cavea auch die Namen anderer bekannter Volterraner Geschlechter aufgeführt wie die der Persii, Laelii und Petronii. Hinter dem Bühnengebäude erstreckt sich eine Porticus mit korinthischer Ordnung und zwei seitlichen Exedren. Im 3. Jh. n. Chr. wurde in dem von der Porticus umschlossenen Hof eine Thermenanlage erbaut, deren Grundriß mit Apodyterium, Frigidarium, Tepidarium, Caldarium, Laconicum und den Praefurnia noch gut zu erkennen ist. Auf die Geschichte des römischen Theaters geht G. Maetzke in seinem Beitrag noch ausführlich ein.

Römische Gebäudereste, z. T. mit Mosaiken und Wandverputz, sind sowohl innerhalb als auch außerhalb des historischen Zentrums belegt, vor allem außerhalb der Porta Fiorentina. Ein spätkaiserzeitliches Thermalgebäude nahe der Porta di S. Felice war reich mit Marmor und Mosaiken geschmückt, die sich jetzt im Museo Guarnacci befinden.

Nekropolen

Von den Nekropolen Volterras, vor allem im Norden und Osten der Stadt, die zum guten Teil bereits im vergangenen Jahrhundert ausgegraben worden sind, ist heute wenig erhalten geblieben, so daß man nur noch einige Gräber besichtigen kann. Die bedeutendsten Nekropolen sind jene von Badia und Guerruccia im Nordwesten, von Portone im Norden und Ulimeto im Osten. Villanovazeitliche Pozzo-,

10

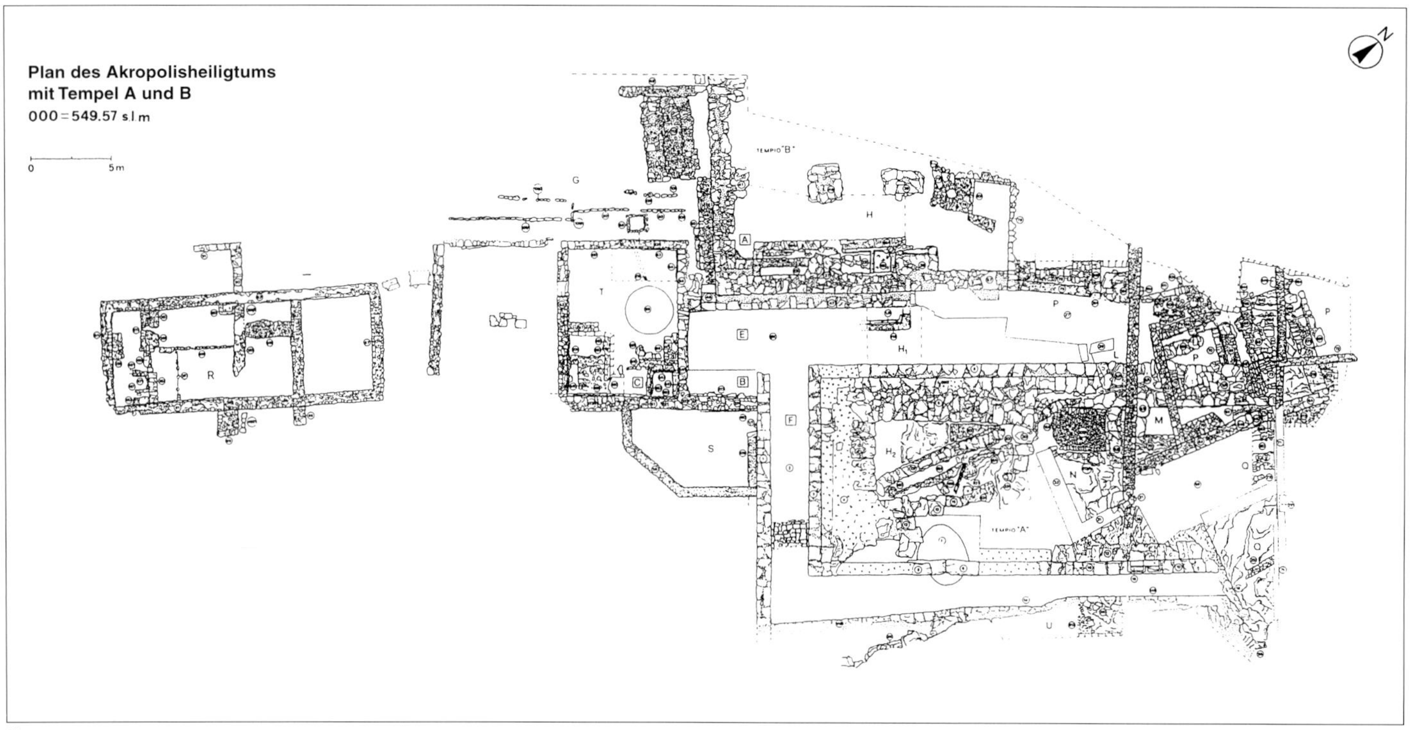
Plan des Akropolisheiligtums
mit Tempel A und B
000=549.57 s.l.m
0
5m
TEMPIO "B"
TEMPIO "A"
G
H
H₁
H₂
A
B
C
E
F
L
M
N
P
Q
R
S
T
U

11a

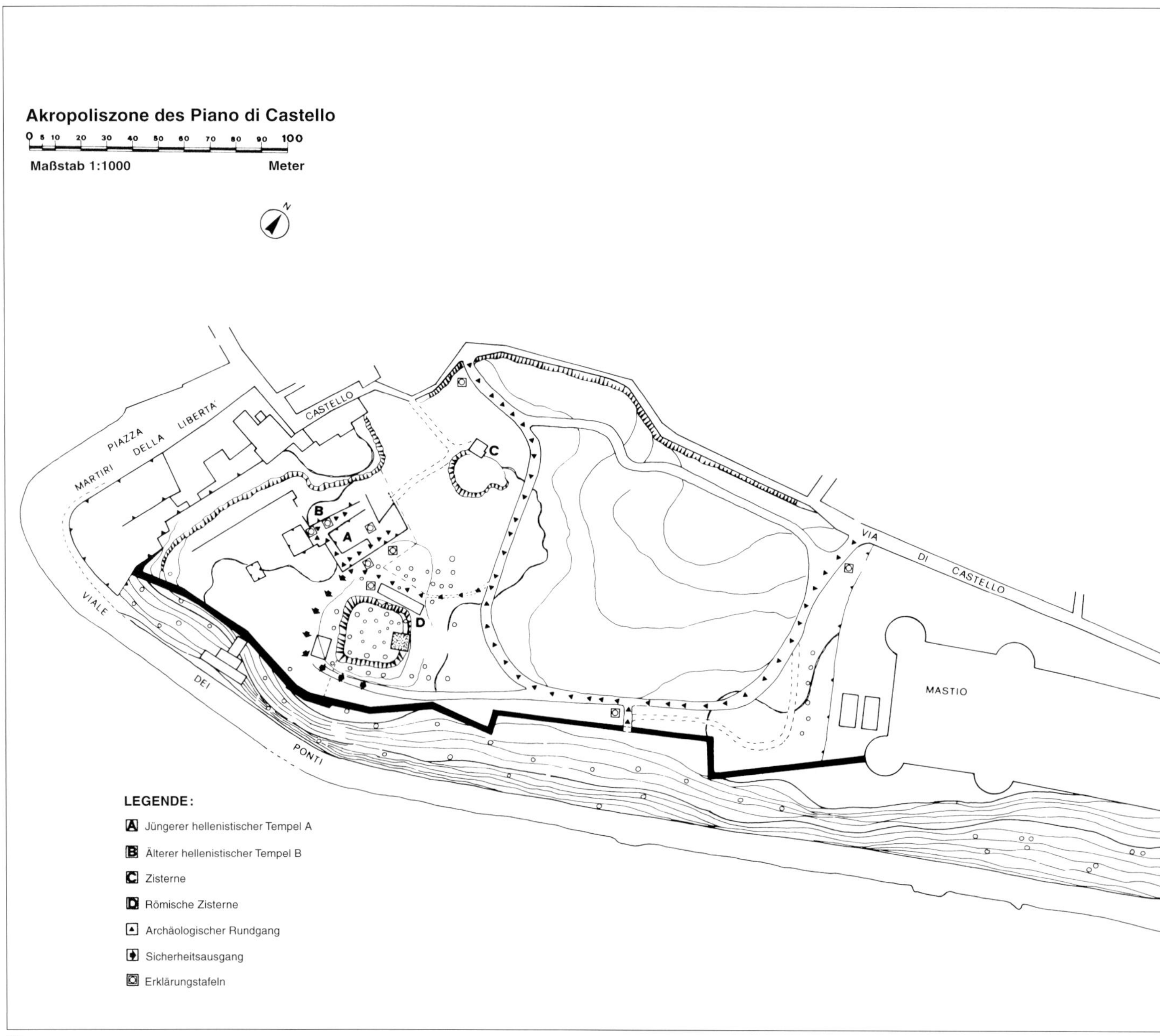
Akropoliszone des Piano di Castello
0 5 10 20 30 40 50 60 70 80 90 100
Maßstab 1:1000
Meter
N
PIAZZA
MARTIRI
DELLA
LIBERTA'
CASTELLO
VIA
DI
CASTELLO
VIALE
DEI
PONTI
MASTIO
A
B
C
D
LEGENDE:
A Jüngerer hellenistischer Tempel A
B Älterer hellenistischer Tempel B
C Zisterne
D Römische Zisterne
Archäologischer Rundgang
Sicherheitsausgang
Erklärungstafeln

11b

12

13

14

Fossa- und kleine Kammergräber mit Pseudokuppel des 8. und 7. Jhs. v. Chr. wurden in der Badia- und Guerruccia-Nekropole sowie in Ripaie südlich der Stadtmauer gefunden. Hellenistische Gräber sind auch in Ripaie und Poggio alle Croci, ältere Gräber in den Borghi von S. Stefano und S. Giusto belegt. Insgesamt überwiegen eindeutig die Brandbestattungen. Besonders charakteristisch als Grabtyp ist die Cassetta, eine Steinkiste, in der ein Dolium mit der häufig bikonischen Brandurne und weiteren Beigaben stand, darunter vor allem Waffen, Rasiermesser, Fibeln und Pferdetrensen aus Bronze und Eisen. Die Beigaben sind freilich meist längst

Abb. 14 Spätetruskische Tomba Inghirama mit Urnen, wiedererrichtet im Garten des Museo Archeologico von Florenz.

nicht so reich wie in den Küstenzentren, sieht man von einigen Ausnahmen wie der Tomba del Guerriero ab, die G. Cateni in seinem Beitrag noch ausführlich behandelt. Infolge der starken Retardierung der Villanovaphase bis weit in das 7. Jh. v. Chr. hinein sind Grabfunde der orientalisierenden Periode praktisch nicht vertreten. Architekturgeschichtlich von besonderem Interesse sind einige kleine Kammergräber mit Pseudokuppelkonstruktion und Tumuletto aus der Übergangsphase vom Villanoviano zum Orientalizzante (wie z. B. die Tomba Q1 delle Ripaie im Saal XXVI des Museo Guarnacci). Archaische Gräber des 6. und 5. Jhs. v. Chr. fanden sich vor allem in der Portone-Nekropole und in den teilweise durch Erosion abgestürzten Nekropolen von Guerruccia und Badia bei den Balze, wo auch die zerfallene Badia der Kamaldulenser in die Tiefe zu stürzen droht. Charakteristisch sind ausgehöhlte Gräber mit Dromos und einer oder mehreren Kammern, die keinerlei innenarchitektonische Ausgestaltung oder Wandmalerei aufweisen. Solche Gräber kamen auch innerhalb der Stadtmauer bei S. Giusto und S. Chiara zum Vorschein und müssen deshalb älter sein als diese. Bei S. Giusto kann man noch ein Hypogäum mit zentralem Vestibulum und vier symmetrisch angeordneten Kammern mit umlaufenden Bankzonen besuchen. Aus Steinplatten gebaute Gräber mit Tumulus, wie wir sie aus der weiteren Umgebung von Volterra kennen, sind in den unmittelbar angrenzenden Nekropolen selten. Ein gutes Beispiel dafür ist ein Grab mit quadratischem Grundriß, Eckpendentifs und Pseudokuppel in Colombaie südlich der Stadtmauer. Die Toten waren in archaischer Zeit häufig in Impastogefäßen und hausförmigen steinernen Urnen beigesetzt, obwohl auch Körperbestattung anzutreffen ist. Die nicht sehr üppigen Grabbeigaben umfassen neben Impasto, Bucchero und Bronzen nur relativ wenig etrusko-korinthische Keramik und ganz vereinzelt korinthische, attisch-schwarz- und rotfigurige Gefäße. Interessanter sind einige archaische Grabstelen, auf die später noch näher einzugehen sein wird. Wesentlich größer und dichter besetzt sind die hellenistischen Nekropolen von Badia, Portone, Ulimeto und Poggio alle Croci. Die zahlreichen ausgehöhlten Gräber an den Abhängen waren ursprünglich meist von einem Tumulus mit Cippus bekrönt, der Obelisk-, Zapfen- oder Zwiebelform haben konnte. Der Dromos mündet in eine viereckige oder runde Grabkammer mit meist umlaufenden Bänken. Die Rundkammern haben normalerweise einen zentralen Pilaster. Es kommen auch Gräber mit mehreren Kammern und mit gekurvten Grundrißformen vor. Daneben gibt es auch kleine Nischengräber mit nur ein oder zwei Bestattungen. Grabwächter wie zwei steinerne Löwenskulpturen bilden eine Ausnahme. Folgt man der Straße außerhalb der Porta Diana, so kann man auf der rechten Seite in der Località Marmini noch einige Kammergräber, z. T. mit Urnen, besichtigen. Interesse verdienen hier vor allem zwei große, um 1880 entdeckte Hypogäen, eines mit Rundkammer, Zentralpilaster (der einst mit einem Lasakopf geschmückt war) und umlaufender Bank, das andere mit quadratischem Vestibulum und mehreren Kammern mit breiten Bankzonen. In der Portone-Nekropole ließen sich einige Gräber

15

bedeutenden Volterraner Familien wie den Kaikna, Carinas, Velusna, Armni, Cneuna, Saucni, Iuvisia und Flavi zuweisen. Das eindeutige Vorherrschen der Verbrennungssitte belegen die reliefierten Tuff- und Alabasterurnen, die zu Hunderten in den Nekropolen Volterras und insbesondere in der Portone-Nekropole gefunden wurden. Die Beigaben bestanden aus Bronzespiegeln, -gefäßen und -gerät, Goldschmuck wie Kränzen und Körbchenohrringen, rotfigurigen Volterraner Krateren, Schwarzfirniskeramik, Gefäßen aus Glaspaste, Knochen und Elfenbein sowie Münzen, z. T. wohl mit der Funktion eines Charon-Obulus. Wohl das größte hellenistische Gentilizgrab von Volterra ist die 1861 in der Ulimeto-Nekropole entdeckte Tomba Inghirami, ein Rundgrab (Dm. 6,13 m) mit Zentralpilaster und umlaufender Sockelzone, das im Garten des Museo Archeologico von Florenz rekonstruiert worden ist (Abb. 14). Das Grab gehörte der Gens Atia und enthielt 53 Urnen aus einem Zeitraum von der 1. Hälfte des 2. Jhs. bis zur Mitte des 1. Jhs. v. Chr. Auch auf dem oberhalb von Ulimeto gelegenen Poggio alle Croci kamen etruskische und römische Gräber zutage. Die vergleichsweise ärmlichen römischen Gräber mit Tonurnen und Holz- und Steincassoni für die Bestattung, z. T. auch Cappuccinagräber und die nur geringen Beigaben (Sigillata, Glas, Öllämpchen) lagen vorzugsweise in der Nähe der hellenistischen Grabanlagen. Nur relativ wenige Grabinschriften sind aus der spätantiken Phase belegt.

Kunst und Handwerk

Zu den frühesten Äußerungen einer eigenständigen Volterraner Kunst gehört eine Gruppe von bereits erwähnten archaischen Grabstelen, die Einflüsse von Stelen aus Vetulonia und Roselle aufweist, ihrerseits aber weitergewirkt hat auf die Fiesolaner Stelen und einige Beispiele im Bologneser Raum. Diese Grabstelen haben rechteckige, oben leicht gerundete Form und zeigen das figürliche Relief des Verstorbenen, meist eines Kriegers, der auch inschriftlich benannt ist. Am bekanntesten ist die Nenfrostele des Avile Tite (Museo Guarnacci), eines Kriegers mit Tunika, Lanze und Schwert, dessen Etagenperücke spätdädalische Formen nachklingen läßt. Entgegen früheren Datierungen ist diese Stele sicher nicht vor der Mitte des 6. Jhs. v. Chr. entstanden (siehe auch den Beitrag von F.-W. von Hase).

Ein Unikum aus Volterra ist der in Privatbesitz befindliche, mit 0,31 m Höhe leicht überlebensgroße Marmorkopf «Lorenzini». Er verkörpert einen jüngeren Mann mit großen mandelförmigen Augen, die offenbar in anderem Material eingelegt waren, und einem Kranz in den gelockten Haaren. Künstlerisch ist er eindeutig von spätarchaisch-attischen Einflüssen geprägt, doch sprechen der lokale Marmor und die nicht ganz harmonische Formgebung für einen etruskischen Bildhauer der Zeit um 500 v. Chr. Möglicherweise gehörte der Kopf zu einer Kultstatue. Jedenfalls zählt er zu den ganz seltenen etruskischen Marmorarbeiten aus vorcaesarischer Zeit, als die Marmorbrüche von Carrara noch nicht bekannt waren (siehe auch hier den Beitrag von F.-W. von Hase).

Wohl in einheimischen Werkstätten gearbeitete figürliche Kleinbronzen gibt es in Volterra und Umgebung seit dem 6. Jh. v. Chr., zunächst meist im Kouros- und Korentyp, später auch von Offerenten, Gottheiten und Kriegern (Abb. 15). Sicher handelt es sich in den meisten Fällen um Votivfiguren, die in urbane und ländliche Heiligtümer geweiht wurden (siehe auch die Beiträge von F.-W. von Hase und U. Höckmann). Am originellsten ist eine stark überlängte, 0,60 m hohe Knabenstatuette aus dem 2. Jh. v. Chr., die ein treffliches Beispiel für die manchen etruskischen Werkstätten eigene Neigung zur Verzerrung von Proportionen und zur Abstraktion ist. Sie wirkt ausgesprochen modern und erinnert an Bronzen des Tessiner Bildhauers Alberto Giacometti. O. W. von Vacano geht in seinem Artikel noch gesondert auf diese exzeptionelle und unter dem bezeichnenden Namen «Ombra della sera» bekannte Bronze ein, die zu einem Wahrzeichen von Volterra geworden ist. Auch einer der bekanntesten frühhellenistisch-etruskischen Bronzespiegel stammt aus Volterra (jetzt im Museo Archeologico in Florenz). Die Gravierung zeigt den von Hera gesäugten Herakles, umgeben von Zeus, Apollo und Athena. Der überwiegende Teil des hellenistischen Bronzegeschirrs und -geräts ist sicher in Volterra selbst gefertigt worden.

Besondere Erwähnung verdient die Münzprägung von Volterra, die wir als einzige in Etrurien seit dem späten 4. Jh. v. Chr. in kompletter Serie kennen. Auf den Aes grave genannten großen Bronzemünzen ist vorne der doppelköpfige Janus und hinten bisweilen ein Delphin oder die Herakleskeule dargestellt, wobei auch der etruskische Stadtname Velathri genannt wird.

***Abb. 15** Überlängte Bronzevotivstatuetten. Rom, Villa Giulia.*

***Abb. 16** Volterraner Alabasterurne mit mythologischer Reliefdarstellung der Sieben gegen Theben. Volterra, Museo Guarnacci.*

Eine bedeutende Keramikproduktion ist für die Stadt von der Mitte des 4. bis zum 1. Jh. v. Chr. bezeugt. Unter den rotfigurigen Vasen der frühhellenistischen Zeit, die mit Chiusiner Gefäßen verwandt sind, ragt die Gruppe der sog. Volterraner Kelebai heraus. Diese Kolonettenkratere, die häufig als Urnen benutzt wurden und mit porträthaften Kopfprofilen, mit sepulkralsymbolischen Darstellungen und humoristischen Figuren wie etwa Pygmäen verziert sind, erfreuten sich auch anderswo größerer Beliebtheit und wurden bis nach Populonia, Roselle, Montepulciano, Asciano, Arezzo, Val di Chiana, Perugia, Bologna, Spina, Adria und sogar Aleria auf Korsika exportiert. Auch eine stilistisch ähnliche Gruppe von rotfigurigen Tassen dürfte in Volterra gearbeitet worden sein. Unter den Herstellern von metallimitierender und z. T reliefierter Schwarzfirniskeramik des 3. und 2. Jhs. v. Chr. ist die sog. Malacena-Werkstatt am bekanntesten.

Volterras bedeutendste und originellste Denkmälergattung aber sind die hellenistischen Urnen, die nicht nur in den Nekropolen der Stadt selbst, sondern auch in denen des weiteren Umlands gefunden wurden (Abb. 16). Sie setzen im späteren 4. Jh. v. Chr. ein, wurden anfangs nur in Tuff gearbeitet, vom mittleren 3. Jh. bis zum frühen 1. Jh. v. Chr. dann auch in Alabaster, der in der Umgebung der Stadt gebrochen wurde und auch heute noch verarbeitet wird. Bei den jüngsten Urnen des 1. Jhs. v. Chr. ist wieder der Tuff vorherrschend. Die Urnendeckel sind giebelförmig gestaltet oder mit der plastischen Darstellung des gelagerten Verstorbenen dekoriert, wobei die Männer häufig eine Schale, die Frauen einen Spiegel oder Fächer in der Hand halten (Abb. 17). Der Urnenkasten ist meist auf drei Seiten mit Reliefs verziert, die ursprünglich bemalt und teilweise auch vergoldet waren. Dabei lassen sich starke Unterschiede in der Qualität und in der Reliefbearbeitung (Hoch- und Flachrelief) feststellen. Zahlreiche Reliefs sind in Serie hergestellt worden. Die Bildfelder werden oben oft von einem ionischen Kyma oder einem dorischen Fries und seitlich von Pilastern oder Figuren gerahmt. Unter den Reliefmotiven finden sich geometrische und vegetabile Ornamente, Tiere und Fabelwesen, Jagd- und Kampf-, Opfer- und Abschiedsszenen, Darstellungen von Magistratsbeamten und von der Reise in die Unterwelt. Typisch

16

17

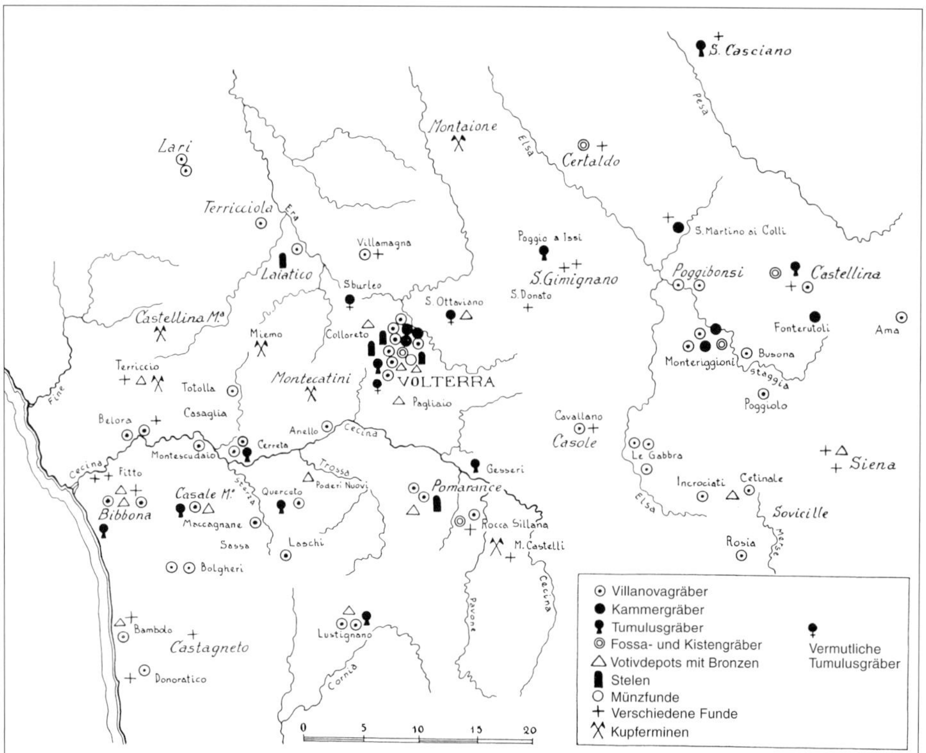

18

Abb. 17 Volterraner männliche Urnendeckelfigur aus Alabaster. Volterra, Museo Guarnacci.

Abb. 18 Topographie und Fundkarte der Umgebung von Volterra.

etruskisch sind die häufig auftretenden Todesdämonen wie Charun, Tuchulcha und Vanth. Neben den zahlreichen Darstellungen aus der griechischen Mythologie, die oft dem trojanischen und thebanischen Sagenzyklus angehören, sind einige offenbar etruskische Mythen für uns immer noch mit Rätseln verbunden. Manche Urnenreliefs des 2. und frühen 1. Jhs. v. Chr. beeindrucken durch fast barock anmutendes Pathos, starke Bewegtheit und Licht-Schatten-Wirkung, was z. T. sicher Einflüssen der hellenistisch-kleinasiatischen Kunst (Pergamon) zuzuschreiben ist. Manche dieser Werke dürften aus Kleinasien nach Rom und Mittelitalien eingewanderten Künstlern zu verdanken sein. Bei den Deckelfiguren fällt die deutliche Betonung der Köpfe auf. Es handelt sich bei ihnen allerdings nicht um echte Porträts; vielmehr werden hier – sicher nicht ohne Einflüsse des hellenistischen und speziell attalidischen Porträts – charakteristische Typen wiedergegeben, wie etwa bei der berühmten Urne eines erstaunlich realistisch wirkenden alten Ehepaares aus Ton im Museo Guarnacci, die in den Anfang des 1. Jhs. v. Chr. datiert und auf die M. Nielsen in ihrem Beitrag noch gesondert eingeht. Häufige Inschriften nennen uns Namen und bisweilen auch Ämtertitel, Lebensalter etc. des bzw. der Verstorbenen. Die genaue Datierung von Volterraner Urnen fällt oft schwer, da nur selten der Grabkontext erhalten oder bekannt ist. Jedenfalls muß Volterra als wichtigstes Herstellungszentrum etruskisch-hellenistischer Urnen gelten und rangiert darin vor Chiusi und Perugia. Abnehmer dieser Urnen war nicht nur eine kleine soziale Oberschicht, sondern eine breite mittelständische Aufsteigerklasse, wie sie für das hellenistische Volterra und große Teile Nordetruriens typisch ist.

Der Hauptteil des archäologischen Materials aus Volterra und seinem Umland gelangte in das Museo Guarnacci, das zu den bedeutendsten Museen etruskischer Kunst gehört und seit 1877 seinen Sitz im stattlichen Palazzo Tangassi, ex Desideri hat. Kernstück dieser reichen Sammlung, die 1732 ihren Anfang nahm und 1761 der Stadt geschenkt wurde, ist die etwa 600 Stücke umfassende und nach Themen geordnete Urnenkollektion, die größte in ihrer Art überhaupt. Weitere Schwerpunkte sind der Kopf «Lorenzini», die Stele des Avile Tite, die etruskische Keramiksammlung, die prähistorische Sektion mit den Villanovafunden und die römische Abteilung mit zwei Augustusporträts und weiteren Funden aus dem Theaterbereich. In jüngerer Zeit erhielt das Museum einige neue Sektionen speziell im Obergeschoß, wo u. a. die Dachterrakotten der beiden hellenistischen Tempel ausgestellt sind. Auch nach Florenz, Leiden, Paris und Wien gelangten archäologische Funde aus Volterra.

Im agrarisch geprägten Umland von Volterra kamen Nekropolen und Gräber von der Villanovazeit bis in das 2./1. Jh. v. Chr. zutage. Verschiedene Votivdepots enthielten vor allem Kleinbronzen. Unter den archaischen Grabstelen ragt jene des Larth Atharnies aus Pomarance heraus, die jetzt im Museo Archeologico in Florenz aufbewahrt wird. Die Fundkarte gibt nähere Aufschlüsse über die Verteilung der wichtigsten archäologischen Entdeckungen im Gebiet von Volterra (Abb. 18).

Friedrich-Wilhelm von Hase

Das vorgeschichtliche und archaische Volterra (10. bis frühes 5. Jh. v. Chr.)*

Problemstellung, Endeckungs- und Forschungsgeschichte

Über die Geschichte der einst mächtigen Stadt Volterra (etruskisch Velathri, lateinisch Volaterrae) fallen die historischen Nachrichten auffallend dürftig aus.[1] Wer sich gar mit den Anfängen der Stadtwerdung dieses bedeutenden Ortes beschäftigen möchte, ist deshalb allein auf die Auswertung der archäologischen Zeugnisse angewiesen (Abb. 19). Die Überlieferung ist allerdings auch hier eher unbefriedigend. Denn eine bis heute anhaltende Besiedlungstätigkeit auf dem schon durch seine Ausdehnung und Höhe eindrucksvollen Stadtberg (größte Höhe 552 m), hat gerade die frühen Spuren menschlicher Anwesenheit weitgehend beseitigt (vgl. Abb. 3).

Verluste ganz anderer Art sind dazu an der Nordwestflanke des Stadtberges im Bereich der sog. Balze zu beklagen, stürzten doch hier auf Grund fortschreitender Erosion ganze Teile der ausgedehnten Nekropolen bei der Badia dei Camaldolensi und am Piano della Guerruccia in die Tiefe (vgl. Abb. 4).[2] Der in dieser Form in Etrurien einmalige, seit dem Mittelalter andauernde Vorgang ließ eine bizarre, durch tiefe Steilabbrüche charakterisierte Erosionslandschaft enstehen, die auf den Italienreisenden ihren Eindruck nach wie vor nicht verfehlt.

Hinzu kommt, daß große Teile der Nekropolen, die in Volterra wie anderswo in Etrurien die antike Stadt säumten, Grabräubern zum Opfer fielen oder aber unsachgemäß ausgegraben wurden.[3] So richteten die frühen, unkontrollierten Grabungen, die in der Badia Monte Bradoni-Nekropole und dem Piano della Guerruccia, aber auch anderswo im Umkreis des Volterraner Stadtgebietes im 18. Jh. einsetzten und zunächst lediglich der Bergung schöner Objekte von künstlerischer Bedeutung galten, ohne daß man sich dabei um den Fundkontext gekümmert hätte, in ihrem Umfang kaum abzuschätzende Schäden an. Wertvolle Informationen gingen der Forschung auf diese Weise für immer verloren.

Aus den frühen «Grabungsaktivitäten» stammt ein beträchtlicher Bestand an leider zusammenhanglosen Altfunden ganz unterschiedlicher Zeitstellung. Volterraner Funde aus verschiedenen Epochen gelangten aber auch ins Museo Archeologico in Florenz, ins Museo Pigorini in Rom, ins Museo Civico di Archeologia e Numismatica in Livorno, nach Paris in den Louvre, ins Kunsthistorische Museum nach Wien sowie nach Lyon ins Musée des Beaux Arts.

Eine Besserung der Verhältnisse begann sich für Volterra erst seit dem letzten Viertel des 19. Jhs. abzuzeichnen, also kurz nachdem durch die Grabungen in den früheisenzeitlichen Gräberfeldern Bolognas (1853–1890), Tarquinias (1881) und

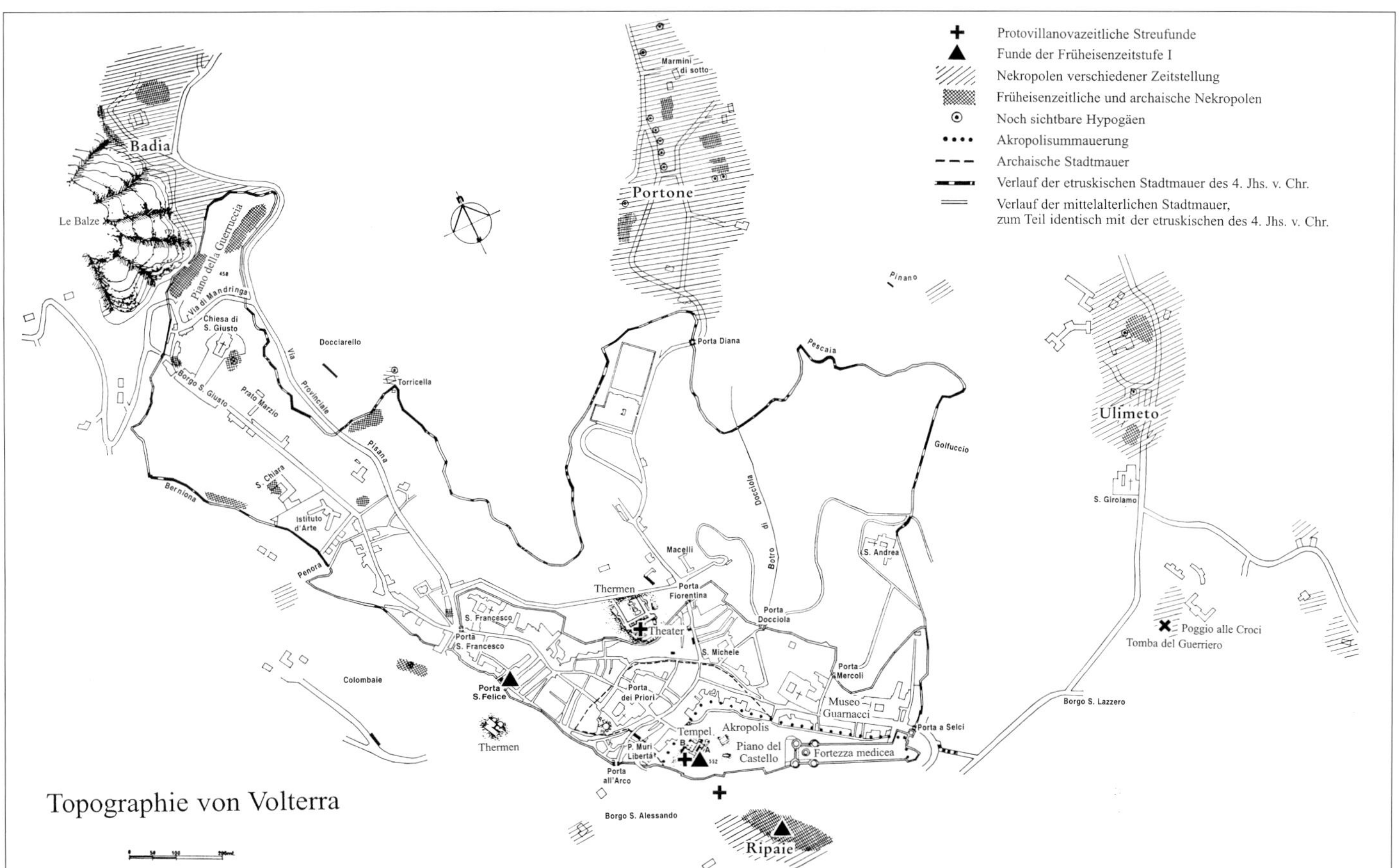

Abb. 19 Stadtplan des antiken Volterra.

19

20

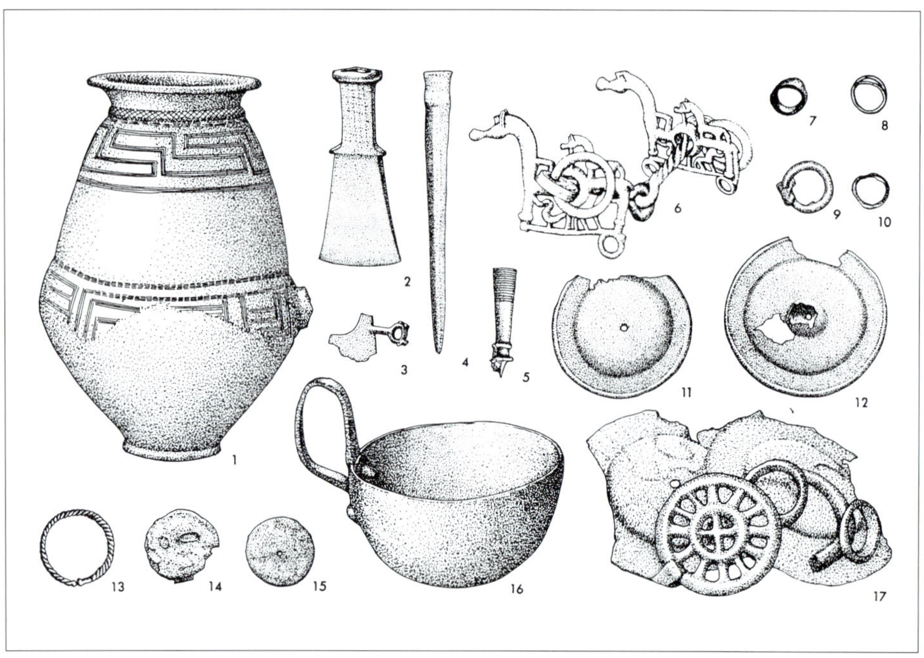

21

Vetulonias (1881–1890) die Erforschung der sog. Villanovakultur an den verschiedensten Plätzen Italiens in Gang gekommen war und damit auch in Etrurien die junge prähistorische Forschung mit ihrer auf genauer Fundbeobachtung beruhenden Methodik an Boden gewann. Durch die Arbeiten von G. Chierici, I. Undset und wenig später von G. Ghirardini begann auch das früheisenzeitliche Volterra mit seinen sporadischen villanovazeitlichen Funden nicht nur das Interesse der nationalen, sondern auch der internationalen archäologischen Forschung zu erregen.[4]

Erinnert sei in diesem Zusammenhang nur daran, daß bereits 1875 in der nördlich der Stadt gelegenen Badia Monte Bradoni-Nekropole ein reiches Pozzograb mit einer villanovazeitlichen Kriegerbestattung geborgen wurde, die Tomba Manetti, so benannt nach ihrem Entdecker (Abb. 20. 21).[5] Dieser bedeutende villanovazeitliche Fundkomplex, dessen genaue Fundumstände bekannt waren, wurde bald nach der Auffindung publiziert und im Museo Guarnacci ausgestellt, wo er noch heute zu sehen ist.

Einen wirklichen Meilenstein in der Erforschung des früheisenzeitlichen Volterra bildete nach dem Urteil G. Ghirardinis[6] jedoch erst die 1885 entdeckte und sorgfältig ausgegrabene Tomba Badia[7], ein reich ausgestattetes Frauengrab aus dem letzten Drittel des 8. Jhs. v. Chr., das im Norden Volterras in unmittelbarer Nähe der Badia dei Camaldolensi bei landwirtschaftlichen Arbeiten zutage kam, ins Museo Guarnacci gebracht und dort wieder rekonstruiert wurde (Abb. 22–24).

Weitere früheisenzeitliche Zufallsfunde (1892–1893) in eben diesem Gebiet führten dazu, daß auf dem Piano della Guerruccia, bei der Balze di S. Giusti, im Mai und Juni 1896 erstmals regelrechte Grabungen durchgeführt wurden. Alles in allem entdeckte man bei dieser Gelegenheit in der sog. Guerruccia-Nekropole etwa 20 früheisenzeitliche Gräber, die auch alsbald von G. Ghirardini in einer für die Zeit geradezu mustergültigen Weise veröffentlicht wurden.[8]

Was so vielversprechend begonnen hatte, sollte zumindest in der 1. Hälfte des 20. Jhs. nicht mit dem wünschenswerten Einsatz fortgeführt werden. Erwähnenswert ist lediglich, daß 1900 rein zufällig Brand- und Körpergräber unterhalb vom Piano della Guerruccia, also wieder im Norden des Stadtberges, entdeckt wurden; hinzu kamen 1906 weitere Gräber in der Località La Pettina alla Torricella sowie bei Santa Chiara (vgl. Abb. 19).

Die Erforschung des frühen Volterra wurde erst durch den unermüdlichen Enrico Fiumi mit größerem Erfolg betrieben, der von 1950 bis 1976 die Leitung des berühmten Museo Guarnacci in Volterra innehatte (vgl. hier den Beitrag von G. Cateni). Die von ihm zwischen 1960 und 1965 geleiteten Grabungen im Bereich Badia Monte Bradoni förderten neben Bestattungen hellenistischer Zeitstellung auch noch vier weitere früheisenzeitliche Gräber zutage. Vor allem aber kommt Fiumi der Verdienst zu, im Frühjahr 1969 die bedeutende Ripaie-Nekropole durch eine Notgrabung für die Wissenschaft gerettet zu haben. Hier, im Süden des Stadtberges, fand man erstmals Gräber, die bereits der allerersten Phase der Früheisenzeit angehörten (frühes 9. Jh. v. Chr.).[9]

Höchst bedeutsam, zumal für die Beurteilung der frühesten Besiedlungsverhält-

Abb. 20 Grabbeigaben der sog. Tomba Manetti (Pozzograb). Badia-Monte Bradoni-Nekropole, Volterra. (Photo F. Fiaschi)

Abb. 21 Grabbeigaben der sog. Tomba Manetti.

Abb. 22 Rekonstruktion der sog. Tomba Badia. Museo Guarnacci, Volterra. (Photo F. Fiaschi)

nisse, waren die Ergebnisse der im Bereich des Piano di Castello zunächst durch M. Cristofani (1969–1971) und dann vor allem durch M. Bonamici von der Universität Pisa ab 1987 durchgeführten Grabungen, wurden diese doch auf dem obersten Plateau des Stadtberges unternommen, wo man mit guten Gründen die Akropolis lokalisierte. Die Grabungen Bonamicis erbrachten u. a. einige Scherben, die einem Zeitraum angehören, der von der mittleren Bronzezeit bis in die Früheisenzeit reicht (Abb. 25 B.C).[10] Obgleich es sich hierbei nur um unansehnliche Fragmente handelt, die dazu noch in sekundärer Lagerung, d. h. in jüngeren Schichten des 5.–2. Jhs. v. Chr. zutage kamen, sind diese gleichwohl von großer Bedeutung, bezeugen sie doch eine sehr frühe Besiedlung jenes prominenten Teiles des Stadtberges, der dann die Akropolis tragen sollte und wo in hellenistischer Zeit u. a. zwei monumentale Tempel (Tempel A und Tempel B) errichtet wurden (vgl. Abb. 5. 11a.b, 12). Durch diese bescheidenen Scherbchen eröffnete sich der Forschung erstmals ein Hinweis auf eine bis zu diesem Zeitpunkt unbekannte Phase frühester Volterraner Stadtgeschichte, war man doch bis dahin der Meinung gewesen, daß die Besiedlung des Piano di Castello überhaupt erst in der späten Villanovazeit begonnen habe.

Eine Neubewertung der lediglich durch einige Grabfunde belegten jüngeren Früheisenzeit (8. Jh. v. Chr.) brachte schließlich 1996 die Entdeckung der sog. Tomba del Guerriero am Poggio alle Croci bei der Ulimeto Nekropole im Osten der Stadt (Abb. 26. 65–67).[11] Was der Forschung von diesem leider nur unvollständig geborgenen Grab noch zugänglich gemacht wurde – erhalten sind uns nur noch die bronzenen, nicht aber die keramischen Beigaben – sind höchst bedeutende Stücke, die zu einer reichen, villanovazeitlichen Kriegerbestattung aus dem letzten Drittel des 8. Jhs. v. Chr. gehören (Abb. 26). Bedauerlicher Weise waren über die genaueren Fundumstände dieses Grabes und die Beschaffenheit der Grabanlage keine näheren Informationen mehr zu haben.

Spätbronzezeitliche und erste früheisenzeitliche Funde (10.–9. Jh. v. Chr.)

Bei unserer Darstellung der Frühgeschichte Volterras können wir getrost die wenigen Zeugnisse frühester menschlicher Anwesenheit beiseite lassen, welche der Jungsteinzeit, der Kupferzeit mit den Grabfunden von Montebradoni, Guardistallo und Pomerance sowie der frühen und mittleren Bronzezeit angehören. Denn in jedem Falle handelt es sich hierbei bislang nur um sporadische Zeugnisse, die mit dem späteren, uns hier beschäftigenden Geschehen in keinem ursächlichen Zusammenhang stehen.

Von Interesse für uns sind dagegen bereits die Verhältnisse in der späten Protovillanovazeit, d. h. dem Übergangshorizont zwischen ausgehender Bronzezeit und Früheisenzeit (12.–10. Jh. v. Chr.). Nur ganz wenige Funde dieser Zeitstufe liegen bisher vor: Es sind dies vor allem zwei bronzene Lappenbeile vom sog. Typ Gabbro, Variante B[12], bei denen es sich leider um Altfunde handelt, für die deshalb auch keine Auffindungsdaten mehr vorhanden sind (Abb. 27). Daß die Beile aus einem Hort stammen könnten, wird man auf Grund entsprechender Parallelen vermuten dürfen. Die bekannten Beispiele zeigen eine Verbreitung dieses Typus, die Teile des Südens wie des Nordens des tyrrhenischen Mittelitaliens umfaßt. Für eine stationäre Anwesenheit des Menschen in der späten Protovillanovazeit in Volterra spricht natürlich in erster Linie die an verschiedenen Stellen geborgene Keramik. Einen Hinweis auf die bereits mittel- und dann endbronzezeitliche Besiedlung des Stadtberges, und zwar an exponierter Stelle, lieferten die schon erwähnten Scherbenfunde aus dem Bereich des Piano di Castello.[13] Hinzu kommen noch weitere protovillanovazeitliche Scherbchen, die sich unter der Füllmasse des in augusteischer Zeit errichteten Theaters fanden (vgl. Abb. 13).[14] Zwar war der primäre Fundverband auch in diesem Falle nicht mehr gegeben, aber gleichwohl besteht kein Zweifel, daß auch sie von einem nicht mehr näher lokalisierbaren Platz des Stadtberges stammen müssen. Weitere Scherben protovillanovazeitlicher Zeitstellung, es handelt sich diesmal um wenige Lesefunde, stammen noch aus dem Gebiet nordwestlich der Ripaie-Nekropole (Abb. 25A).[15] Und wir dürften kaum in unserer Annahme fehlgehen, daß mit neuen Funden, vermutlich auch noch von anderen Loka-

22

23

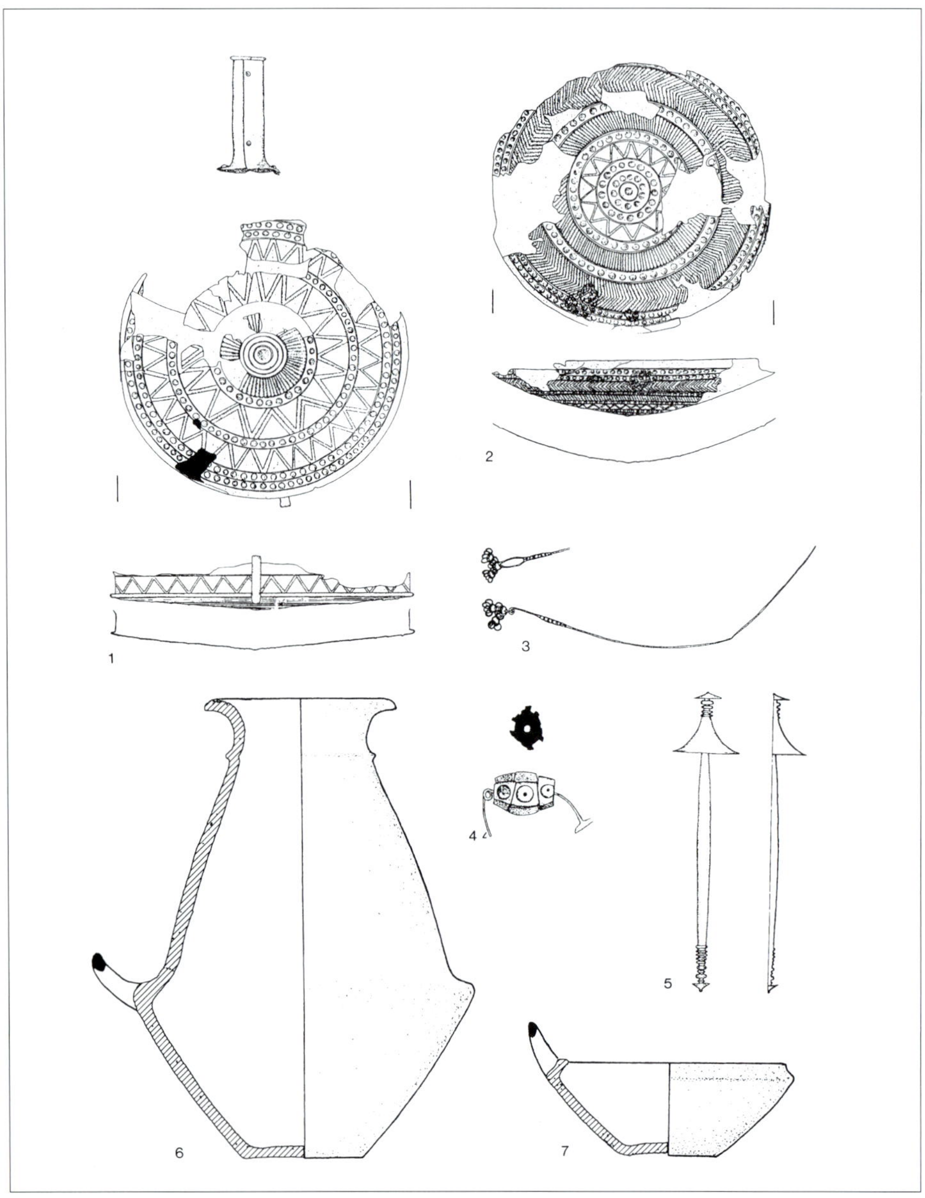

24

litäten auf dem Stadtberg, zu rechnen sein wird. Schon die gegenwärtige Fundsituation läßt jedoch den Schluß zu, daß für die ausgehende Bronzezeit zumindest zwei kleine Siedlungen, und zwar auf dem Piano di Castello sowie dem darunter liegenden Südhang, bestanden haben könnten (vgl. Abb. 6. 19).[16] Daß wir es hier vermutlich mit ähnlichen Verhältnissen zu tun haben wie in Südetrurien, z. B. in Veji, ist durchaus denkbar.[17]

Betrachtet man die Fundsituation während der Protovillanovazeit unter einem etwas großräumigeren Blickwinkel, so zeigt sich, daß die auszumachende Besiedlung sowohl das Gebiet längs der tyrrhenischen Küste als auch die Bereiche entlang der Flußläufe von Arno, Era und Auser (Serchio) umfaßte, während im Hinterland bisher nur Volterra Hinweise auf eine dauerhafte Anwesenheit des Menschen gelie-

***Abb. 23** Grabbeigaben der sog. Tomba Badia. Museo Guarnacci, Volterra. (Photo F. Fiaschi)*

***Abb. 24** Auswahl von Grabbeigaben aus der sog. Tomba Badia. Museo Guarnacci, Volterra.*

***Abb. 25** A. Protovillanovazeitliche Siedlungskeramik aus der Località Ripaie, Volterra. (Umzeichnungen); B. Protovillanovazeitliche Siedlungskeramik vom Piano di Castello, Volterra, Akropolisgrabung. (Umzeichnungen); C. Früheisenzeitliche Siedlungskeramik vom Piano di Castello, Volterra, Akropolisgrabung.*

fert hat (Abb. 28).[18] Geht man vom keramischen Fundmaterial aus, so gewinnt man den Eindruck, daß der Übergang von der Protovillanova- zur Villanovazeit sich auch in Volterra eher fließend vollzogen haben dürfte, wie wir dies bekanntlich auch von anderen Orten Etruriens annehmen.[19] Die anspruchslosen Scherbchen vom Piano di Castello, die in die Periode I der Früheisenzeit (9. Jh. v. Chr.) gehören, deuten darauf hin, daß sich in diesem Bereich auch eine früheisenzeitliche Siedlung befunden haben muß (vgl. Abb. 25 C).[20] Ob man mit noch weiteren, an anderen Stellen gelegenen Siedlungen dieser Zeitstufe rechnen darf, bleibt beim gegenwärtigen Forschungsstand eine offene Frage.

Besser als mit den Siedlungsspuren steht es mit den Gräberfunden. Einem sehr frühen Abschnitt der Villanovazeit, d. h. dem Beginn der Früheisenzeitstufe I (frühes 9. Jh. v. Chr.), gehören bereits mehrere Brandgräber der schon genannten Ripaie-Nekropole an. Was deren Ausstattung betrifft, so passen sie sich dem zeitüblichen Ausstattungsmuster an: Belegt sind unter den Grabinventaren außer sehr früher Keramik noch bronzene Fußdiskusfibeln, rechteckige Rasiermesser, Ringschmuck sowie tönerne Spinnwirtel.[21] Aus der Fundmenge seien hier lediglich zwei Beispiele vorgeführt: Zunächst das charakteristische Inventar eines Brandgrabes aus der Ripaie-Nekropole (Tomba a pozzetto C), das die Reste eines erwachsenen Individuums enthielt (Abb. 29). Das im Museo Guarnacci rekonstruierte Grab zeigt eine durch Steinsetzung befestigte Grabgrube, die durch einen großen, auf der Oberseite künstlich gerundeten, also halbkugeligen Stein abgedeckt war. Die spärlichen Beigaben bestanden aus folgenden Stücken: einer bikonischen, verzierten Villanovaurne, einer verzierten Deckelschale sowie einer gerippten Bügelfibel mit Fußdiskus.[22] Archäologisch von ganz besonderem Interesse ist eine leider nur noch fragmentarisch erhaltene bikonische Villanovaurne, die zwar ebenfalls aus dem Gebiet der Ripaie-Nekropole stammt, deren Fundkontext aber leider unbekannt ist (Abb. 30). Vom Dekor her stellt das Stück ein Unikum dar, finden sich doch hier noch jene charakteristischen, stark stilisierten Vogelprotomen, wie sie eigentlich für die späte Protovillanovakultur typisch sind[23], bereits vereint mit jüngeren Dekorelementen wie dem liegenden Mäander und den Z-förmigen Haken, die dagegen in dieser Form erst bei der Urnenverzierung in der Villanovazeit auftauchen. Mit einiger Berechtigung hat deshalb Cateni auf den Fund mit Nachdruck verwiesen und ihm geradezu eine Funktion als *missing link* zwischen den Funden der ausgehenden Protovillanovazeit und der beginnenden Früheisenzeit zugewiesen.[24]

Wo die zur Ripaie-Nekropole gehörende Siedlung lag, ist nicht mehr mit Sicherheit auszumachen. Sieht man von den kümmerlichen, bereits genannten Resten von Siedlungskeramik im Nordwesten des Gräberfeldes einmal ab, so böte sich schon aus topographischen Gründen das Areal an, das jetzt teilweise durch die große, von den Medici erbaute Festung (Fortezza Medicea) eingenommen wird, die heute als Gefängnis dient (vgl. Abb. 6. 19).[25] Dank der Entdeckungen in der Ripaie-Nekropole sind also die ersten früheisenzeitlichen Grabfunde Volterras in jedem Falle als deutlich älter anzusehen als jene, die bislang aus der näheren und weiteren Umgebung des Ortes bekannt waren. Ein Tatbestand, der dafür spricht, daß dieser Platz bereits in der ersten Stufe der Früheisenzeit, d. h. im 9. Jh. v. Chr., eine zentrale Stellung innehatte.

Daß Volterras Zugang zum Tyrrhenischen Meer in archaischer Zeit über die Häfen in Populonia und Pisa erfolgte, liegt auf der Hand. Man wird im übrigen natürlich davon ausgehen können, daß in der Früheisenzeit, als man sich noch vielfach unbefestigter Meeresbuchten und Flußläufe zum Anlanden bediente, auch die Mündung des Cecina einen willkommenen Ankerplatz bot. Ob man allerdings, wie dies tatsächlich versucht wurde, den archäologischen Befund in eine direkte Verbindung mit einer Nachricht des Servius (*ad Aen.* X,172), eines späten Kommentators von Vergils *Aeneis*, in Verbindung bringen darf, wonach Populonia eine direkte Gründung Volterras gewesen sei bzw. die Volterraner sich Populonias bemächtigten, das nach einer anderen Version zunächst von Einwohnern Korsikas gegründet wurde, möchten wir dahingestellt lassen.[26]

Wenn bereits die von der Ripaie-Nekropole stammende frühe Keramik zum Teil auf engere Verbindungen Volterras nach Bologna hinweist und wenn diese Beziehungen sich auch im frühen Grabbau (Tombe a cassetta) aufzeigen lassen (s. u.), so könnte eine solche Beobachtung na-

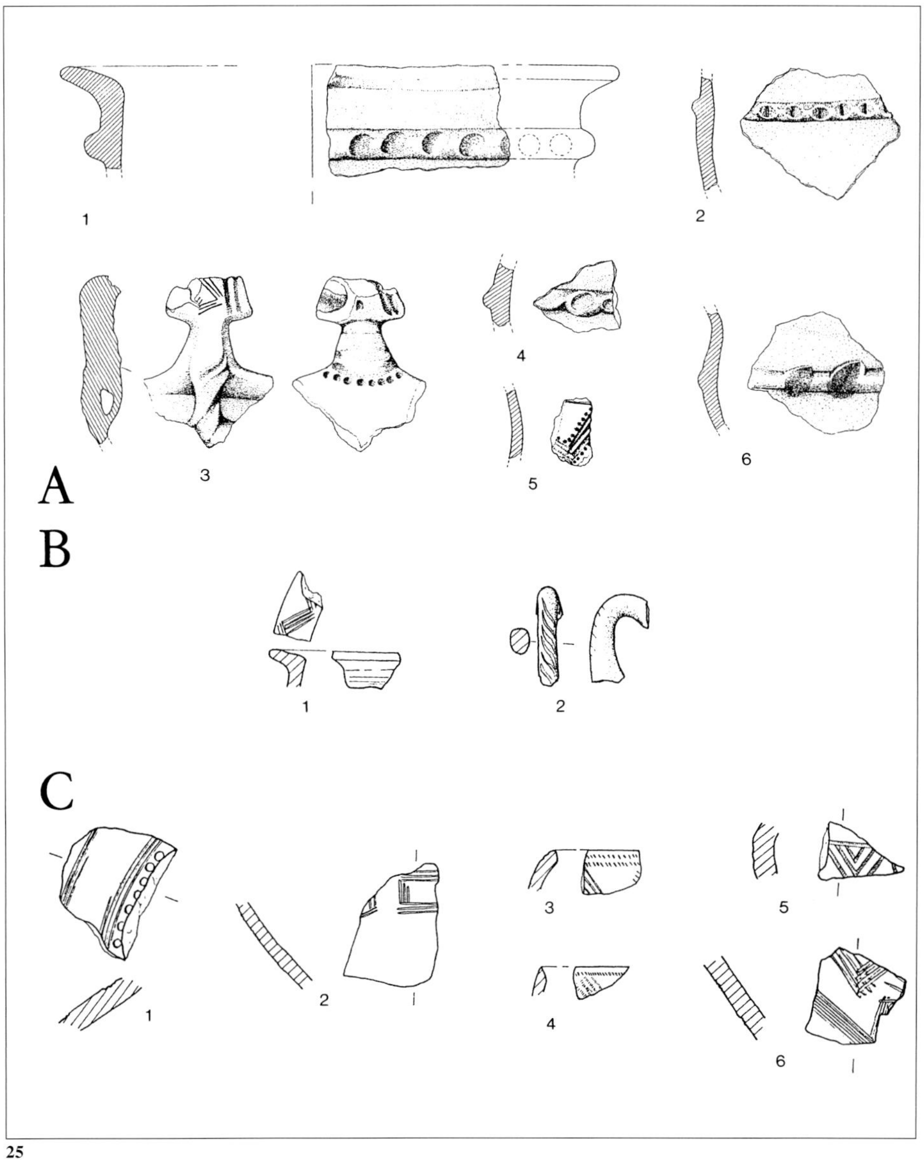

25

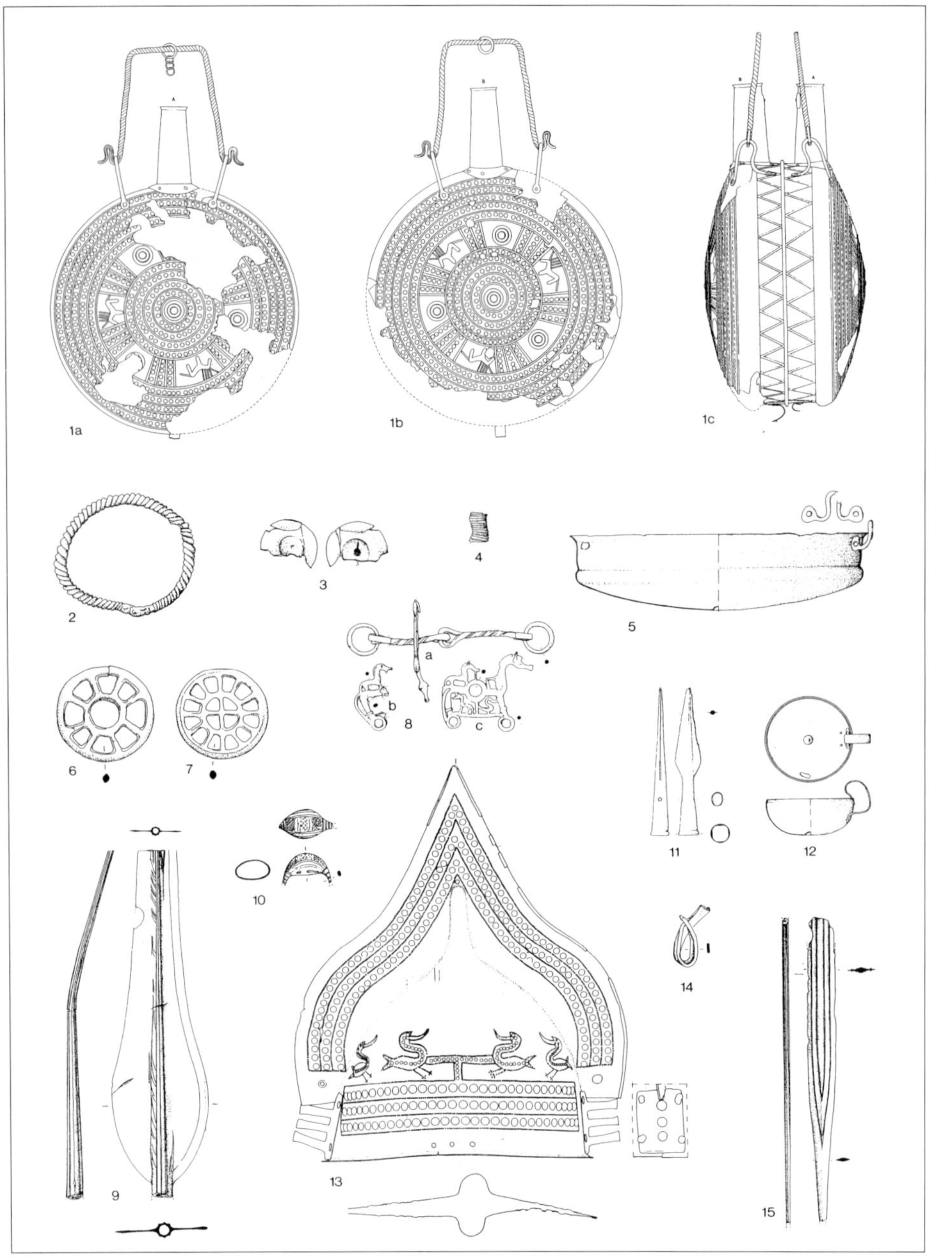

26

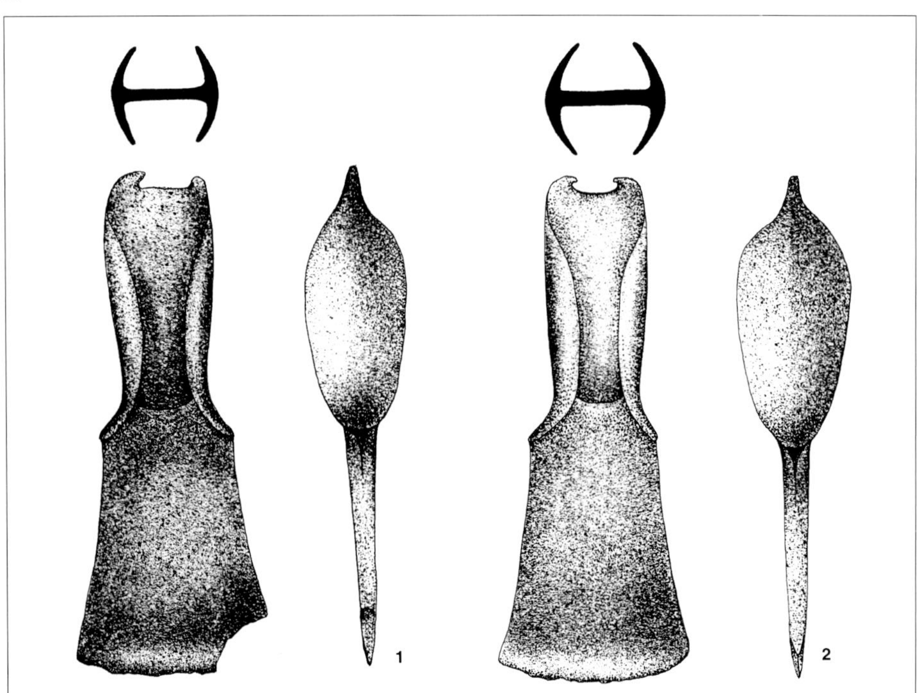

27

türlich dafür sprechen, daß Volterra bereits in der Früheisenzeit schon jene Brückenfunktion zwischen Nordetrurien und Bologna einnahm, die dann vor allem bei der Etruskisierung der Poebene (2. Hälfte des 6. Jhs. v. Chr.) von außerordentlicher Bedeutung werden sollte. Erinnert sei in diesem Zusammenhang auch an die Tatsache, daß der Name der berühmten Volterraner Gens «Ceicna» (lat. Caecina) als «Kaikna» auf zwei Grabstelen des 5. Jhs. v. Chr. in Felsina (Bologna) belegt ist. Die beiden Denkmäler tragen nämlich die gleichlautende Inschrift «mi suthi velus kaiknas», «ich bin das Grab des Vel Kaikna».

Die jüngere Früheisenzeit (8. Jh. v. Chr.)

Zur jüngeren Früheisenzeit (8. Jh. v. Chr.): Auch in der jüngeren Früheisenzeit (Villanoviano II, 8. Jh. v. Chr.) wird die Ripaie-Nekropole noch belegt[27], was eigentlich nur bedeuten kann, daß auch die zu diesem Friedhof gehörende Siedlung noch im 8. Jh. v. Chr. fortbestanden haben muß. Im übrigen ist nun eine deutliche Vermehrung der Bestattungsplätze auszumachen (vgl. Abb. 19): Eine zentrale Bedeutung nimmt jetzt das Gebiet im Norden des Stadthügels ein: Beginnt doch die Belegung der Guerruccia-Nekropole im 8. Jh. v. Chr.[28] Von dort stammen etwa drei Dutzend Gräber, die zeitlich dem 8. und der 1. Hälfte des 7. Jhs. v. Chr. angehören.[29] Benutzt wird jetzt aber auch die im Nordwesten des Stadthügels gelegene Monte Bradoni-Nekropole, von der ja ebenfalls bereits die Rede war. Weitere Grabfunde sowie bescheidene Siedlungsreste, die der jüngeren Früheisenzeit (8. Jh. v. Chr.) zuzurechnen sind, wurden 1980 bei Erdarbeiten in der Località San Felice in der Nähe des monumentalen mittelalterlichen Brunnens aus dem Jahre 1318 entdeckt.[30]

Alles in allem sind es aber doch erstaunlich wenige Bestattungen, die in diesen Zeitabschnitt datiert werden können. Daß hier die schlechten Überlieferungs-

***Abb. 26** Beigaben aus der sog. Tomba del Guerriero vom Poggio alle Croci, Volterra.*

***Abb. 27** Zwei protovillanovazeitliche Lappenbeile vom Typ Gabbro, Variante B, Volterra, Fundzusammenhang unbekannt.*

***Abb. 28** Fundstellen der Protovillanovakultur und der ersten Früheisenzeit in der nordwestlichen Toskana.*

bedingungen den Blick auf die einstige Wirklichkeit verstellen dürften, liegt auf der Hand. Denn immerhin sind unter den auf uns gekommenen Männer- und Frauenbestattungen einige so reich mit Beigaben versehen, daß sie einem Vergleich mit den zeitgleichen Elite-Gräbern aus den bedeutendsten früheisenzeitlichen Nekropolen Nord- und Südetruriens durchaus standhalten. Und es versteht sich, daß das Vorkommen solcher herausragender Gräber natürlich das Vorhandensein einer größeren Bevölkerungsgruppe voraussetzt.

In dem für die 2. Hälfte des 8. Jhs. v. Chr. belegten Beigabenritus wird nun auch archäologisch eine betontere soziale Differenzierung faßbar, die dann bekanntlich in der orientalisierenden Phase (spätes 8.–7. Jh. v. Chr.) mit dem Auftreten der reich ausgestatteten Prunkgräber (Tombe principesche), den schon von ihrer Anlage her beeindruckenden Tumulusgräbern Südetruriens und den Tholosgräbern Nordetruriens, ihren Höhepunkt erreicht.[31] Zur näheren Illustration des Gesagten verweisen wir auf die bereits eingangs erwähnte sog. Tomba Manetti, die Bestattung eines früheisenzeitlichen Kriegers aus dem letzten Drittel des 8. Jhs. v. Chr. (vgl. Abb. 20. 21) (vgl. Anm. 5). Die besondere soziale Stellung des hier noch in einem Pozzograb mit typischer Villanovaurne beigesetzten Kriegers ergibt sich schon aus der Tatsache, daß neben den lediglich auszugsweise mitgegebenen Waffen, einem Tüllenbeil und einem Lanzenschuh noch bronzenes Pferdegeschirr beigefügt wurde, nämlich zwei Trensen mit Knebeln in Form stilisierter Pferdchen und einem Wasservogel sowie ebenfalls zur Schirrung gehörende Bronzephaleren.[32] Daß diese Pferdegeschirrbeigabe, wie sie sich in den herausragenden Gräbern der Früheisenzeit Etruriens findet, zunächst als *pars pro toto* die eigentliche Wagenbeigabe vorwegnahm, ist bekannt.[33]

Bei der ebenfalls erwähnten Tomba Badia handelt es sich dagegen um eine reiche Frauenbestattung aus dem letzten Drittel des 8. Jhs. v. Chr. Zu den Beigaben gehörten reicher Fibelschmuck, bronzener Ringschmuck, eine bronzene Spindel, Goldblechreste, aber auch ein bronzener Bratspieß und eine sonst nur aus Kriegergräbern bekannte bronzene Feldflasche (vgl. Abb. 23. 24) (vgl. Anm. 7). Die Tomba Badia zeigt uns exemplarisch, daß eben auch weibliche Angehörige der früheisenzeitlichen Oberschicht mit großem Aufwand und den für sie charakteristischen Statussymbolen, zu denen auch die bronzene Spindel gehörte, bestattet wurden.[34] Eine Grabausstattung wie die der Tomba Badia gewährt natürlich interessante

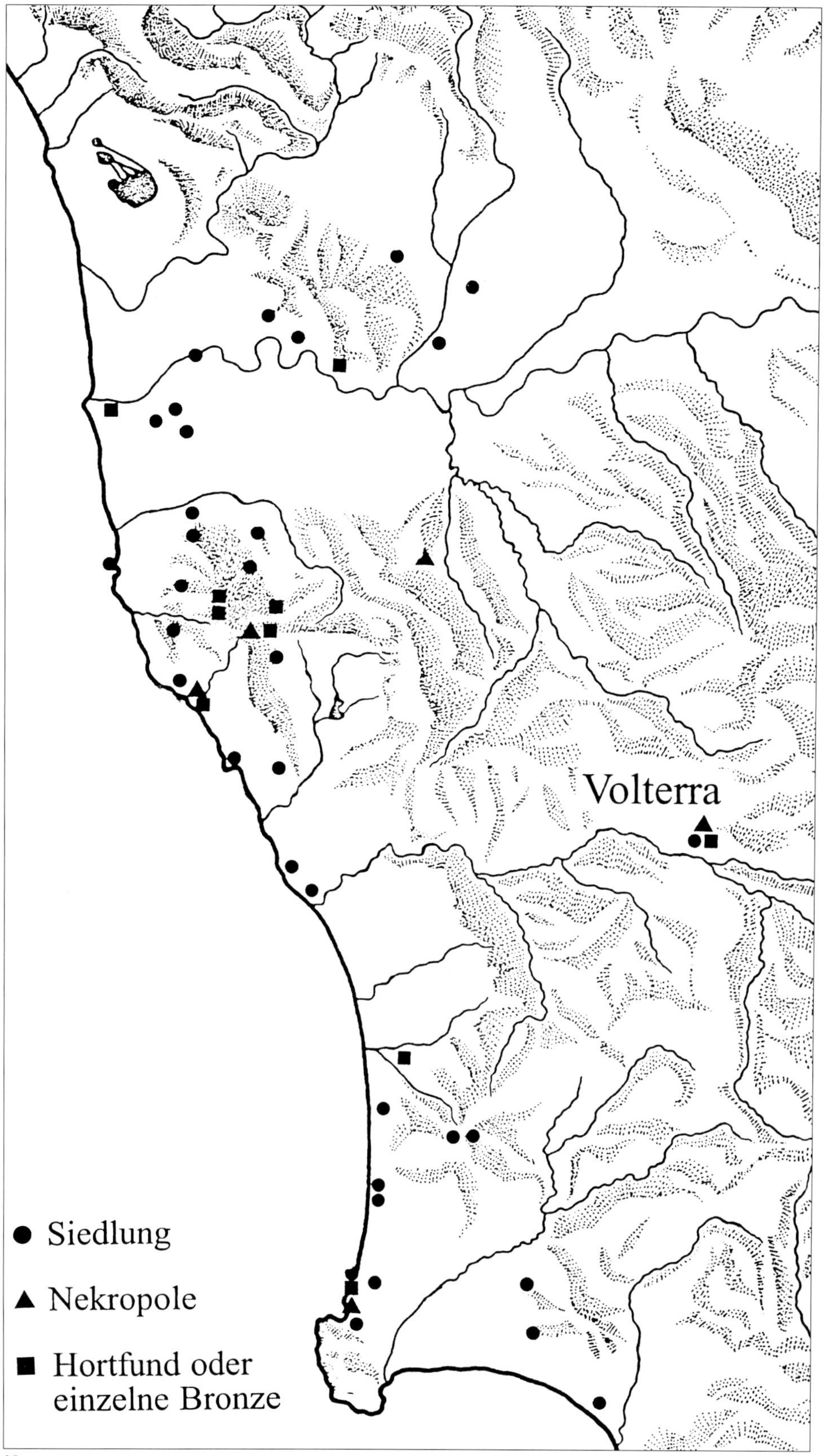

28

Rückschlüsse auf die bekannt hohe Stellung der etruskischen Frau und zwar bereits in der entwickelten Früheisenzeit.[35] Aufwendig war im Falle der Tomba Badia auch die für das frühe Volterra charakteristische Grabkonstruktion vom Typus «a cassetta», die, wie bereits gesagt, an entsprechende Anlagen in Bologna erinnert[36]: Die kleine Grabkammer bildeten sechs Steinplatten (85 x 85 cm; Höhe 100 cm) (vgl. Abb. 22). Im Grabraum befand sich ein großes Tongefäß (Dolio), dessen Inneres eine typische Villanovaurne sowie die bereits aufgezählten Beigaben barg.

Den bedeutendsten Grabfund aus der jüngeren Früheisenzeit Volterras stellt die bereits erwähnte sog. Tomba del Guerriero aus dem letzten Drittel des 8. Jhs. v. Chr.

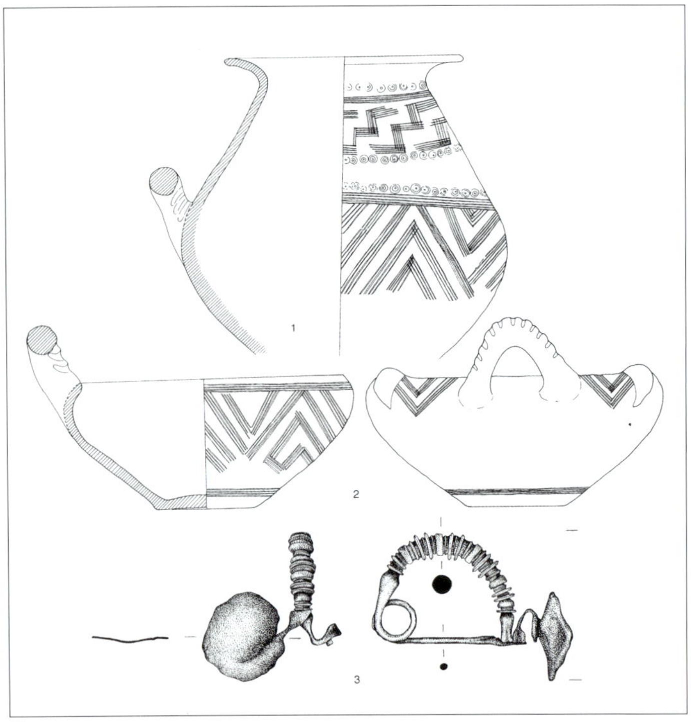

29

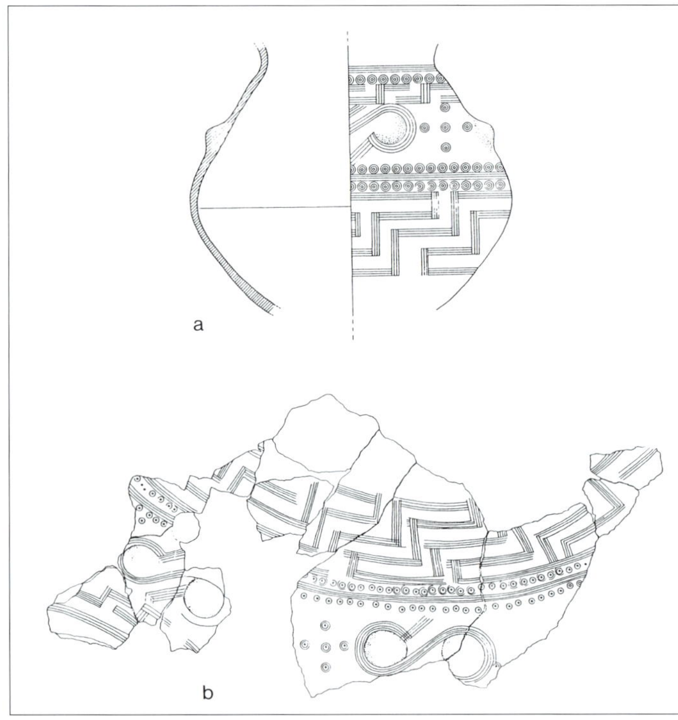

30

31

auch im Norden Etruriens mit dem Vorhandensein einer aristokratischen Kriegerelite mit überregionalen Gemeinsamkeiten zu rechnen haben, deren herausragende Stellung im Leben sich auch in einer aufwendigeren, jeweils nach ähnlichen Kriterien zusammengestellten Beigabenausstattung für den Verstorbenen manifestierte.

Versucht man, diese Gräber in einem über Etrurien hinausgehenden Kulturzusammenhang zu sehen, so sollte man im Auge behalten, daß sie einem Zeithorizont angehören, in dem Homer seine Epen für den griechischen Adel verfaßte und in dem engere Kontakte zwischen den Campanien kolonisierenden Griechen – man denke an die frühen euböischen Gründungen von

dar, (vgl. Anm. 11 u. 37), die hier nicht so eingehend besprochen werden kann, wie sie es verdiente (vgl. Abb. 26. 65–67 sowie den Beitrag von G. Cateni). Wir möchten nur noch einmal darauf hinweisen, daß dieses exzeptionelle Grab vom Ausstattungsmuster her jene Charakteristika aufweist, die uns auch von den reich mit Beigaben versehenen früheisenzeitlichen Kriegergräbern Südetruriens, vor allem Vejis, bekannt sind.[37] Somit bestärkt uns gerade dieser neue Grabfund in der Vorstellung, daß wir in der entwickelten Früheisenzeit (2. Hälfte des 8. Jhs. v. Chr.)

Abb. 29 ***Beigaben aus Pozzograb C. Ripaie-Nekropole, Volterra.***

Abb. 30 ***Fragmentarisch erhaltene Villanovaurne aus der Ripaie-Nekropole, Volterra, Fundzusammenhang nicht mehr auszumachen.***

Abb. 31 ***Rekonstruktion von Grab Q1 aus der Ripaie-Nekropole. Museo Guarnacci, Volterra. (Photo F. Fiaschi)***

Abb. 32 ***Bronzene Gürtelschließe aus Grab Q1 der Ripaie-Nekropole. Museo Guarnacci, Volterra. (Photo F. Fiaschi)***

Abb. 33 ***Verbreitungskarte der Metallvorkommen in Etrurien.***

Pithekusa (Ischia) und Cuma – und Etruskern bestanden haben müssen. Daß die Begegnungen mit den nach Norden vorstoßenden Griechen und den Etruskern nicht immer friedlich waren, ist anzunehmen, doch daß es gleichwohl zu einem intensiven griechischen Kulturtransfer in das tyrrhenische Mittelitalien kam, lehren uns die Funde.[38]

Einen wichtigen Beitrag lieferte die genannte Tomba del Guerriero auch für das Problem der früheisenzeitlichen Gräbertopographie Volterras. Tauchte diese Bestattung doch an einer Stelle auf, in deren Umgebung bisher nur Gräber aus spätetruskischer und römischer Zeit bekannt waren (vgl. Abb. 19). Auch im Falle Volterras zeigt sich somit wieder, daß mit dem Vorkommen früheisenzeitlicher Bestattungen nicht nur an ganz verschiedenen, sondern zum Teil auch weit auseinander liegenden Plätzen außerhalb des Siedlungsareals zu rechnen ist. Es könnte durchaus sein, daß diese weiträumige Verteilung der Bestattungsplätze, wie sie sich in Volterra für die Früheisenzeitstufe II (8. Jh. v. Chr.) abzeichnet, damit zusammenhängt, daß bereits zu diesem Zeitpunkt immer neue Areale des Stadtberges besiedelt wurden, zu denen dann jeweils eigene Nekropolen

32

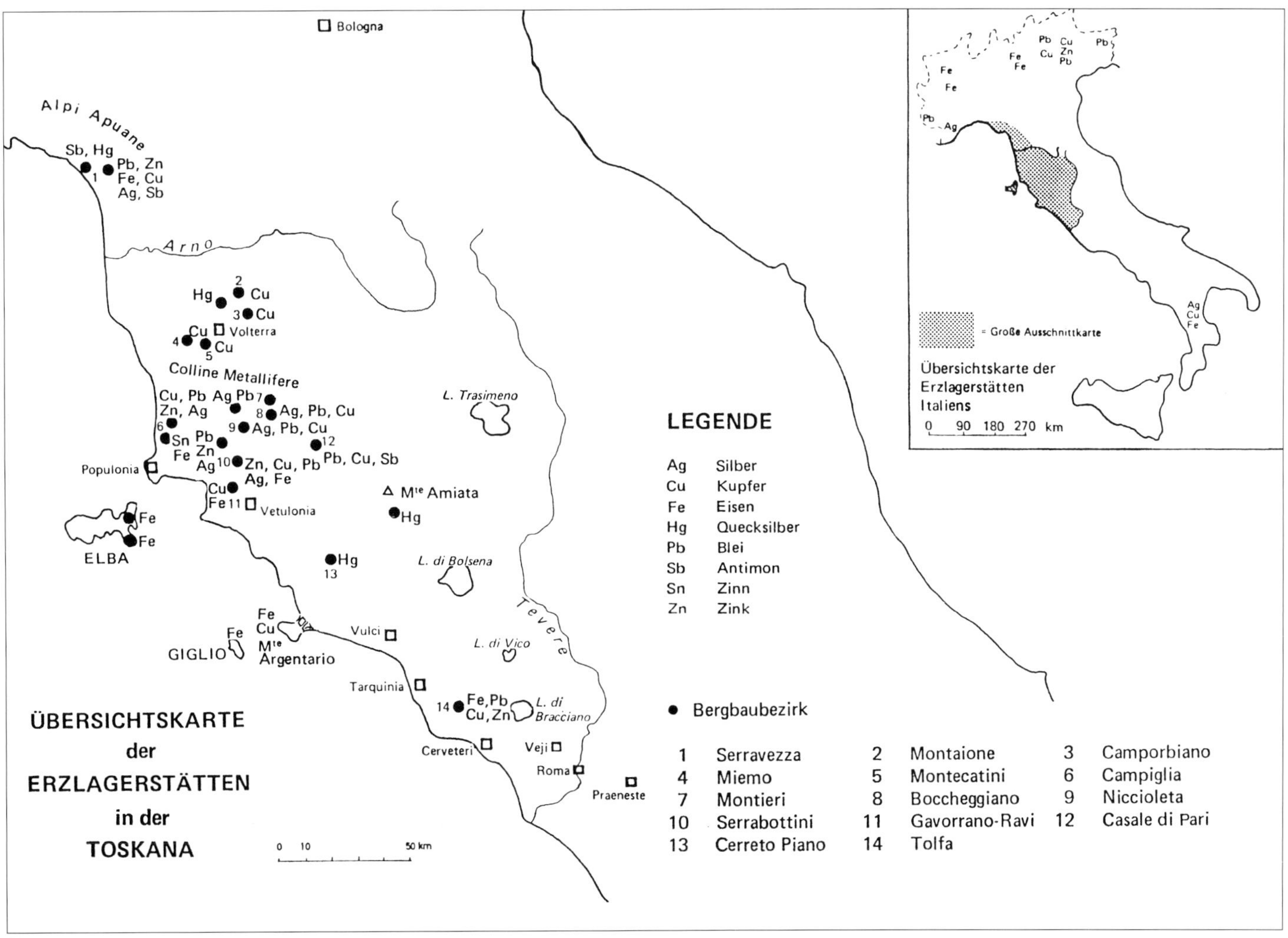

33

34

35

36

37

gehörten. Wir hätten es hier also mit einem Besiedlungsmuster zu tun, welches dem aus Veji oder Tarquinia bekannten ähnelt.[39] Ob allerdings die früheisenzeitlichen Gräber Volterras schon zu einer Ansiedlung gehörten, die bereits den Namen «Stadt» im vollen soziologisch-historischen Sinne dieses Terminus verdient, ist bei dem Fehlen entsprechender Bebauungsspuren nicht zu entscheiden. Mit Blick auf die anderen Zentren Etruriens möchten wir hier eher von einer protourbanen Phase sprechen und den eigentlichen Stadtwerdungsprozeß in das 7. Jh. v. Chr. verlegen.[40]

Praktiziert wird im villanovazeitlichen Volterra, das im Grab- und Beigabenritus gegenüber anderen früheisenzeitlichen Fundplätzen Etruriens deutlich Retardierungserscheinungen erkennen läßt, noch sehr lange ausschließlich die Brandbestattung. Die einzelnen, in ihrer Anlage voneinander etwas abweichenden früheisenzeitlichen Grabtypen tragen unterschiedliche Namen, die hier zumindest aufgelistet seien. Gesprochen wird in der Fachliteratur von: Tomba a pozzetto, Tomba a cista litica con ziro bzw. Tomba a cassetta con ziro, Tomba a ziro senza ossuario sowie Tomba a ziro con ossuario bzw. Tomba con dolio e cinerario.

Die orientalisierende Periode (7. Jh. v. Chr.)

Die Körperbestattung taucht erst in der frühen und mittleren orientalisierenden Phase auf, d. h. im 7. Jh. v. Chr., wobei allerdings die Brandbestattung noch weitergeführt wird. Nach welchen Kriterien man sich im einen Fall für die traditionelle Brandbestattung, im anderen für die Körperbestattung entschied, ist nicht bekannt. Daß hier durchaus auch Familientraditionen eine Rolle gespielt haben könnten, möchte man jedoch nicht ausschließen.

Der Übergang von der Früheisenzeit zur sog. orientalisierenden Periode vollzieht sich in Volterra weniger markant als etwa in Cerveteri, Tarquinia, Vulci, Vetulonia und Populonia, also in den Küstenmetropolen, die auf Grund ihrer geographischen Lage den über See kommenden massiven Kultureinflüssen viel unmittelbarer ausgesetzt waren oder in den Orten des direkten Hinterlandes, die, wie Veji, in die allgemeine Kulturentwicklung ebenfalls unmittelbar eingebunden waren. Greifbar wird uns der Übergang von der Früheisenzeit zur orientalisierenden Phase in der Ausstattung der Gräber der Guerruccia-Nekropole von Volterra. In ihrem nördlichsten Teil legten nämlich die Grabungen von Chierici und Ghirardini in den Jahren 1897 und 1898 auf engstem Raum etwa 30 Gräber frei, die dem späten 8. und der 1. Hälfte des 7. Jhs. v. Chr. angehören und die ein Nebeneinander von Brand- und den dann einsetzenden Körperbestattungen auf engstem Raume zeigen.[41]

Einige reicher ausgestattete Brandgräber, die bereits der orientalisierenden Phase angehören, lieferte noch die Ripaie-Nekropole (vgl. Abb. 19). Wir zitieren hier nur das 1969 entdeckte Frauengrab Q1 (ca. 630–610 v. Chr.) (Abb. 31).[42] Von Interesse ist dieses im Museo Guarnacci wieder aufgebaute Grab sowohl von seiner Architektur wie von seinen Beigaben her: Wir haben es hier mit einem kleinen, gemauerten Kammergrab mit Plattenabdeckung zu tun, das folgende Ausstattung enthielt: Ein großes, mit plastischen Horizontalrippen versehenes Zirogefäß mit Deckel, Eisenfibeln, zwei silberne Zopfhalterringe, zwei Spinnwirtel, drei etrusko-korinthische Aryballen sowie eine reich dekorierte bronzene Gürtelschließe, deren Seitenteile mit orientalisierenden Fabelwesen wie Greifen und Sphingen verziert sind (Abb. 32). Bei diesem sicher lokal gearbeiteten Stück, das unsere besondere Aufmerksamkeit verdient, handelt es sich nämlich um ein gutes Beispiel für die Leistungsfähigkeit des in Volterra ansässigen Bronzehandwerks, dessen Erzeugnisse jedenfalls nicht hinter den Arbeiten anderer nordetruskischer Zentren zurückstehen.

Bestattungen der orientalisierenden Periode wurden außer in der Ripaie-Nekropole auch noch an weiteren Plätzen entdeckt, so in den Bereichen von S. Chiara, Torricella und sogar in der erst in hellenistischer Zeit wichtigen Portone-Nekropole (vgl. Abb. 19). Daß sich in diesem Fundbild eine weitere Ausdehnung der Besiedlung des Stadtberges spiegelt, die wiederum mit einer Bevölkerungszunahme zusammenhängen dürfte, wird man annehmen können.

Die der orientalisierenden Stufe (7. Jh. v. Chr.) zuzuschreibenden Grabmonumente Volterras, die sich erhalten haben, sind von auffällig bescheidener Ausführung.[43] Nur durch wenige Beispiele vertreten sind einfache Kammergräber mit einem kleinen, darüber gewölbten Tumulus. Hervorgehoben zu werden verdient in diesem Zusammenhang besonders das 1923 entdeckte Tholosgrab in der Località Colombaie (vgl. Anm. 43), das trotz seiner bescheidenen Ausführung von der Konstruktion her an entsprechende, aus Populonia bekannte Monumente erinnert. Bemerkenswert ist in jedem Falle die Tatsache, daß uns aus Volterra selbst nichts überliefert ist, was von der Monumentalität der Grabarchitektur her, aber auch dem Reichtum der Beigabenausstattung, mit den Prunkgräbern Vetulonias und Populonias vergleichbar wäre. Hinzu kommt, daß ja höchst eindrucksvolle Grabanlagen der etruskischen Oberschicht aus der 2. Hälfte des 7. und der 1. Hälfte des 6. Jhs. v. Chr. zumindest aus der weiteren Umgebung durchaus bekannt sind. Wir zitieren hier nur diejenigen aus Casal Marittimo[44], Casaglia[45] sowie Castellina in Chianti.[46]

Dies alles ist umso befremdlicher, als ja die Zentralsiedlung Volterra nicht nur wirtschaftliche Bedeutung besaß, die natürlich primär auf der Landwirtschaft beruhte, sondern auch über ein metallreiches Umland mit zahlreichen Kupfervorkommen verfügte, deren Abbau zusätzlichen Reichtum geliefert haben dürfte (Abb. 33).[47] Vielleicht ist die Erklärung dieses Problems aber auch ganz anderer Art: Daß nämlich im Falle Volterras die ursprünglichen Verhältnisse dadurch verunklärt sein könnten, daß durch die immer weitere Ausdehnung der Stadt seit hellenistischer Zeit sowie die eingangs erwähnte Erosion manches ursprünglich vorhandene größere Grabmonument zerstört wurde.[48] An der verkehrsgeographisch gesehen eher ungünstigen Lage im schwer zugänglichen Binnenland könnte es liegen, wenn das frühe Volterra während der späten Villanovaphase und der orientalisierenden Zeit (2. Hälfte des 8.–7. Jhs. v. Chr.) am Fernhandel offenbar nicht direkt beteiligt war und daran auch indirekt nur in eher beschränkter Weise partizipierte. Nennenswerte Importe aus dem griechischen und vorderorientalischen Bereich sind hier, im Gegensatz zu den benachbarten etruskischen Küstenstädten, d. h. Vetulonia und Populonia, bisher nicht zutage gekommen. Dagegen bezeugen einige Funde Verbindungen zu anderen lokalen Plätzen des Umlandes. Zu nennen wären vereinzelte Buccherovasenimporte sowie solche etrusko-korinthischer Keramik. Im übrigen ist bereits für die frühorientalisierende Phase Volterras eine mit geometrischem Dekor bemalte Keramik lokaler Machart belegt, die zumindest ihr Entstehen offenbar Anregungen aus dem Gebiet von Vulci verdankt.

Daß bei dem im frühen Volterra verwandten Trachtenschmuck kein grundsätzlicher Unterschied zu dem bestand, was anderswo im nördlichen Etrurien getragen wurde, bezeugen uns die zahlreichen im Museo Guarnacci verwahrten Bronzefibeln sowie die für Nordetrurien typischen Gürtelschließen, die freilich zu einem guten Teil aus den frühen Grabungen stammen und deshalb ohne Fundzusammenhang sind.[49] Die im Museo Guarnacci ausgestellten wenigen orientalisierenden Edelmetallarbeiten – es handelt sich um Körperschmuck – können dagegen von der Bedeutung und Qualität her nicht mit dem mithalten, was uns die zeitgleichen Fürstengräber Südetruriens, z. B. die Tomba Regolini Galassi in Cerveteri oder aber die Prunkgräber in Palestrina (Tomba Bernardini und Barberini), geliefert haben. Dies verdeutlichen uns die eher bescheiden wirkenden Stücke aus der Tomba di Gesseri (Abb. 34–37).[50] Es

Abb. 34 Zwei Sanguisuga-Goldfibeln aus der Tomba di Gesseri bei Volterra (Mitte des 7. Jhs. v. Chr.). Museo Guarnacci, Volterra. (Photo F. Fiaschi)

Abb. 35 Drago-Goldfibel aus der Tomba di Gesseri bei Volterra (Mitte des 7. Jhs. v. Chr.). Museo Guarnacci, Volterra. (Photo F. Fiaschi)

Abb. 36 Fragmentarische Drago-Goldfibel aus der Tomba di Gesseri bei Volterra (Mitte des 7. Jhs. v. Chr.). Museo Guarnacci, Volterra. (Photo F. Fiaschi)

Abb. 37 Goldkette aus der Tomba di Gesseri bei Volterra (Mitte des 7. Jhs. v. Chr.). Museo Guarnacci, Volterra. (Photo F. Fiaschi)

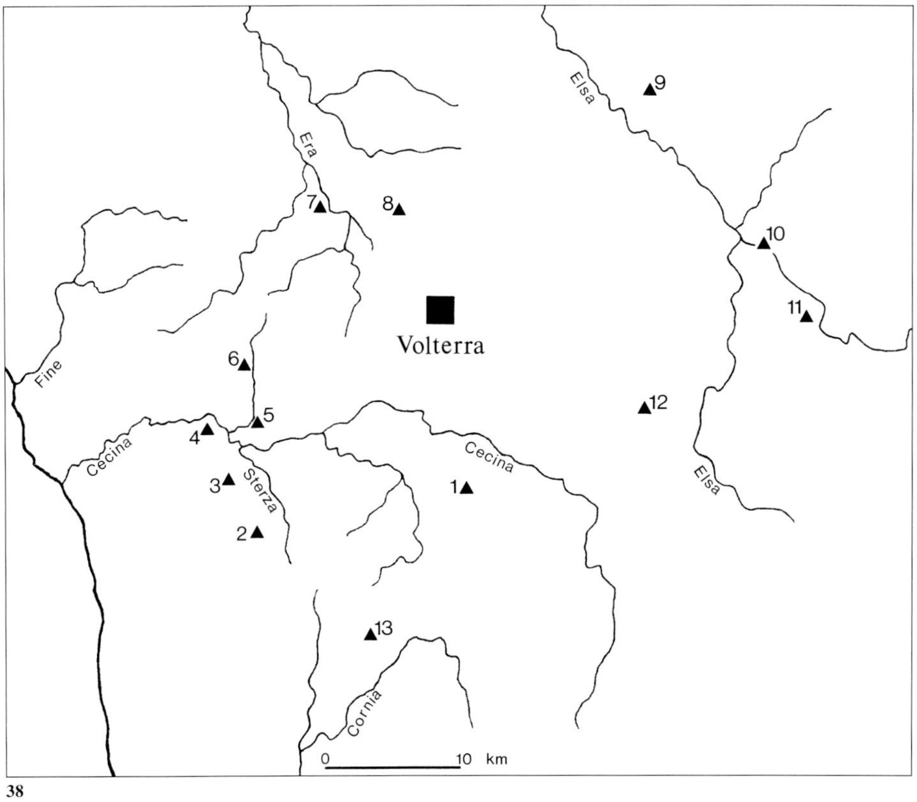

38

Abb. 38 Verbreitungskarte der Siedlungsreste des späten 8. und frühen 7. Jhs. v. Chr. in der Umgebung von Volterra: 1 = Pomarance; 2 = Sassa; 3 = Casale Marittimo; 4 = Montescudaio; 5 = Cerreta; 6 = Totolla; 7 = Laiatico; 8 = Villamagna; 9 = Certaldo; 10 = Poggibonsi; 11 = Monteriggioni; 12 = Casole; 13 = Lustignano.

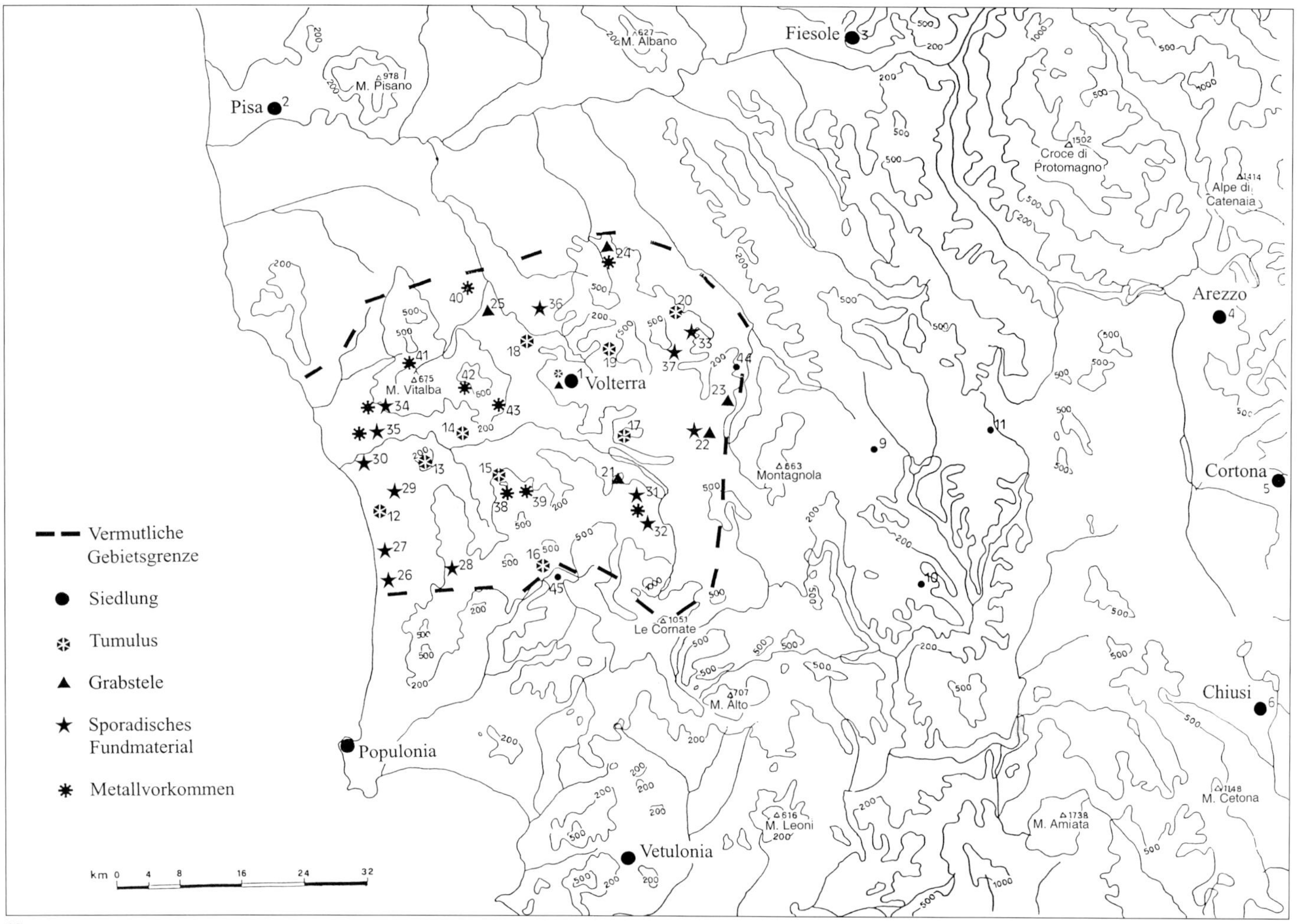

39

handelt sich dabei um ein Ensemble von sieben Goldfibeln und einer Goldkette, die vermutlich als Teile der Beigaben eines reichen Kammergrabes aus der etwa 15 km südöstlich von Volterra entfernten Lokalität di Gesseri in Berignone zu betrachten sind. Übergeben wurden die Funde dem Museum bereits 1839 durch den örtlichen Bischof Gaetano Incontri. Nähere Nachrichten über die Fundumstände sind uns leider nicht erhalten.

Von einigem Interesse ist schließlich ein Blick auf die jetzt veränderten Siedlungsverhältnisse im weiteren Umfeld Volterras (Abb. 38). Hier zeigt sich nämlich, wenn wir die uns bekannten Funde richtig deuten, daß gegen Ende des 8. bis frühen 7. Jhs. v. Chr., also in der Übergangsphase von der Früheisenzeit zur orientalisierenden Stufe, eine nicht geringe Anzahl kleinerer Siedlungen entstanden sein muß, und zwar sowohl entlang des Cecina und seinen Nebenflüssen als auch vereinzelt an den Flußläufen von Elsa und Era.[51] Daß Volterra bei diesem, nun auf das Umland ausgreifenden Besiedlungsprozeß eine aktive Rolle gespielt haben könnte, erscheint nicht ausgeschlossen. Zur Rechtfertigung dieser Hypothese wird in der Forschung die Tatsache ins Feld geführt, daß das Fundgut dieser peripheren, kleinen Orte teilweise eine unmittelbare Verwandtschaft mit demjenigen Volterras erkennen läßt.[52]

Die archäologischen Funde, die in Volterra dem Ende der orientalisierenden Stufe und dem Beginn der archaischen Zeit zugewiesen werden können, sind, von Ausnahmen abgesehen, eher bescheiden.[53] Daß gleichwohl Volterra, dessen nicht kleines Territorium für die orientalisierende und archaische Zeit ungefähr erschlossen werden kann (Abb. 39)[54], im Kräftespiel der etruskischen Stadtstaaten von einiger Bedeutung war, ergibt sich schon aus der Tatsache, daß der Ort ein Mitglied des sog. Zwölfstädtebundes war.[55]

Volterra in archaischer Zeit (6.–5. Jh. v. Chr.)

Die Größe der archaischen Stadt, die auf dem obersten Plateau des Hügelrückens angesiedelt war, läßt sich archäologisch durch den Verlauf der von Fiumi erforschten frühen Stadtmauer aus der 2. Hälfte des 6. Jhs. v. Chr. bestimmen (vgl. Abb. 19).[56] Diese umschloß immerhin den Piano di Castello (vgl. Abb. 11b) und dazu noch einen Teil der jetzigen Oberstadt einschließlich der Piazza dei Priori. In ihrem Umfang nimmt sich freilich die archaische Stadtbefestigung eher bescheiden aus (Länge ca. 1800 m), wenn man sie mit dem Verlauf der imposanten Stadtmauer Volterras aus dem 4. Jh. v. Chr. vergleicht (vgl. Abb. 7–10). Mit einer Länge von 7,28 km war diese bekanntlich in Etrurien die größte Anlage und umschloß

***Abb. 39** Volterra und sein vermutliches Territorium in der orientalisierenden und archaischen Periode.*

***Abb. 40a.b** Zweifarbige Fragmente der Terrakottaverkleidung eines spätarchaischen Tempels (480–470 v. Chr.) vom Piano di Castello, Volterra.*

***Abb. 41a–c** Bronzene weibliche Votivstatuette aus Volterra, Höhe 6,1 cm. Museo Guarnacci, Volterra, Inv. Nr. 91.*

ein Gebiet von 116 ha, das allerdings nicht flächendeckend bebaut gewesen sein dürfte. Von wesentlich geringerem Umfang war dagegen wieder die mittelalterliche Stadtmauer, die zum Teil wenigstens auf der etruskischen Mauer des 4. Jhs. v. Chr. erbaut wurde.

Frühe Tempel und Votivbronzen

Schon in archaischer Zeit befand sich die Akropolis im Bereich des Piano di Castello, und in hellenistischer Zeit wurden dann an dieser Stelle zwei eng nebeneinander liegende Tempelbauten errichtet, deren wenige Reste bei den Grabungen 1926 und 1967–1972 zutage kamen (vgl. Abb. 5. 11a. 12). Die noch vorhandenen Hinweise auf einen älteren bedeutenden Kultbau stammen immerhin aus spätarchaischer Zeit (480–470 v. Chr.) und bestehen aus den bemalten Fragmenten der

40a

40b

41a

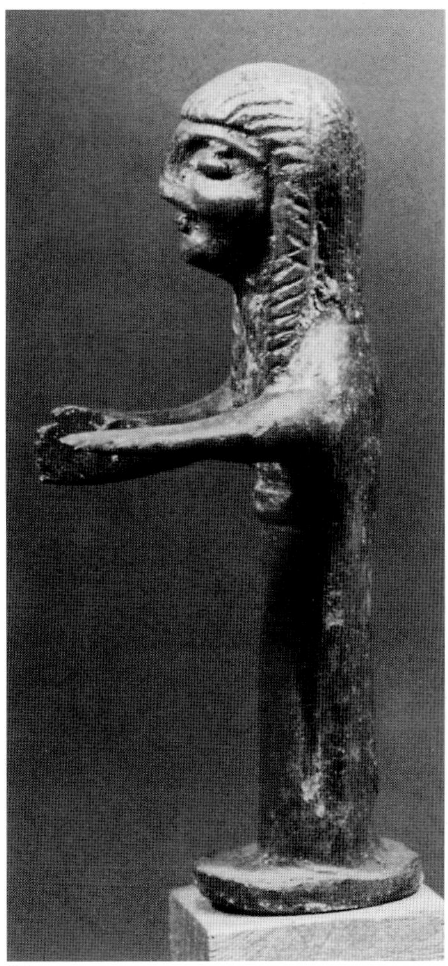

41b

41c

42

43

44

45

Terrakottaverkleidung eines Gebäudes, in dem man wohl einen Tempel sehen darf (Abb. 40a.b).[57] Neueste Grabungen unter der Leitung von M. Bonamici haben nun den für Nordetrurien höchst wichtigen Nachweis erbracht, daß bereits um die Mitte des 7. Jhs. v. Chr. an eben dieser Stelle ein zu einem Heiligtum gehörender Temenos existiert haben muß. Entdeckt wurden hier ebenfalls Reste eines Sacellums aus dem ausgehenden 6. Jh. v. Chr.[58]

In den kultischen Bereich gehören auch kleine bronzene Votivfigürchen, von denen uns Volterra wie bekanntlich auch Arezzo eine erstaunliche Menge geliefert haben (Abb. 41a–c. 42–45). Die sicher lokale Produktion dieser zum großen Teil noch sehr unbeholfen wirkenden Statuetten setzt bereits in der orientalisierenden Periode (7. Jhs. v. Chr.) ein, um dann in archaischer Zeit (1. Hälfte des 6. bis frühes 5. Jh. v. Chr.) zu einem ersten Höhepunkt zu gelangen (vgl. Abb. 41– 45).[59] Vertreten sind anthropomorphe Darstellungen sowie vereinzelt auch solche von Rindern, was im Falle Volterras natürlich nicht zu verwundern braucht. Unter den frühen menschengestaltigen Votiven finden sich u. a. mit einem Schurz (Perizoma) bekleidete Kriegerfigürchen, die oftmals ursprünglich in der Hand ein Schwert bzw. einen Speer führten (Typ swordsman bzw. Typ spearman) (vgl. Abb. 42. 43), Attribute, die

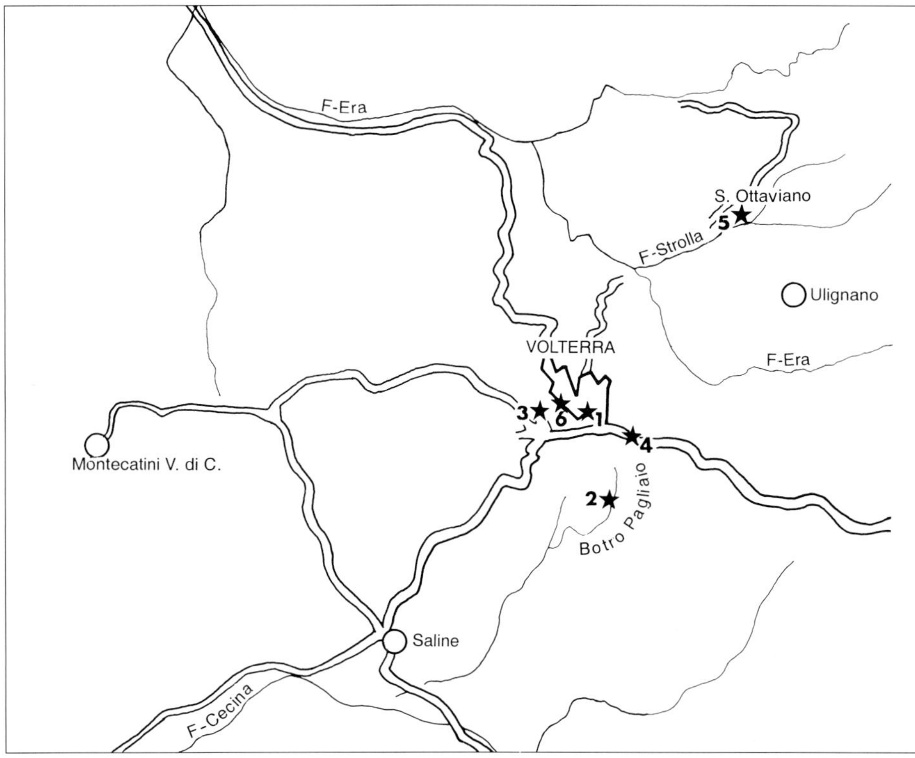

46

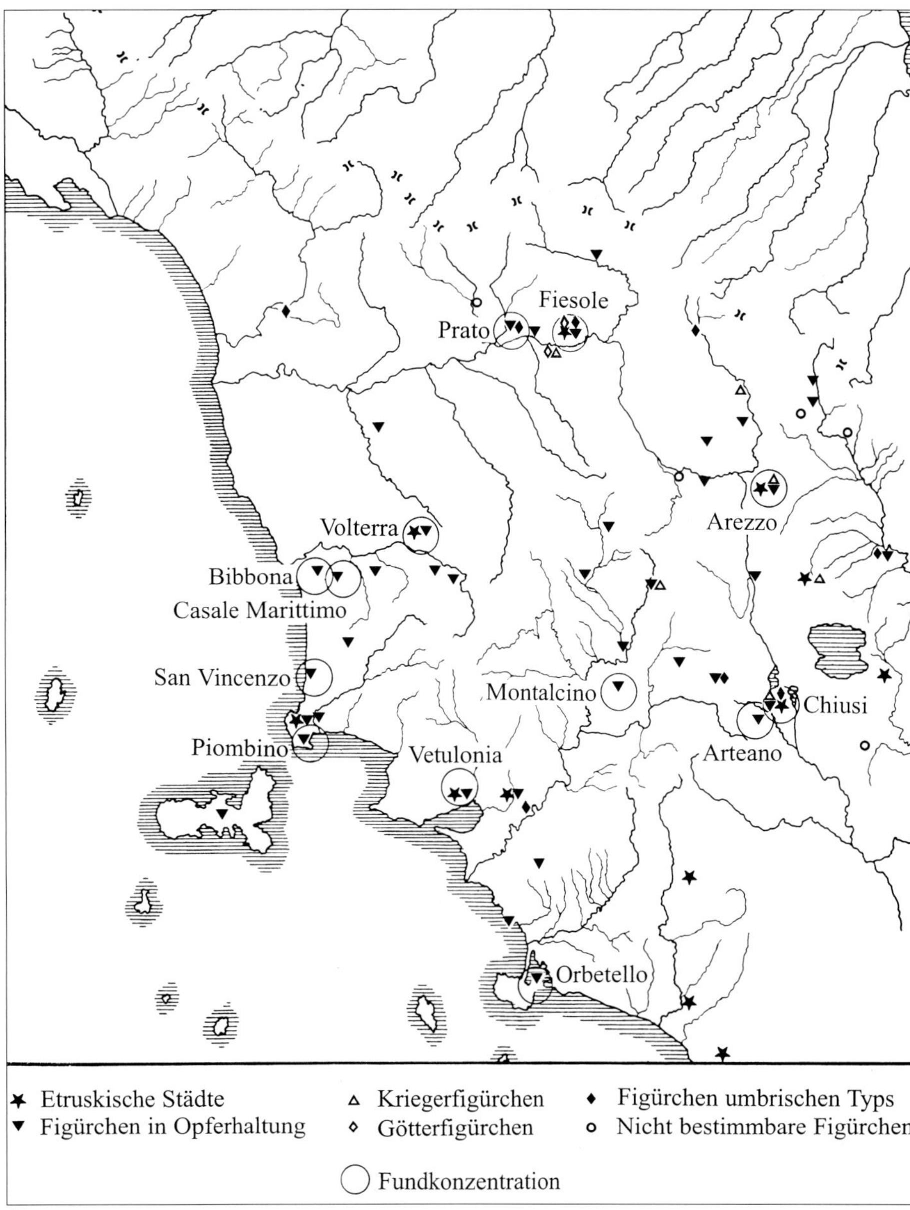

47

Abb. 42 Bronzene männliche Votivstatuette aus Volterra, Piano di Castello, Höhe 11 cm. Museo Guarnacci, Volterra, Inv. Nr. 21/1. (Photo F. Fiaschi)

Abb. 43 Bronzene männliche Votivstatuette aus Volterra, Podere Colloreto. Museo Guarnacci, Volterra, Inv.Nr. 46. (Photo F. Fiaschi)

Abb. 44 Bronzene weibliche Votivstatuette aus Volterra, Podere Pagliaio, Höhe 8 cm. Museo Guarnacci, Volterra, Inv.Nr. 13/52. (Photo F. Fiaschi)

Abb. 45 Spätarchaisches Votivfigürchen vom Korentypus aus Volterra, Höhe 10,7 cm. Museo Guarnacci, Volterra, Inv. Nr. 47. (Photo F. Fiaschi)

Abb. 46 Verbreitungskarte einiger bronzener Votivstatuetten (2. Hälfte des 7.–6. Jhs. v. Chr.) aus Volterra und Umgebung: 1 = Piano di Castello; 2 = Podere Pagliaio; 3 = Podere Colloreto; 4 = San Lazzaro; 5 = S. Ottaviano; 6 = Porta S. Felice.

Abb. 47 Verbreitungskarte von Votivfunden und Kultplätzen archaischer Zeit in Nordetrurien (2. Hälfte des 6. – Anfang 5. Jh. v. Chr.).

48

Abb. 48 *Grabstele des Avile Tite aus Volterra, um 560 v. Chr., Höhe 170 cm. Museo Guarnacci, Volterra.*

Abb. 49a.b *Urne aus Volterraner Tuffstein mit Reliefdarstellungen einer Eberjagd (a. Langseite) und einer nicht näher deutbaren Szene mit einem Jüngling und einer jungen Frau beidseitig einer großen Blüte (b. Schmalseite), spätes 6. Jh. v. Chr., aus Volterra, Portone-Nekropole. Museo Civico G. Fattori, Livorno.*

Korendarstellungen Bezug nehmen (vgl. Abb. 45). Leider entbehren die reichen Volterraner Bestände, die sich zum größten Teil im Museo Guarnacci befinden, bis auf wenige Ausnahmen aller Angaben über den genauen Auffindungsplatz und die jeweiligen Fundumstände.

Welche Interpretationsmöglichkeiten diese Votivfigürchen zulassen, wenn nur genauere Fundnachrichten vorliegen, soll im folgenden kurz angesprochen werden. So wurde die Auffindung einer kleinen bronzenen Votivfigur aus der 2. Hälfte des 7. Jhs. v. Chr. im Bereich des Piano di Castello bei den Grabungen D. Levis bereits in der Weise gedeutet, daß sie ein Indiz dafür sein könnte, daß sich hier bereits zu sehr früher Zeit eine Kultstätte befunden habe (vgl. Abb. 42).[60] Ausgehend von dieser Vorstellung unternahm Maggiani unlängst den Versuch, mit Hilfe einer bescheidenen Gruppe von insgesamt sechs Votivfigürchen des 7. und 6. Jhs. v. Chr., deren genaue Herkunft allerdings bekannt war, mögliche Standorte weiterer früher Kultplätze in und um Volterra zu ermitteln (Abb. 46).[61] Das auf diese Weise gewonnene Bild ist natürlich schon wegen der schlechten Forschungslage sehr unvollständig, gleichwohl jedoch nicht ohne Interesse: Ein früher Kultplatz wäre demnach außer auf dem Piano di Castello auch noch bei der Porta di S. Felice anzusiedeln. Und weitere Kultplätze oder zumindest ausgewählte Stellen, wo aus welchen Gründen auch immer Votive deponiert wurden, befanden sich demnach auch in der näheren und weiteren Umgebung Volterras und zwar jeweils in der Nähe alter Verkehrswege.

Das für Volterra sich abzeichnende Bild darf man weiter ausdehnen. Denn zahlreiche einzelne Statuettenfunde archaischer Zeitstellung oder sogar ganze Gruppen von solchen mit der Wiedergabe von opfernden Männern und Frauen, von Kriegern sowie Gottheiten sind ja auch an vielen anderen Stellen Nordetruriens zutage gekommen, wie A. Romualdi gezeigt hat (Abb. 47)[62], und zwar an solchen Orten, die man wohl als Kultplätze bezeichnen kann, aber jetzt vielfach verloren sind. Belegt sind auch langgewandete Frauenstatuetten, teilweise in deutlicher Haltung von Opfernden wiedergegeben (Abb. 41a–c. 44. 45). In archaischer Zeit macht sich auch im Bereich der Votivplastik deutlich griechischer Einfluß bemerkbar. Dies zeigen vor allem die Statuetten junger Männer im Kourostyp und junger Mädchen, die in ihrer Darstellung eindeutig auf griechische

ohne daß sich dort freilich entsprechende Kultbauten nachweisen ließen. Das ganze bezeugt eine religiöse Praxis, die offenbar an sehr altes, bereits prähistorisches Brauchtum anknüpft. Nicht ohne Interesse ist gerade in diesem Zusammenhang das Zeugnis des Tertullian (*Apol.* 25), der die frühen Kultplätze, wie sie noch zur Regierungszeit des römischen Königs Numa Pompilius (716–673 v. Chr.) gebräuchlich waren, lediglich als «temporaria de caespite altaria» und zwar ohne Kultbild «deus ipse nusquam» bezeichnet.

Bedeutende Kunstdenkmäler Volterras aus archaischer Zeit

Beleuchtet wird die künstlerische Produktion Volterras in archaischer Zeit außer durch die toreutischen Arbeiten und die genannten farbigen Terrakottaverkleidungen von der Akropolis auch noch durch einige wenige, sicher lokal gefertigte Steindenkmäler. Wir erinnern in erster Linie an die mit Flachreliefs versehenen monumentalen Grabstelen, von denen sich allerdings nur noch vier, teilweise in stark fragmentarischem Zustand, erhalten haben.[63] In ihrer charakteristischen Formgebung, ein langgestrecktes, oben abgerundetes Rechteck mit breiter Rahmung und einer in Flachrelief angebrachten Darstellung des Verstorbenen, repräsentieren sie einen Typus, der letztendlich an entsprechende vorderorientalische bzw. ostgriechische Vorbilder anzuknüpfen scheint.

Unter den auf uns gekommenen Arbeiten dieser Gruppe stellt die aus Nenfro gearbeitete Stele des Avile Tite (um 560 v. Chr.) das bedeutendste Denkmal dar (Abb. 48).[64] Wiedergegeben ist hier ein schreitender Krieger mit einer charakteristischen Frisur, die an die spätdädalischen Etagenperücken erinnert. Die Kleidung besteht aus einer Tunika, die Bewaffnung aus einer kurzen Lanze und einem Schwert. Daß es sich bei dem hier dargestellten Verstorbenen, dem dieses Denkmal von einem Familienmitglied gewidmet wurde, um einen Angehörigen der lokalen Aristokratie handelt, unterliegt keinem Zweifel. Und daß dessen persönliche Identität natürlich nicht durch die im Unverbindlichen bleibende Art der bildlichen Wiedergabe ausgedrückt wurde, sondern erst durch die inschriftlich beigefügte Namensnennung «Avile Tite», ist evident. Mit der Darstellung des bewaffneten, schreitenden Kriegers wird hier allerdings ein bereits bestehender Bildtypus aufgegriffen, der uns auch in der Kleinkunst immer wieder begegnet und im Bereich der Grabmonumente in Vetulonia bereits in der 2. Hälfte des 7. Jhs. v. Chr. mit der bekannten Stele des Aule Feluske in ähnlicher Form vorliegt.[65] Der Stelentypus, wie er uns bei dem Grabmal des Avile Tite überliefert ist, wurde dann auch anderswo in Nordetrurien gebräuchlich, wie uns der in ganz ähnlicher Weise konzipierte Grabstein des Larth Ninie (spätes 6. Jh. v. Chr.) aus der Nähe von Fiesole zeigt.[66]

Daß Volterra in hellenistischer Zeit ein Zentrum für die Herstellung von Alabasterurnen mit figürlichen Darstellungen war, ist allgemein bekannt und soll hier auch nicht näher erörtert werden. Für uns von Interesse ist dagegen eine sehr viel ältere Urne aus lokalem Tuffstein (spätes 6. Jh. v. Chr.), die unlängst von Maggiani als eine aus Volterra stammende Arbeit identifiziert werden konnte (Abb. 49a.b).[67] Das lokal gearbeitete Stück, für Volterra übrigens ein Unikum, kam 1860 in der Portone-Nekropole zutage und gelangte ins Museo Civico in Livorno. Als Fundort wurde zunächst fälschlich «Vada» vermerkt, weshalb es vermutlich auch lange der Aufmerksamkeit der Volterraner Forschung entgehen konnte. Die Flachreliefs auf den vier Seitenwänden der Urne sind typisch für den ionisierende Elemente ver-

49a

49b

50

Abb. 50 Sog. Testa Lorenzini: Überlebensgroßer spätarchaischer Marmorkopf, Höhe 31,5 cm. Als Leihgabe im Museo Guarnacci, Volterra.

arbeitenden Stil, der in Etrurien im letzten Viertel des 6. Jhs. v. Chr. gepflegt wurde und offenbar auch in Volterra Eingang fand. Typologische Verwandte dieser speziellen Urnenform sowie gute stilistische Entsprechungen für die Darstellungen finden sich bezeichnenderweise unter den Funden aus Chiusi sowie Fiesole.

Gerade auf Grund solcher Beobachtungen, die man, wie wir sahen, an ganz unterschiedlichen Denkmälern seit der Früheisenzeit durchführen kann, lassen sich immer wieder Verbindungen Volterras zumindest zu anderen lokalen Zentren Nordetruriens nachweisen. Dagegen scheint die Stadt am überregionalen Fernhandel nicht in größerem Maße partizipiert zu haben. Dafür spricht vor allem die Tatsache, daß im Gegensatz zu den anderen etruskischen Küstenstädten, aber auch zu solchen des Binnenlandes (Orvieto, Chiusi), schwarzfigurige attische Keramik nur in geringem Umfang aufgefunden wurde, und nicht anders steht es bezeichnenderweise mit der rotfigurigen attischen Ware.

Bei diesem Stand der Dinge überrascht es natürlich, daß gerade in Volterra ein so bedeutendes Werk wie der sog. Lorenzini Kopf (Testa Lorenzini) entdeckt werden konnte (Abb. 50). Die etwas überlebensgroße Arbeit (Höhe 31,5 cm) stellt einen jungen Mann dar, dessen Augen, was höchst bemerkenswert ist, ursprünglich in einem anderen Material eingelegt waren. Die Qualität der Arbeit ist ganz außerordentlich, was nicht zuletzt auch die mit einer auffallenden Liebe zum Detail ausgeführte komplizierte Frisur erkennen läßt, welche ein feiner Blattkranz schmückt.[68] Das bedeutende Kunstwerk läßt sowohl in der Modellierung des Gesichtes als auch in der Haarbehandlung so deutlich griechische Einflüsse erkennen, daß R. Bianchi Bandinelli den Kopf mit den Worten «la più importante e la più ‹greca› delle sculture arcaiche etrusche» charakterisierte.[69] Die sicher lokal gefertigte Arbeit gehört zu den wenigen uns bekannten etruskischen Marmorwerken und ist dabei in der Tat so griechisch, daß die Meinung geäußert wurde, der das Werk ausführende Künstler könnte bei einem griechischen Bildhauer in die Lehre gegangen sein. Bei dem Versuch, die hier sichtbar werdenden griechischen Einflüsse einer bestimmten Kunstprovinz zuzuweisen, wurden verschiedene Auffassungen geäußert. Sah die ältere Forschung zunächst in attischen Kourosdarstellungen, der sog. Ptoon 20-Gruppe, mögliche Vorbilder, so dachte man in der Folgezeit eher an ostgriechische Einflüsse, die hier wirksam wurden. Auf Grund stilistischer Kriterien ist das Werk gegen 480 v. Chr. zu datieren und als Teil einer großen Kultstatue (Apollo?) anzusehen, die zu einem bedeutenden, uns freilich nicht mehr bekannten Heiligtum gehört haben muß. Dafür, daß dessen Standort möglicherweise auf dem Gebiet der Akropolis (Piano del Castello) zu suchen ist, könnte immerhin die Tatsache sprechen, daß der Kopf angeblich in einem Brunnen im historischen Stadtkern zutage kam.

Wegen seiner für etruskische Verhältnisse so exzeptionellen Qualität liefert uns dieses Werk in jedem Falle einen gewichtigen Hinweis auf die Bedeutung Volterras bereits in spätarchaischer Zeit und läßt gleichzeitig erahnen, mit welchen Verlusten wir in der archäologischen Überlieferung auch für diesen Ort zu rechnen haben.[70] Daß das hier in groben Umrissen gezeichnete Bild der frühen Besiedlungsgeschichte Volterras sich durch weitere problemorientierte Forschungen, in erster Linie Surveys und Altstadtgrabungen, um wesentliche Details weiter erhellen könnte, ist ausgemacht. Daß sich im übrigen aber auch das für alle archäologische Forschung so unerläßliche Finderglück erneut einstellen möge, das uns bereits die Tomba del Guerriero und den Lorenzini-Kopf bescherte, ist der Wunsch des Autors dieser Zeilen.

Giovannangelo Camporeale

Etruskische Antiken in Volterra zur Zeit der Renaissance

Volterra im 18. Jh.

Zweifellos markiert das 18. Jh. in Volterra einen bedeutenden Moment für die dortige Archäologie. Wer sich zu jener Zeit nach Volterra begab und Gelegenheit hatte, die Patrizierhäuser der Maffei, Falconcini oder Franceschini zu besuchen, konnte nicht umhin zu bemerken, daß sie – eine Formulierung des zeitgenössischen Gelehrten Anton Francesco Gori aufgreifend – vor etruskischen Werken nur so funkelten. Dazu existierte in Volterra bereits in den 30er Jahren des 18. Jhs. ein öffentliches Museum. Es war im dortigen Palazzo dei Priori um eine Gruppe von Urnen entstanden, die der Kanoniker Pietro Franceschini auf seinem Grundbesitz in der Nekropole «dei Marmini» nahe der Ortsgrenze gefunden und, um Befreiung von Steuerzahlungen zu erlangen, der Stadt gestiftet hatte. In den gleichen Jahren wird die Erforschung der im Umkreis der Stadt gelegenen Gräber mit frenetischer Intensität vorangetrieben, vor allem auf den Besitztümern des Minoritenordens und den Ländereien der Familien Damiani, Incontri, Arrighi, Guarnacci und Inghirami. Viele der dabei zutage gekommenen Fundstücke – in der Hauptsache Urnen (Abb. 51) – gelangen durch Schenkung oder Ankauf in die Sammlung des städtischen Museums. Der Einsatz des Volterraner Bürgers Mario Guarnacci (Abb. 52a.b) für den Ausbau und die Organisation dieser Institution ist dabei so lobenswert, daß es sozusagen ein Akt der Pflicht war, das archäologische Museum nach selbigem Guarnacci zu benennen.

Volterra gilt als obligatorische Etappe auf den Reisen, die Gelehrte des 18. Jhs., wie etwa der Florentiner Anton Francesco Gori oder der Veroneser Scipione Maffei, in die verschiedenen Zentren der Toskana und Latiums unternahmen, um Material als Abbildungsvorlagen für die von ihnen vorbereiteten Werke zur etruskischen Kunst und Kultur zu sammeln. Das Urteil dieser Reisenden über die in Volterra gesehenen Antiken ist voller Begeisterung. Maffei versichert gar, daß «der nicht weiß, was figürlich gearbeitete etruskische Antiken sind, der nicht in Volterra gewesen ist». Auch Johann Joachim Winckelmann plant, als er 1758 Florenz erreicht, Reisen (die er allerdings nicht durchführen wird) zu verschiedenen Orten, die wegen ihrer etruskischen Monumente von besonderem Interesse sind, und speziell nach Volterra.[1]

Zu dem hier skizzierten Bild kommen freilich auch negative Aspekte. Man denke nur an die Entwicklung einer örtlichen Fälschungsindustrie, die natürlich in erster Linie kommerzielle Motive verfolgt, wie dies schließlich in Gegenden, wo Entdeckungen in dicht gedrängtem Rhytmus aufeinanderfolgen, eine normale Erscheinung ist. So stößt man bei den zwischen 1739 und 1743 durchgeführten Grabungen nicht selten auf Fälschungen – zum Großteil Inschriften auf Urnen und Alabasteridole – die vorsätzlich und augenfällig in Gräbern aufgestellt wurden, deren Öffnung kurz bevorstand.[2]

Die hier kurz angesprochenen Tatsachen sind freilich bekannt und lassen sich in allgemeinen Werken zur etruskischen Kultur nachlesen. Es liegen aber auch Berichte über archäologische Aktivitäten in Volterra und seiner Umgebung aus Zeiten vor dem 18. Jh. vor. Allerdings sind diese nicht zahlreich und dazu nicht immer angemessen gewürdigt und ausgewertet worden. Sie im Rahmen dieses kurzen Beitrages umfassend auszuführen und zu interpretieren, ist freilich nicht möglich. Immerhin lassen sich aber bereits anhand einiger Beispiele Vorstellungen von der Wertschätzung (und Wiederverwendung) etruskischer Antiken während des späten Mittelalters und der Renaissance im Volterraner Gebiet gewinnen und darüber hinaus allgemeinere Aspekte der kulturellen Ausrichtung dieses Ambientes in jener Zeit erkennen.

Wiederverwendung etruskischer Urnen

Im Guarnacci-Museum wird eine aus Tuffstein gearbeitete etruskische Urne mit einem giebelförmig gestalteten Deckel aufbewahrt. Sie enthält die Reliquien des heiligen Klemens, die beim Einsturz der Kirche San Giusto im Jahr 1140 gerettet wurden (Abb. 53). Besonders bemerkenswert ist hier nicht nur, daß die Urne im Mittelalter dieselbe Verwendung fand wie in etruskischer Zeit, sondern auch, daß sie in ihrer Wiederbenutzung zur Aufbewahrung der Reliquien eines Heiligen bestimmt wurde, also einer Persönlichkeit ersten Ranges. Dieser Tatbestand darf als Ausdruck eines eindeutigen Programmes gesehen werden, d. h. die Gegenwart mittels Wiederverwendung des Antiken aufzuwerten – im vorliegenden Fall also durch ein Denkmal der etruskischen Kultur, die in Volterra so bemerkenswerte

51

Abb. 51 Volterraner Urne aus der Nekropole «dei Marmini».

52a

Zeugnisse geboten hatte. Es handelt sich hierbei um keinen Einzelfall: Unter einem Altar der Kathedrale von Pistoia kam 1414 während Restaurierungsarbeiten eine Volterraner Alabasterurne aus dem 2. Jh. v. Chr. zutage, die mit Darstellungen des Mythos von Pelops und Hippodameia verziert die Reliquien des heiligen Felix enthielt. Zwei etruskische Urnen aus Tuffstein mit giebelförmigen Deckeln bewahren die Reliquien des heiligen Miniatus und anderer Märtyrer und befinden sich noch heute in der Krypta der Kirche San Miniato al Monte in Florenz.

Volterra im 15. und 16. Jh.

Im 15. und 16. Jh. wird das Sammeln von «Antikaglien» zu einer echten Mode, besonders im Kreise von Fürsten, Adligen, geistlichen Würdenträgern, Literaten und Künstlern. Ihr Hauptinteresse gilt Skulpturen, Gemmen und Inschriften. In den Berichten über die ersten Antikensammlungen, die in diesen Jahrhunderten in der Toskana eingerichtet werden, finden sich Hinweise auf etruskische Bronzestatuen großen und kleinen Formats, besonders aber auf Inschriften. Häufig zeigt sich hier, daß ein Kunstwerk oder ein handwerkliches Produkt weniger in Hinblick dessen, was es darstellt, in Betracht gezogen wird, als vielmehr wegen der darauf angebrachten Inschrift.

Im dritten Buch eines von Ugolino Verino im vorletzten Jahrzehnt des 15. Jhs. verfaßten Kurzepos (*De illustratione urbis Florentinae*) sind Lobreden auf Florentiner Familien, die aus der Val d'Elsa stammen, miteinander verknüpft; zudem findet sich dort ein Hinweis auf Pogni, einen Ort im Elsatal, der zu dem vom antiken Volterra kontrollierten Territorium gehörte und in dem Gräber verzeichnet sind, die reliefverzierte Alabasterurnen aus hellenistischer Zeit mit Inschriften in etruskischer Sprache hervorgebracht haben – Urnen, die laut Verino von den Bauern als Träger für die Pressen in ihren Weinkellern verwendet wurden[3]: «Einst war Pogni ein sehr bekannter Ort der Etrusker: dies bezeugen aus Marmor gehauene Werke mit etruskischen Figuren, die den Bauern heutzutage als Träger für die Weinpressen dienen, Marmorwerke, die, begraben unter Schutt, ein noch verschlossenes Grab barg, das in unserer Zeit geöffnet wurde. Zutage kam überdies eine unbekannte Inschrift – unbekannt, da der Bildhauer etruskische Schriftzeichen verwendet hatte.» Die Wiederverwendung der Urnen für eine derart praktische, aber niedere Funktion, die dem ästhetischen oder antiquarischen Wert keine Rechnung trägt, erklärt sich durch das bäuerliche Umfeld, in das die Fundstücke geraten waren.

Ein wenig anders präsentiert sich der Fall eines Patrizierhauses, das im 15. Jh. in Volterra in der Nähe der Nekropole von Portone errichtet und wegen seiner eigentümlichen Machart geschätzt wurde: «fast gänzlich aus antiken Aschenurnen aus Alabaster [erbaut], die in den unterirdischen Grabstätten der Umgebung gefunden worden waren».[4] Das heute nicht mehr existierende Haus wurde dementsprechend bald als «Casa ai Marmi» (Marmorhaus) bekannt. Der Erhaltungszustand des Hauses war im September des Jahres 1731, als Anton Francesco Gori es anläßlich seines Aufenthaltes in Volterra besuchte, bereits in einem fortgeschrittenen Verfallsstadium: «die Außenmauern des Hauses sind, gleichsam um die große Anzahl der in den umliegenden Feldern verborgenen Gräber anzuzeigen, zum Großteil mit etruskischen Marmorurnen verkleidet – der Zahn der Zeit hat ihren Figurenschmuck zerstört.»[5] Die Menge der für die Verkleidung der vier Seiten eines großen Hauses benötigten Urnen muß beachtlich gewesen sein. Mit großer Wahrscheinlichkeit waren die verwendeten Exemplare intakt, obwohl allseits bekannt ist, daß die archäologischen Fundstücke zum Zeitpunkt ihrer Freilegung größtenteils

***Abb. 52a** Porträt des Volterraners Mario Guarnacci.*

***Abb. 52b** Titelblatt von Mario Guarnacci, «Origini italiche ...» ([2]1785).*

***Abb. 53** Etruskische Tuffurne mit den Reliquien des heiligen Klemens.*

fragmentarisch sind. All dies führt zu der Annahme, daß in Volterra im 15. Jh. eine enorme Menge von Urnen verfügbar war und folglich die Ausgrabungsaktivität – selbstverständlich im Sinne einer Aufdeckung von Gegenständen ohne Berücksichtigung der Fundzusammenhänge – außergewöhnlich intensiv gewesen sein muß. Die dekorativen Zwecken dienende Eingliederung etruskischer Werke, insbesondere reliefverzierter Urnen, in Häuser- und Palastbauten ist eine Modeerscheinung, die vor allem im 18. und 19. Jh. weite Verbreitung findet.[6] Für gewöhnlich handelt es sich um Einzelstücke, die hier und da in die Außenmauern eingelassen werden. Auch in Fällen, in denen die Anzahl der Urnen nicht unbeträchtlich ist wie beim Palazzo Bucelli in Montepulciano, verkleiden sie lediglich den unteren Teil der Hauptfassade. Dagegen war die Casa ai Marmi, wie schon erwähnt, auf allen vier Seiten fast gänzlich mit ihnen verkleidet. Diese Besonderheit und die Verwendung von Urnen aus Alabaster, einem ausgesprochen edlen Gesteinsmaterial, verleihen dem Bauwerk ein beachtliches Prestige und übermitteln einmal mehr ein Programm der Wiederverwendung etruskischer Antiken zum Zweck einer Nobilitierung des Gegenwärtigen. Solche Schlußfolgerungen dürfen überdies die Tatsache nicht außer acht lassen, daß dieses Haus einer Familie gehobenen Standes gehörte und in einen urbanen Kontext eingegliedert war.

Im 15. und 16. Jh. stellen Kunstwerke und archäologische Raritäten Privatgüter dar. Diese verbleiben im Besitz der Eigentümer jener Grundstücke, auf denen sie gefunden wurden, oder gehören denen, die die Grabung veranlaßt oder finanziert haben. Doch im Falle von Volterra ist etwas Anderes und Neues zu bemerken. Davon wissen wir aus der *Descrittione di tutta Italia* (Bologna 1550) von Leandro Alberti, der ausdrücklich erklärt, bei seiner Beschreibung der Städte Nordetruriens auf Zaccaria Zacchi zurückzugreifen, einen Volterraner Naturforscher und Bildhauer, der von 1474 bis 1544 lebte. Folglich beziehen sich Albertis «Beschreibungen» und die sich daraus ergebenden Schlüsse auf eine Situation, die nicht später als in den Anfängen des 16. Jhs. anzusiedeln ist. Alberti preist Volterra «für die zahlreichen Antiquitäten, Statuen und Inschriften in etruskischer Schrift, für die Gräber und die sonstigen bearbeiteten Steine, die hier immer wieder gefunden werden, und für die sie umgebenden Stadtmauern, die ebenfalls ein Werk der Antike sind».[7]

In Volterra werden die dort zutage gekommenen etruskischen und römischen Antiken aber auch zu einem Gut öffentli-

ORIGINI ITALICHE
O SIANO MEMORIE ISTORICO-ETRUSCHE
SOPRA L' ANTICHISSIMO REGNO D' ITALIA, E SOPRA I DI LEI PRIMI ABITATORI NEI SECOLI PIU' REMOTI
DI MONSIGNORE MARIO GUARNACCI
Nuova edizione riveduta, corretta ed accresciuta dall' autore, con un elogio storico del medesimo.
TOMO PRIMO.
IN ROMA MDCCLXXXV.
Presso Paolo Giunchi, Provisore di Libri della Biblioteca Vaticana.
CON LICENZA DE' SUPERIORI.

52b

53

54

55

cher und allgemeiner Wertschätzung: «Zu allen Seiten der Stadt [Volterra] sieht man uralte Marmorstatuen – einige von ihnen ganz unversehrt, andere zerbrochen, solche von dieser Art und solche von einer anderen ... Und in der Corso Martio benannten Straße erblickt man eine Statue des Mars ... und einige Alabasterurnen, die mit großer Kunstfertigkeit bebildert sind und auf denen man einige Schriftzeichen sieht, die niemandem bekannt sind, wenn auch viele meinen, es handle sich um etruskische Zeichen. Desgleichen findet sich dort die Marmorstatue einer gewandeten Frau, die in den Armen einen in Windeln gewickelten Knaben hält; auf einem ihrer Ärmel sind einige sorgfältig eingemeißelte, und wie man sagt, etruskische Schriftzeichen angebracht. Vieler anderer Inschriften dieser Art ... wird man dort gewahr, so daß einiger Raum nötig wäre, sie zu beschreiben; aus ihnen geht jedenfalls eindeutig das hohe Alter dieser Stadt hervor.»[8] Wenn es auch unmöglich ist, auf Grund dieses Zitats die Urnen und entsprechenden etruskischen Inschriften zu identifizieren, so ist es indessen leicht, die Identität der Statue «einer gewandeten Frau, die in den Armen einen in Windeln gewickelten Knaben hält» festzustellen: Es handelt sich um die sog. Kourotrophos Maffei, die heute im Guarnacci-Museum aufbewahrt wird (Abb. 54).

Die Aufstellung etruskischer Werke an einem öffentlichen Ort – in der Corso Martio genannten Straße – bedeutet eine Überwindung der starren Bindung des Eigentums von Kunstwerken – seien sie antik oder zeitgenössisch – ausschließlich an Privatpersonen. Auf diese Weise wird ein Werk von künstlerischem oder archäologischem Interesse wirklich zu einem «Kulturgut» im modernen Sinne des Begriffs und folglich zu einem Gut aller, bestimmt zum «Genuß» (und auch zur Erziehung) der Allgemeinheit. Diese Entwicklung besitzt eindeutig Aspekte von sozialem Charakter. Die Rolle Volterras auf diesem Gebiet ist dabei ausgesprochen avantgardistischer Art. Man darf sich zudem des Präzedenzfalles in Rom erinnern, als Papst Sixtus IV. im Jahre 1471 dem römischen Volk den sog. Dornauszieher und die Kapitolinische Wölfin zum Geschenk macht, wobei letztere anläßlich dieser Gelegenheit auf der Fassade des Konservatorenpalastes aufgestellt wird. Es sind dies Begebenheiten, die die Umwandlung des Kunstwerkes vom Privat- zum Allgemeingut um einige Jahrhunderte vorwegnehmen.

Es erscheint mir gegeben, daß eine solche Initiative, Antiquitäten – die schließlich Dokument und Glanz der Stadtgeschichte sind – an öffentlichen Orten aufzustellen, allein in einem Ambiente geboren werden kann, in dem archäologische Funde sowohl hinsichtlich ihrer Qualität, also ihres künstlerischen oder historischen Aussagewertes, als auch ihrer Quantität von Bedeutung sind: ein weiterer Hinweis, daß die Ausgrabungsaktivität in Volterra im 15. und 16. Jh. sehr intensiv gewesen sein muß. Zu den gleichen Schlußfolgerungen führt eine Notiz des Pier Francesco Giambullari in seinem Werk *Gello*; sie bezieht sich auf Volterraner Bronzemünzen des 3. Jhs. v. Chr., die im 16. Jh. zirkulierten: «Auf einigen jener etruskischen Medaillen von hohem Alter, die nicht geprägt, sondern gegossen sind und auf der einen Seite den Kopf des Ianus mit den zwei Gesichtern und auf der anderen einen plump und schlecht gezeichneten schwimmenden Delphin zeigen, erscheinen deutlich im Rund angebrachte etruskische Buchstaben, die als *Orisela* zu lesen sind.» Die Lesung dieser Münzaufschrift wurde bereits im 18. Jh. von Anton Francesco Gori in *Velathri*, die etruskische Namensform von Volterra, verbessert. Es handelt sich um eine sehr bekannte und heute durch zahlreiche Exemplare belegte Münzserie (Abb. 55).

Diese Prämissen vorausgesetzt, ist es verständlich, daß der Volterraner Curzio Inghirami (*Ethruscarum antiquitatum fragmenta*, Frankfurt 1637) Antiken einfach neu erfand – größtenteils pseudoetruskische und pseudo-lateinische Inschriften, die man seinen Angaben zufolge in der Gegend von Scornello in unmittelbarer Nachbarschaft von Volterra gefunden habe –, allein um diese Lokalität, in der die Familie Inghirami ein Anwesen besaß, aufzuwerten. Die Fälschung wurde sogleich überzeugend von Leone Allacci (*Animadversiones in Antiquitatum Etruscarum fragmenta ab Inghiramio edita ...*, Roma 1642) aufgedeckt und somit der Abhandlung *Trattato ... sopra l'opposizioni fatte all'antichità toscane* (Florenz 1645), die derselbe Inghirami zur (vergeblichen) Verteidigung seiner ebenso phantastischen wie einfältigen Erfindungen verfaßt hatte, von vornherein jegliche Basis entzogen.

Übersetzung aus dem Italienischen von Victoria Lorini

***Abb. 54** Kourotrophos Maffei. Volterra, Museo Guarnacci.*

***Abb. 55** Volterraner Bronzemünze mit Delphin und Aufschrift «Velathri».*

Horst Blanck

Volterra und das Instituto di Corrispondenza Archeologica

Deutsche gründen in Rom ein archäologisches Institut

Die 20er und 30er Jahre des 19. Jhs. erbrachten in Italien einen Reichtum an archäologischen Entdeckungen und Funden wie wohl kaum jemals zuvor. In Pompeji wurde seit den Zeiten der Könige von Napoleons Gnaden, Joseph Bonaparte und Joachim Murat, wieder intensiv ausgegraben; in der Magna Graecia und auf Sizilien wurden zahllose Nekropolen ausgebeutet, und die Funde von dort überschwemmten den Kunsthandel, namentlich in Neapel. Vor allem waren es aber die Totenstädte in Südetrurien, die Aufsehen erregten: In Tarquinia wurden Kammergräber mit Malereien eines bis dahin völlig unbekannten archaischen und klassischen Kunststils geöffnet, bald erfolgte Gleiches in Chiusi; in Cerveteri, dem antiken Caere, lernte man eine monumentale, hochaltertümliche Grabarchitektur kennen; in Vulci kamen durch die frenetische Grabungstätigkeit des Bruders von Napoleon, Lucien Bonaparte, der vom Papst mit dem Titel eines Fürsten von Canino belehnt war, aber auch anderer privater Ausgräber, bemalte Vasen zu Tausenden ans Licht, dazu kostbare Bronzegeräte und prunkvoller Goldschmuck.

Um 1825 hatten sich vier in Rom lebende Deutsche aufgrund ihrer gemeinsamen Beschäftigung mit antiken Denkmälern zu einem Freundschaftsbund zusammengeschlossen: Eduard Gerhard (Abb. 56) und Theodor Panofka, beide preußische klassische Philologen, August Kestner, Geschäftsträger des Königreiches Hannover beim Heiligen Stuhl, und Otto Magnus von Stackelberg, der Jahre zuvor in Griechenland mit archäologischen Studien verbracht hatte. Diese vier Männer, die sich nach den sagenhaften nordländischen Verehrern des Gottes Apollo die «römischen Hyperboräer» nannten, standen mit Personen ähnlicher Interessen in engem Kontakt. Hierzu gehörten der päpstliche Commissario delle Antichità Carlo Fea, der römische Topograph Antonio Nibby, der dänische Bildhauer Bertel Thorvaldsen und vor allem der preußische Gesandte in Rom, Carl Josias Bunsen.

Aus ihren eigenen Erfahrungen erwuchs diesen Männern alsbald die Erkenntnis, daß die antiken Denkmäler, namentlich die neuen Funde, in ihrer für den Einzelnen unüberschaubaren Menge nur dann von der Forschung systematisch erfaßt werden können, wenn die Gelehrten und Interessierten selbst in direkten Kontakt zueinander träten. So entstand der Plan, als Zentrum eines solchen Zusammenwirkens ein archäologisches Korrespondenzinstitut zu gründen, an das aus allen klassischen Ländern – nicht nur aus Italien – Mitteilungen über Neufunde und Entdeckungen sowie auch Zeichnungen antiker Monu-

56

Abb. 56 Der klassische Philologe Eduard Gerhard, um 1860.

57

mente gelangen sollten, damit diese dann in regelmäßig und zügig erscheinenden Zeitschriften des Instituts bekannt gemacht werden könnten. Der Plan sah ein internationales Institut, aus vier Sektionen bestehend vor – in Rom, Paris, Berlin und London – wobei die römische Sektion als Sammelstelle des gesamten Grundlagenmaterials für die Publikationen und die Bildung eines Archives das Zentrum des Unternehmens darstellen sollte.

Als im Herbst 1828 der preußische Kronprinz, der spätere König Friedrich Wilhelm IV., Italien bereiste, konnten Bunsen und Gerhard ihn für diese Pläne interessieren und zur Übernahme des Protektorats über ein solches Institut bewegen. Auch gewann man den französischen Gesandten in Neapel, Duc Blacas d'Aulps, sich als Präsident des Instituts für dieses zu verbürgen.

Mit der Gründung des Instituto di Corrispondenza Archeologica[1], die am 29. April 1829, dem Tag des altrömischen Palilienfestes, im Palazzo Caffarelli auf dem Kapitol, dem preußischen Gesandtschaftsgebäude, stattfand, war das Vorhaben der römischen Hyperboräer und ihrer Freunde Wirklichkeit geworden. Auf Wunsch des Protektors Friedrich Wilhelm hatte Bunsen als *Segretario generale* die oberste Verantwortung für das Institut übernommen. Neben ihm fungierten Gerhard als *Segretario* und Kestner als *Archivista*, unterstützt für die Bibliotheksaufgaben zunächst von dem Dänen Olav Kellermann, dann von Emil Braun, der an Stelle des 1836 endgültig nach Berlin übergesiedelten Gerhard zunächst zum redigierenden Sekretar aufrückte und ab 1840 die Amtsbezeichnung dirigierender oder Erster Sekretar führte.

Sein Aufgabengebiet sah das Institut im Sammeln und Publizieren von Mitteilungen über neue Funde und Grabungen, möglichst mit bildlicher Dokumentation, sowie in der Interpretation schon bekannter antiker Denkmäler. Hierzu hatte es drei Periodica begründet: das *Bullettino* für kürzere Mitteilungen, die *Annali* für ausgedehntere Aufsätze und das großformatige Tafelwerk, die *Monumenti inediti*. Grabungen in eigener Regie durchzuführen, lag aber in diesen Jahren noch nicht in seinen Intentionen. Um dieses Ziel zu erreichen, war das Institut unablässig darum bemüht, Personen für eine rege und konstante Mitarbeit zu gewinnen, sei es als bloße Informanten, sei es als Autoren; das wirksamste Mittel bestand darin, sie für diese Zwecke durch eine Ernennung zum Mitglied an das Institut zu binden.

Die spektakulären Funde, die in den südetruskischen Nekropolen gemacht wurden, nehmen verständlicherweise in den Institutsschriften der ersten Jahre einen besonders breiten Raum ein. Im Gegensatz zu den südetruskischen «Großstädten» ist in Volterra die orientalisierende und archaische Epoche weniger massiv vertreten oder auch nur durch spätere Zerstörung der Gräber weniger präsent, und so fehlen hier die aufwendigen frühen Grabarchitekturen, die Grabmalereien, reichen Goldfunde und die große Menge importierter griechischer Vasen dieser Zeit. Volterra erlebte während der hellenistischen Jahrhunderte seine große Blüte und erbrachte aus dieser Zeit als Funde einheimische Keramik, Kleinbronzen und vor allem die fast unübersehbare Menge an Ascheurnen, die aus dem lokalen Alabaster gefertigt sind. Im Gegensatz zu den «verschlafenen» modernen Nachfolgeorten der südetruskischen Metropolen im Gebiet des Kirchenstaates – das antike Vulci hat noch nicht einmal einen Nachfolgeort – herrschte im toskanischen Volterra ein reges Interesse für die etruskische Vergangenheit, das im 18. Jh. in der sog. Etruscheria eine übersteigerte Form angenommen hatte. Der Hauptvertreter war hier Mario Guarnacci, der 1761 seine reiche, durch eigene Ausgrabungen zusammengestellte Sammlung etruskischer Altertümer der Stadt, die bereits über kleinere Kollektionen verfügte, schenkte.[2] So wurde damals schon in Volterra ein kommunales Etruskermuseum, das nach dem Stifter benannte Museo Guarnacci, gegründet.

Volterraner Gelehrte und Sammler berichten

Wenn, wie gesagt, das Fundmaterial aus den südetruskischen Nekropolen in den Schriften des Instituts besonders reichen Niederschlag fand, so wurde aber auch den Entdeckungen im nördlichen Etrurien stets reges Interesse entgegengebracht. Auf seiner ersten größeren Reise durch die Toskana im Jahre 1824[3] hatte Eduard Gerhard auch Volterra besucht und eine freundschaftliche Bekanntschaft mit zwei Persönlichkeiten angeknüpft: mit Giusto

***Abb. 57** Etruskischer Bronzespiegel, ehem. Sammlung G. Cinci, jetzt Florenz, Museo Archeologico. Pause im Deutschen Archäologischen Institut in Rom.*

***Abb. 58a.b** Etruskische Tholosgräber in Volterra. Zeichnung von F. Inghirami im Deutschen Archäologischen Institut in Rom.*

Cinci, einem durch die Alabasterindustrie zu Wohlstand gelangten Mann mit lebhaftem Interesse an den heimischen Antiken, der auf seinem Grundbesitz Marmini im Bereich der Nekropole von Portone nördlich von Volterra selber Grabungen durchführte, und mit Francesco Inghirami, dem Altertumsforscher aus alter Volterraner Gelehrtenfamilie, Verfasser u. a. des monumentalen, zehnbändigen Werkes *Monumenti etruschi*. Diese wie auch andere Reisen durch Italien benutzte Gerhard zur Anlage einer großen Sammlung von Zeichnungen antiker Bildwerke, für die er sich dank finanzieller Unterstützung durch die Berliner Königliche Akademie der Wissenschaften der Mitarbeit verschiedener Zeichner bedienen konnte[4]; in Volterra war für Gerhard Carlo Ruspi tätig, der sich für die Archäologie namentlich durch seine Kopien etruskischer Grabmalereien in Tarquinia bleibende Verdienste erworben hat.[5] Im Museum von Volterra sowie in Cincis Privatsammlung[6] hat Ruspi in Gerhards Auftrag Bronzespiegel, Vasen und Urnen gezeichnet.[7] Für die Reproduktion der Spiegelgravierungen bediente man sich im 19. Jh. auch dünner durchsichtiger Folien aus Gelatine. Diese legte man auf die gravierte Rückseite der Spiegel und ritzte, den Gravurlinien folgend, die Darstellung mit einer spitzen Nadel in sie ein.[8] Von solchen, im Archiv des Deutschen Archäologischen Instituts in Rom aufbewahrten Folien gibt Abb. 57 einen Spiegel mit der Darstellung von Hermes und einer geflügelten Göttin (Lasa?) aus der ehemaligen Sammlung von Giusto Cinci[9] wieder.

Von dem freundschaftlichen Verhältnis zwischen Gerhard und Cinci, der seit dem Gründungsjahr 1829 korrespondierendes Mitglied des Instituto di Corrispondenza Archeologica war, zeugen auch mehrere im römischen Institutsarchiv erhaltene Briefe, in denen dieser über Funde in neu aufgedeckten Hypogäen – meist werden allgemein Vasen, Urnen und Bronzen, gelegentlich auch Goldschmuck genannt – Bericht erstattet; wir erfahren aber auch, daß Gerhard um die Zusendung von Zeichnungen etruskischer Spiegel bittet, ein Wunsch, den Cinci aber mangels geeigneter Zeichner in Volterra nicht erfüllen kann.[10] Einige der von Cinci eingesandten Fundberichte wurden im *Bullettino* des Instituts ganz oder auszugsweise publiziert.[11] Übrigens waren die Beziehungen zwischen Cinci und Inghirami keineswegs freundschaftlich: In einem am 15. Februar 1831 an Gerhard gerichteten Brief bezeichnet Inghirami, der zweifellos der wissenschaftlich Ernsthaftere und Gebildetere von beiden war, Cinci als einen allzusehr am Kunsthandel interessierten Mann, der sich selbst davor nicht scheue, anderswo, z. B. in Chiusi, erworbene Antiken als Funde aus Volterra auszugeben.[12]

Von den Aufsätzen, die Inghirami für die Schriften des Instituts verfaßte, wollen wir hier seinen Beitrag in den *Annali* von 1832[13] nennen. In ihm greift er eine Idee des Franzosen Louis Charles François Petit Radel[14] auf, wonach die Nuraghen auf Sardinien in der Frühzeit von Tyrrhenern oder Etruskern erbaut worden seien, als diese nach der Landnahme in Italien auch auf die Insel übergesiedelt seien. In zwei von Cinci in Volterra aufgedeckten Grabbauten, die durch eine quadratische Basis und eine darüber aus großen Steinblöcken errichtete Pseudo-Kuppel charakterisiert

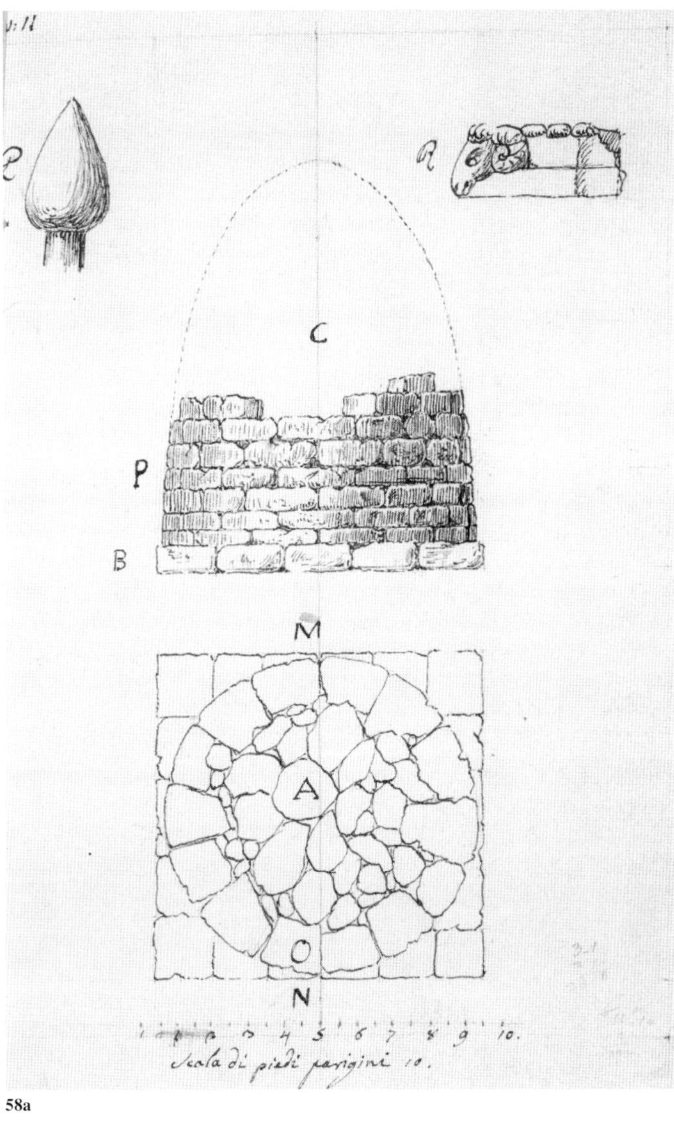

58a

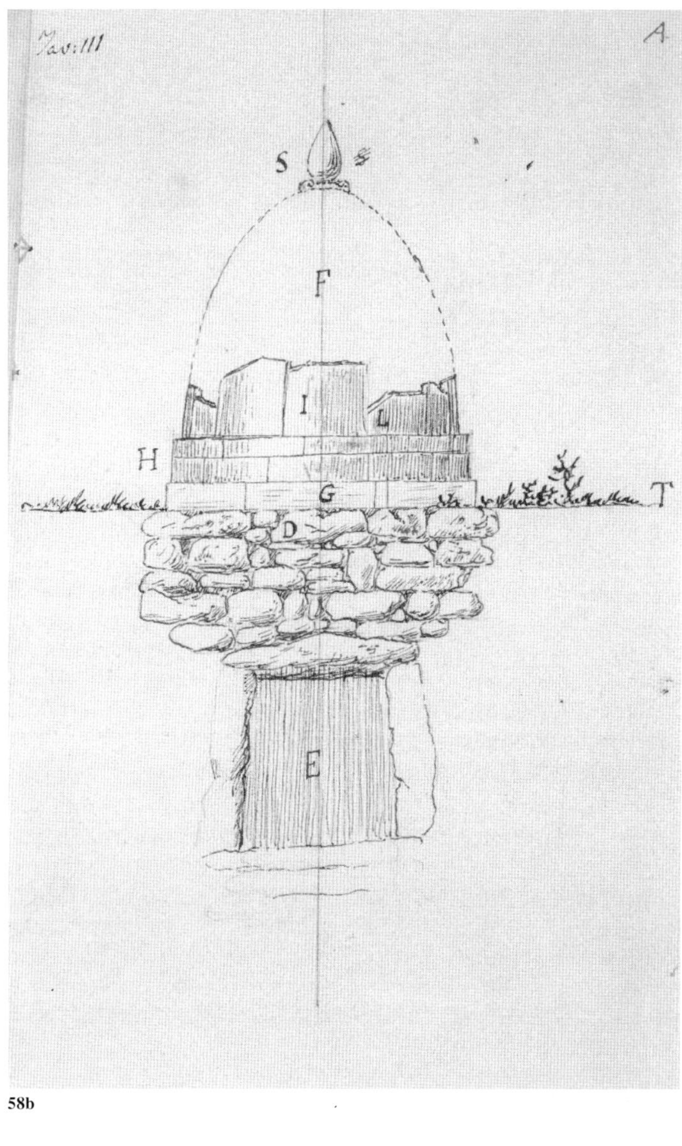

58b

59

sind, sieht Inghirami eine so große Ähnlichkeit in der Konstruktionsweise, daß auch er sich die Ansicht Petit Radels zu eigen macht. Die von Inghirami dem Institut eingereichten originalen Zeichnungen der Volterraner Gräber, die als Vorlage für eine Abbildungstafel in den *Annali* dienten, sind noch erhalten (Abb. 58a.b). Heute wissen wir freilich, daß solche Gräber, von denen dasjenige von Colombaie[15] unterhalb der südlichen Stadtmauer von Volterra das ansehnlichste ist, dem späteren 7.–6. Jh. v. Chr. angehören und der zeitliche Abstand zu den ältesten, fast tausend Jahre früheren Nuraghen allzu groß ist, um eine gegenseitige Abhängigkeit bei dieser Bauweise annehmen zu können.

Als Carlo Ruspi sich 1828 im Auftrag Gerhards zum Zeichnen in Volterra aufhielt, fand er auch Gelegenheit, das in den südlichen Teil der Stadtmauer eingefügte Tor, die monumentale Porta all'Arco, genauer zu beobachten. In einem an Gerhard gerichteten Brief, den dieser im *Bullettino*[16] referiert, führt Ruspi aus, daß das Tor außer einem mittelalterlichen Eingriff auch schon eine antike, seiner Meinung nach kaiserzeitliche Restaurierung erfahren habe. Bei dieser sei über den originalen etruskischen Seitenwänden und Pilastern aus Tuffblöcken der Torbogen aus hellerem Stein (Travertin) erbaut worden. Die drei Köpfe, das Charakteristikum des Tores, seien original und bei der Restaurierung erneut eingesetzt worden. Ein hübsches, im Institutsarchiv aufbewahrtes Aquarell der Porta all'Arco (Abb. 59) stammt höchst wahrscheinlich von Ruspis Hand.

Im *Bullettino* 1845[17] berichtet der Engländer George Dennis, der durch sein für ein breiteres Publikum bestimmtes Buch *Cities and Cemeteries of Etruria* berühmt wurde, über eine Anzahl von Bronzen, die er in Volterra bei einem gewissen Agostino Pilastri sah. Nach Auskunft des Besitzers handelte es sich nicht um Beigaben aus Gräbern, vielmehr waren die Stücke zwischen Volterra und dem Ort Saline di Volterra zusammen in der Erde vergraben gefunden worden. Es handelte sich um sechs Schlangen, vier menschliche Figuren, von denen drei, eine männliche und zwei weibliche, in der überlängten Manier der «Ombra della sera» gebildet sind, ferner ein galoppierendes Pferd und ein Vogel – eher ein Rebhuhn als eine Taube, wie Dennis ihn bezeichnet – mit einer etruskischen Weihinschrift für die Göttin Cel. Der Vogel und die überlängte männliche Statuette wurden übrigens vom Museo Kircheriano in Rom erworben und gelangten von dort in die Villa Giulia.[18]

Im Jahre 1857 unternahm der junge Philologe und Epigraphiker Emil Hübner eine Reise durch die Toskana und Norditalien, hauptsächlich, um Arbeiten für das *Corpus Inscriptionum Latinarum* durchzuführen. Er interessierte sich dabei aber auch für etruskische Denkmäler. Während eines kurzen Aufenthaltes in Volterra sah er im Museo Guarnacci sowie im Hause des Signor Giuseppe Callai neu gefundene Terrakotta- und Alabasterurnen, über die er im *Bullettino*[19] kurz Bericht erstattete.

Seit 1854 lag die Direktion des Museo Guarnacci in den Händen des Kanonikus Filippo Gori, dem als Kustode Annibale Cinci, Giusto Cincis Sohn, zur Seite stand. Er war die eigentlich treibende Kraft in dem Bemühen, die archäologischen Aktivitäten in Volterra, die nach dem Tode seines Vaters (gest. 8. 4. 1834) weitgehend zum Erliegen gekommen waren, wieder aufzunehmen, wobei er aber nicht als privater Ausgräber, sondern als Vertreter des Museums fungierte.[20] Dies teilte er in mehreren Briefen auch dem damaligen Ersten Sekretar des Instituto di Corrispondenza Archeologica, Wilhelm Henzen, mit. In diesen Schreiben verspricht Cinci, Mitteilungen über neue Ausgrabungen und Funde zu liefern, bittet um regelmäßige Zusendung des *Bullettino* und drückt auch offen seine Erwartung aus, zum Mitglied des Institutes ernannt zu werden. Seine Ernennung zum *membro corrispondente* erfolgte 1860, und im gleichen sowie im folgenden Jahr erschienen im *Bullettino*[21] Beiträge, in denen Cinci über den Ankauf von Antiken aus Volterraner Privatbesitz durch das Museum und vor allem über in seiner Regie durchgeführte Ausgrabungen von zahlreichen hellenistischen Hypogäen, die zumeist im Bereich der Portone-Nekropole lagen, Bericht erstattet. Das mitgelieferte, in Abbildung 60 wiedergege-

***Abb. 59** Porta all'Arco. Aquarell im Deutschen Archäologischen Institut in Rom.*

***Abb. 60** Applique aus Bein und Glasgefäße, Volterra, Museo Guarnacci. Aquarell im Deutschen Archäologischen Institut in Rom.*

bene Aquarell zeigt einige Beigaben, die Cinci in einem 1860 aufgedeckten Grab geborgen hat: eine Applique aus Bein in Gestalt eines Gorgoneions und zwei mehrfarbige sog. Goldbandgläser in Form einer Flasche und einer Deckelpyxis, die ihrerseits das ebenfalls dargestellte Bernsteinfigürchen eines Hundes und einen Bernsteinring enthielt. Diese kostbaren Glasgefäße, die einer wohl ins 1. Jh. v. Chr. – 1. Jh. n. Chr. zu datierenden Gattung angehören und wahrscheinlich aus Alexandria in Ägypten importiert wurden[22], bezeugen, daß es sich um eine relativ späte Bestattung handelt.[23] Wissenschaftsgeschichtlich ist es übrigens interessant, daß sich A. Cinci schon damals darum bemühte, die chemische Zusammensetzung von Metall- und Tongegenständen sowie von Substanzen, die er noch in ausgegrabenen Gefäßen vorfand, durch Fachleute ergründen zu lassen.

Ein großes Sammelwerk etruskischer Urnen entsteht

Die so geschaffene gute Beziehung zu einem wichtigen Mann in der archäologischen Szenerie von Volterra kam dem römischen Institut über solche Fundberichte hinaus alsbald sehr zugute. Als 1856 nach dem frühen Tode von Emil Braun Wilhelm Henzen als Erster Sekretar die Leitung des Instituto di Corrispondenza übernahm, trat ihm Heinrich Brunn (Abb. 61) als Zweiter Sekretar zur Seite. Lagen die wissenschaftlichen Interessen Henzens auf epigraphischem Gebiet, so bemühte sich Brunn um die Erfassung und Erforschung der antiken Kunstwerke bei voller Berücksichtigung auch der etruskischen Denkmäler. Demzufolge fiel Brunn als Zweitem Sekretar in seinen Aufgaben für das Institut die Pflege der Kunstarchäologie, der «antichità figurata» zu. Nicht zuletzt durch die unruhigen politischen Verhältnisse in Italien und im Kirchenstaat im Besonderen waren die archäologischen Aktivitäten stark zurückgegangen, und das Institut konnte bei der Publikation neuer interessanter Monumente längst nicht mehr aus einem so vollen Angebot, das Ausgrabungen und der Kunsthandel lieferten, schöpfen wie in den ersten Jahren seines Bestehens. In dieser Situation entschloß man sich, intensiver als bisher die Bestände in den öffentlichen Museen und Privatsammlungen zu berücksichtigen.[24] So griff Heinrich Brunn auch die Idee Eduard Gerhards einer Herausgabe von Monumentenklassen etruskischer Kunstwerke, die dieser schon für die gravierten Spiegel ins Werk gesetzt hatte[25], auf. Daß er dabei besonders an die etruskischen Urnen dachte, geht aus einem am 23. Januar 1857 an Gerhard in Berlin gerichteten Brief hervor. «Finde ich unter Brauns Nachlaß reiche Sammlungen über etrusc. Aschenkisten, so läßt sich namentlich für diese Denkmälerklasse manches thun.» Im März 1861 schlug Brunn der Zentraldirektion – sie fungierte seit der Übernahme des Institutsetats durch Preußen im Jahre 1859 als Aufsichtsorgan in Berlin – die Sammlung und Edition der Reliefs etruskischer Aschenurnen offiziell vor. Nachdem die Zentraldirektion den Plan gutgeheißen und hierfür Sondermittel bewilligt hatte, unternahm Brunn in Begleitung von Stipendiaten, den *ragazzi*, im Herbst 1862 eine Reise durch Etrurien, um die Bestände in den Museen zu rekognoszieren. Da die Photographie in jenen Jahren noch eine kaum genutzte Technik für die Archäologie war, galt die Sorge des Instituts stets der Erlangung guter Zeichnungen als Grundlage zur Erstellung der Illustrationen in Form von Kupferstichen. Im speziellen Fall des Urnenunternehmens hatte Brunn auch festzustellen, wieweit bereits verfügbare ältere Zeichnungen – in den 1820er Jahren in Gerhards Auftrag angefertigte Blätter sowie die erwähnten Zeichnungen, meist von Inghirami, aus dem Nachlaß Emil Brauns[26] – zuverlässig waren oder vor den Originalen verbessert werden müßten.

Die erste längere Etappe der Reise war Perugia, wo Brunn erwartungsgemäß eine große Menge an Urnen vorfand und sich vor allem mit dem schon seit Jahren für das Institut tätigen tüchtigen Zeichner Bartolomeo Bartoccini arrangierte. Von hier schrieb Brunn am 20. September an Henzen: «Unsere Methode ist, daß wir zuerst alla meglio von unseren ragazzi zeichnen lassen: wo es möglich, so daß wir gleich den ersten Entwurf im Allgemeinen revidiren, was freilich bei der Zerstreutheit der Localitäten nicht gar zu häufig der Fall ist. Die von ihnen gelieferten Zeichnungen werden dann aber von Bartoccini und mir einer gründlichen Revision unterzogen, so daß Bartoccini meist den ganzen Contour nochmals übergeht. Da aber auch er in den Sachen sich nicht allein zurechtzufinden im Stande ist, so bleibt nichts anderes übrig, als daß ich fortwährend neben ihm sitze. Ich bin dabei allerdings kaum halb beschäftigt, aber dennoch ist es unmöglich, daß ich etwas anderes daneben vornehme, da ich fortwährend zwischen Original und Zeichnung zu vergleichen habe.»

Über Chiusi – unter Benutzung der neuen Sieneser Eisenbahn[27] – fuhr dann Brunn in Begleitung Bartoccinis nach Volterra. Am 3. Oktober schrieb er an Henzen: «Hier war der erste Weg zu Cinci: sta agli scavi. Aber er kam bald; war äußerst zuvorkommend und hat uns sofort im Museum freieste Hand gelassen. Er scheint wirklich Liebe zur Sache zu haben und läßt sich allem Anschein nach so dressieren, daß für die Folge Volterra ein fruchtbarer Boden werden wird.» Auch in Volterra mußte Brunn feststellen, daß die alten Zeichnungen allzu ungenau sind; doch setzte er in den von Cinci empfohlenen jungen orstansässigen Zeichner – es war Paride Bagnolesi – aber durchaus Hoffnung. «Unser diesmaliger Aufenthalt wird also noch das meiste zu tun übrig lassen; aber wir werden wenigstens einen genauen Überblick erlangen und für die Fortsetzung Sorge tragen können.[28]» Am 8. November 1862 schrieb Brunn an Gerhard: «Vorigen Sonntag nach Rom zurückgekehrt, will ich nun nicht säumen, Ihnen

60

über die Hauptresultate meiner Reise einen vorläufigen Bericht abzustatten. Das Arrangement derselben hat sich durchaus als praktisch bewährt: die eine, und zwar die bis jetzt unbekannte Hälfte des in Etrurien vorhandenen Urnenmaterials befindet sich in meinen Händen; für die andere Hälfte ist alles so orientirt, daß ich es bei einer zweiten Reise vollständig zur Revision vorfinden kann. Das Verdienst, zu diesem Resultate gelangt zu sein, will ich indessen von vornherein nicht für mich allein in Anspruch nehmen: ich verdanke es sehr wesentlich der aufopfernden und einsichtsvollen Mitwirkung Bartoccinis. Es darf als ein besonderer Glücksfall für das ganze Urnenunternehmen betrachtet werden, daß sich ein Archäolog und ein dirigirender Künstler zusammengefunden haben, die in vollster Harmonie und als persönliche Freunde arbeiten, so daß der Künstler recht eigentlich die rechte Hand des Archäologen ist. Ohne solche persönliche Hingebung würde es schwer gewesen sein, auch nur so mancher materiellen Hemmnisse Herr zu werden ...» Dann, speziell über den Aufenthalt in Volterra, bemerkt Brunn: «Überall ist man mir freundlich entgegengekommen: namentlich Cinci in Volterra hat sich als Correspondent trefflich bewährt. Doch kann ich nicht umhin, auch seinen Vorgesetzten, den nominellen Direttore des Museums, Filippo Gori, zum Correspondenten vorzuschlagen: er ist ein guter alter Canonicus, der allen Eifer hat uns nützlich zu sein und in praktischen Dingen auch nützlich gewesen ist.»

Goris Ernennung erfolgte umgehend, und seine Nützlichkeit zeigte sich auch darin, daß er für das *Bullettino*[29] einen Bericht über die 1861 im Bereich der Ulimeto-Nekropole aufgedeckte Tomba Inghirami, einem von der etruskischen Familie Atia belegten Hypogäum, verfaßte, dem Brunn noch eine Beschreibung der zahlreichen darin gefundenen Urnen zufügte.

Im Sommer 1863 erfolgte Brunns zweite Reise; man wählte eine günstigere Jahreszeit, da, wie der erste Aufenthalt in Volterra gezeigt hatte, das Arbeiten im dortigen Museum – es war damals noch in Sälen des Palazzo dei Priori untergebracht – während des Spätherbstes allzu beschwerlich war. Cincis Bemühen um praktische Hilfen zeigte sich beispielsweise auch darin, daß er vor Brunns Aufbruch zur Reise diesen brieflich[30] fragte, ob er, statt in der Locanda zu logieren, nicht eine private Unterkunft vorziehe; eine Witwe, eine sehr gute Person mit einer kleinen Tochter und einem Jungen, würde zwei Zimmer vermieten.

Am 21. August 1863 schreibt Brunn an Henzen: «Jetzt bin ich seit Montag in Volterra und es wird tüchtig gearbeitet; aber die Massen sind entsetzlich und wie weit wir kommen werden, ist nach dreitägiger Arbeit nicht abzusehen ... Wir thun was wir können, aber ultra posse nemo tenetur, und es wird so leicht es uns keiner nachmachen ... Gestern war abscheuliches Wetter, das sehr abgekühlt hat. Heute hat's etwas nachgelassen. Hoffentlich hält sich's einige Zeit: wir haben es nötig, damit die c. 40 Urnen des Inghiramischen Grabes gezeichnet werden können. Im Grabe selbst war es nicht möglich. Mit etwas Geduld haben wir die Erlaubnis erhalten, sie herauszuschaffen vor den Eingang, wo eine Baracke eingerichtet wird ...» In einem an Henzen gerichteten Brief vom 9. September lesen wir: «... meine ur-

61

Abb. 61 ***Heinrich Brunn und Ehefrau Ida, um 1865.***

Abb. 62 ***Volterraner Urne: Philoktet auf Lemnos. Volterra, Museo Guarnacci, Nr. 426. Zeichnung (Vorlage für Brunn, Taf. LXX, 3) im Deutschen Archäologischen Institut in Rom.***

Abb. 63 ***Volterraner Urne: Philoktet auf Lemnos. Volterra, Museo Guarnacci, Nr. 332. Zeichnung (Vorlage für Brunn, Taf. LXIX, 2) im Deutschen Archäologischen Institut in Rom.***

sprünglichen Dispositionen hätten sicher zu diesem Ziele geführt, wäre nicht Mariani[31] ausgeblieben; ja vielleicht selbst ohne ihn, wäre der zweite Volterraner Zeichner besser eingeschlagen: Batelli, Director der hiesigen Kunstschule, aber weit unter dem Niveau seines Schülers Bagnolesi. Bartoccini hat allerdings mit ziemlicher Anstrengung seine Zeichnungen noch in Ordnung gebracht. Allein ihn noch weiter arbeiten zu lassen, da es sich nicht um Vorarbeiten, sondern um Überarbeiten älterer Zeichnungen handelte, war unmöglich. Trotz allem sind wir tüchtig vorwärts gekommen. Von 500 Urnen, die hier zu bewältigen waren, werden kaum 100 zu revidiren übrig bleiben, zu zeichnen nur eine sehr kleine Zahl von sehr untergeordnetem Werth: alles aber nur vita privata, Sepulcrales und Ornamentales ... Bagnolesi aber, der sich abwechselnd in Florenz und Volterra aufhält, ist jetzt so gut geschult, daß wir ihm mit gutem Gewissen die Ausführung des Restes auftragen können und seine Zeichnungen höchstens einer flüchtigen Revision bedürfen. Wir müssen ihn relativ etwas theurer bezahlen, als die vorjährigen Zeichner und Mariani. Aber es scheint mir viel werth, daß wir für Volterra und Florenz in der Folge einen zuverlässigen Zeichner haben und ich habe deshalb ihn nicht zu sehr herabdrücken wollen, um ihn bei gutem Willen zu erhalten ...»

Der erste Band der *I Rilievi delle Urne etrusche pubblicati a nome dell'Instituto di Corrispondenza Archeologica da Enrico Brunn*, dessen Vorarbeiten, wie wir sahen, dem Verfasser und seinen Zeichnern nicht wenig Mühe gekostet hatten (Abb. 62. 63), erschien 1870, als Brunn schon seit fünf Jahren als Ordinarius für Archäologie an der Universität nach München übergesiedelt war. In diesem Band werden die Urnen mit Darstellung des trojanischen Sagenkreises behandelt, und die Volterraner Exemplare stellen neben den Peruginer Stücken den Hauptanteil des Materials. Die Bände II und III folgten 1890 bzw. 1916; ihr Herausgeber ist Brunns Schüler Gustav Körte, der sich auf die Vorarbeiten seines Lehrers stützen konnte. Das große Werk behält bis heute seinen Wert und ist durch neuere Sammlungen[32] noch keineswegs voll ersetzt.

Im *Bullettino* 1874[33] berichtete Annibale Cinci noch einmal über neue archäologische Aktivitäten in Volterra; wir erfahren von Ausgrabungen in einer römischen Thermenanlage bei der Porta di San Felice, von Erwerbung von Urnen aus Privatbesitz für das Museum, das seit dem Tode von F. Gori im Jahre 1867 unter der Leitung von Niccolò Maffei[34] stand, sowie von Grabungen im Bereich der Portone-Nekropole, die u.a. auch reiche Funde von römischen Münzen der Republik und Kaiserzeit erbrachten.

Im Jahre 1874, als Cincis Bericht erschien, war aus dem Instituto di Corrispondenza Archeologica nach einer kurzen Phase als preußische Staatsanstalt aber bereits das Kaiserlich Deutsche Archäologische Institut entstanden.

62

63

Gabriele Cateni

Das Museo Guarnacci und neue archäologische Funde in Volterra

Geschichte des Museo Guarnacci

Das Museo Guarnacci und die gleichnamige Bibliothek werden zur Zeit von einem Verwaltungskonsortium geleitet, dem die Provinzverwaltung von Pisa, die Kommune Volterra und die Stiftung «Museum und Bibliothek Guarnacci» angehören (Abb. 64). Letztere geht auf die Verfügungen von Monsignor Mario Guarnacci in der Schenkung vom 15. 9. 1761, im Testament des 25. 7. 1774 und im Kodizill des 15. 6. 1779 zurück, und ihr Statut wurde durch ein statthalterliches Dekret vom 1. 5. 1919 angenommen. Diese trockene juristische Formel umschreibt einen langen und mühsamen Gründungsprozeß dieser so bedeutenden Volterraner Institution, der in engem Zusammenhang mit dem Phänomen der «Entdeckung» der Etrusker in der Toskana im 18. Jh. steht.

Der Name des Museums ist durch besondere Verfügung des Gründers an den des Monsignor Mario Guarnacci (1701–1785) gebunden. Man würde aber der historischen Entwicklung dieser Sammlung generell nicht gerecht, wenn man ihre Geburt ausschließlich dem adligen Volterraner Prälaten zuschriebe. Alle Autoren von Schriften über Volterra sind sich darüber einig, daß Dottor Pietro Franceschini, Vikar des Bischofs Niccolò Cecina, als erster wirklicher Begründer eines Museums von öffentlichem Charakter in Volterra 1731 anzusehen ist. Dieses Datum bezeichnet die Schenkung eines ebenso glücklichen wie zufälligen Fundes an die Stadtgemeinde, der anläßlich landwirtschaftlicher Arbeiten in der Località Casa ai Marmi in der Portone-Nekropole in einem Hypogäum gemacht worden war. Er umfaßte circa 40 Aschenurnen, die von der Gemeinde Volterra auf eigene Kosten in einigen Räumen im Erdgeschoß des Palazzo dei Priori aufgestellt wurden.

Angeregt durch dieses Beispiel wurde dieser erste kleine Kern bald durch eine Reihe von weiteren Schenkungen vergrößert, welche die Existenz zahlreicher Privatsammlungen bezeugen. Diese waren im Zuge einer echten Jagd auf die im Boden vergrabenen Antiken entstanden, ausgelöst durch die Entdeckung von Franceschini und die anschließende Veröffentlichung des Materials durch den Gelehrten Anton Francesco Gori in seinem *Museum Etruscum* von 1737.

Daß es sich um ein wirkliches archäologisches «Fieber» mit den unvermeidbaren Nebenwirkungen handelte wie Raubgrabungen, Verkäufe und Fälschungen, das bezeugt die Konstituierung einer vierköpfigen Kommission auf Anordnung des Kaisers Franz I. im Jahre 1744, welche die

64

***Abb. 64** Das Museo Guarnacci in der Via Don Minzoni. (Photo S. Steingräber)*

***Abb. 65** Grabbeigaben aus der Tomba del Guerriero vom Poggio alle Croci.*

65

Aufgabe hatte, Konzessionen für Ausgrabungen zu erteilen und diese zu regulieren. Diese Kommission wirkte bis 1780, als Großherzog Pietro Leopoldo ihre Auflösung verfügte.

Um die Mitte des 18. Jhs. gab es fünf Antiken-«Museen» in Volterra, über deren Sammlungen uns der Lokalgelehrte Riccobaldi del Bava nützliche Informationen liefert. Außer dem schon erwähnten und der Öffentlichkeit gestifteten Kern besaß Franceschini noch andere Fundstücke, die er in seinem Haus aufbewahrte. Eine andere Sammlung gehörte der Familie Giorgi und kam nach dem Erwerb durch die königliche holländische Regierung im Jahre 1826 in das Museum von Leiden. Eine weitere war im Besitz der Familie Galluzzi und wurde 1773 von der königlichen Galerie in Florenz übernommen. Die umfangreichste Sammlung schließlich gehörte dem Monsignore Mario Guarnacci.

Guarnacci stammte aus Volterra, wo er seine kulturelle Ausbildung begann, die er dann hauptsächlich in Florenz unter Anton Maria Salvini fortsetzte. Seine kirchliche Laufbahn vollzog sich größtenteils an der Vatikanischen Kurie unter den Pontifikaten von Benedikt XIII., Klemens XII. und Benedikt XIV. Letzterer beauftragte Guarnacci, ein Monumentalwerk über die Geschichte der Päpste und Kardinäle zu verfassen, das unter großem Beifall 1751 erschien. Als seine glänzende Karriere im Kardinalspurpur bereits besiegelt schien, führten ihn Mißstimmigkeiten mit der römischen Kurie – gefördert durch seinen von den Biographen als streitsüchtig und argwöhnisch bezeichneten Charakter – im Jahre 1757 endgültig wieder in seine Heimatstadt zurück, wo er ausreichende Möglichkeiten fand, sich nun ganz seinen Interessen für die etruskisch-römische Antike zu widmen.

Er vergrößerte seine private Antikensammlung beträchtlich, die zum größten Teil aus den Grabungskampagnen zwischen 1733 und 1743 stammte, als er während der Ferien häufig in Volterra geweilt hatte. Parallel zur Erforschung des Territoriums schuf er ein großartiges und gelehrsames Werk über die Etrusker, nämlich *Le origini italiche* (1767), das einen echten Höhepunkt der «Etruscheria» im 18. Jh. darstellte. Die Schenkung der Sammlung Guarnacci, die sich damit endgültig mit jener der Stadt vereinigte, bezeichnet im Jahre 1761 das historische Gründungsdatum des heutigen öffentlichen Museums.

De facto wurde jedoch die Sammlung Guarnacci, die außer den archäologischen Materialien auch eine sehr reiche Bibliothek umfaßte, erst 1789 mit dem bereits bestehenden öffentlichen Museum vereinigt. Erst damals war nach vielen Schwierigkeiten die Verlagerung der archäologischen Objekte und Bücher von der Casa Guarnacci in den Palazzo dei Priori abgeschlossen, der bereits Sitz des historischen Archivs der Kommune war. So erhielt dieser zentral gelegene, großartige Palast aus dem 13. Jh. nicht nur die Funktion eines berühmten städtischen Monuments, sondern auch des symbolischen Hüters der historischen Traditionen Volterras.

Diese Unterbringung wurde rund ein Jahrhundert beibehalten, bis schließlich der durch Schenkungen und Neuerwerbungen stark angewachsene Sammlungsbestand die Gemeinde zwang, größere und geeignetere Räumlichkeiten für eine Neuaufstellung zu finden. 1874 wurde – nicht ohne Schwierigkeiten – auf einer öffentlichen Versteigerung jener Adelspalast erworben, der zunächst den Desideri und dann den Tangassi gehört hatte. Dort wurden 1877 das Museum, die Bibliothek und das historische Kommunalarchiv eingerichtet; das Museum ist bis heute hier untergebracht.

1985 vollzog sich mit der Verlagerung der Guarnacci-Bibliothek und des Archivs in den benachbarten Palazzo Vigilanti die letzte bedeutende Veränderung. Dieser Umzug ermöglichte die Einrichtung von 13 neuen permanenten Ausstellungssälen für etruskische Objekte und damit auch die Schaffung eines auf modernen, historisch-archäologischen Kriterien basierenden Rundgangs, der nun ein umfassendes und klar strukturiertes Panorama der historischen Entwicklung des etruskischen Velathri bietet.

Die archäologischen Bestände des Museo Guarnacci verteilen sich heute auf drei Stockwerke. Im Erdgeschoß sind Objekte aus der prähistorischen Zeit (Kupfer-, Bronze- und frühe Eisenzeit), aus dem Orientalizzante und aus der Archaik ausgestellt. Die sich anschließenden Säle III bis IX zeigen nach Themen geordnete Volterraner Urnen. Dahinter liegt ein Garten mit Cippi und einem schönen Ausblick. Im

66

ersten Stock sind die Säle XIII bis XX wiederum den Volterraner Urnen gewidmet. In den Sälen XXI bis XXV sind etruskische Keramik, Bronzen, Goldschmuck, Münzen und andere Werke der Kleinkunst zu sehen. Saal XXVI enthält Skulpturen, Architekturteile und Mosaike der römischen Periode. Die Säle XXVII bis XXXVIII im zweiten Stock sind der hellenistischen Epoche gewidmet und zeigen u. a. weitere Urnen in rekonstruierten Grabkontexten, Architekturterrakotten, Bronzen und Keramik.

Das Bild vom etruskischen Volterra, das uns die gelehrten Abhandlungen aus dem 18. und 19. Jh. vermitteln, basiert hauptsächlich auf jenen singulären kunsthandwerklichen Erzeugnissen aus hellenistischer Zeit, nämlich auf den Aschenurnen, vor allem aus Alabaster. Die Nutzung dieses so charakteristischen weichen, lokalen Steins spiegelt in vieler Hinsicht die wirtschaftliche und künstlerische Geschichte der Stadt von der Antike bis in unsere heutigen Tage wider. Und in der Tat mag die Einrichtung des Museo Guarnacci, das als ein echtes Prunkstück der neuzeitlichen archäologischen Sammlungsgeschichte bezeichnet werden kann, auf den ersten Blick den Eindruck vermitteln, daß diese Grabmonumente aus dem 3.–1. Jh. v. Chr. die, wenn auch nicht ausschließliche, so doch die Hauptquelle unserer Kenntnis des etruskischen Volterra darstellen.

Ein neugefundenes Kriegergrab

Die archäologische Forschung besonders der letzten beiden Jahrzehnte hat jedoch maßgeblich dazu beigetragen, dieses vertraute Bild radikal zu modifizieren. Sie hat unsere Kenntnisse des historischen Stadtwerdungsprozesses und seiner tausendjährigen Entwicklung beträchtlich erweitert, indem sie dank einer imponierenden Serie neuer Daten jene Lücken füllte, welche die antiken Quellen bezüglich der antiken Stadt offen gelassen hatten.

Unter den bedeutendsten und jüngsten Neufunden ist vor allem die Entdeckung im Sommer 1996 eines villanovazeitlichen Kriegergrabes auf dem Poggio alle Croci hervorzuheben, eines niedrigen Hügels im Südosten der Stadt. Die Beigaben aus diesem neuen wichtigen Grab – seit kurzem im Erdgeschoß des Museo Guarnacci ausgestellt – sind einem Zufallsfund zu verdanken, zu dem es aber leider keine Dokumentation etwa über den Grabtyp und über eventuelle weitere Materialien gibt (Abb. 65). Die Zone des Poggio alle Croci, die sich über dem Abhang der Ulimeto-Nekropole erhebt, war bisher in erster Linie für die Auffindung etruskischer und römischer Hypogäen Mitte der 1950er Jahre bekannt, die heute nicht mehr sichtbar sind. Die jüngste Entdeckung bestärkt die Hypothese, daß die Hauptnekropolen Volterras – bekannt vor allem für ihre reiche Dokumentation aus hellenistischer Zeit – ältere Vorläufer hatten und daß sich somit die etruskische Stadt mittels einer Fusion aus mehreren dörflichen Siedlungen der frühen Eisenzeit gebildet hatte, die ursprünglich auf den Abhängen des Hügels lagen und dann aus strategischen Gründen auf der höchsten Stelle des Hügels vereinigt wurden.

Die Umstände des Neufundes erlauben leider nicht, mit absoluter Sicherheit zu entscheiden, ob es sich hier um eine Körper- oder eine Brandbestattung handelte, auch wenn Analogien in der Zusammensetzung der Grabbeigaben mit Gräbern in Veji und Tarquinia sowie der grabbezügliche Rigorismus der Volterraner Villanovakultur ein Grab mit Brandbestattung sehr wahrscheinlich machen. Unter den wichtigsten Beigaben ist der schöne bronzene Kammhelm hervorzuheben (Abb. 66), der eine recht überzeugende Parallele in einem Exemplar aus dem Grab AA 1 in der Quattro Fontanili-Nekropole von Veji besitzt. Die Beigaben dieses der spätesten Phase der Nekropole angehörenden Vejienter Grabes weisen darüberhinaus zahlreiche weitere Ähnlichkeiten zu jenen aus Volterra auf.

Solche seltenen und charakteristischen metallurgischen Erzeugnisse der frühen italischen Eisenzeit, die in Varianten auch in Istrien und der Ukraine bezeugt sind, finden sich außer in der villanovianischen Expansionszone Süditaliens (Sala Consilina und S. Maria Capua Vetere) vor allem in Südetrurien. Die Hauptwerkstätten dieser von hohem technischen Können zeugenden und für eine Kriegerelite bestimmten Metallobjekte sind in Tarquinia und

***Abb. 66** Bronzener Kammhelm aus der Tomba del Guerriero.*

***Abb. 67** Pilgerflasche aus Bronzeblech aus der Tomba del Guerriero.*

Veji anzusiedeln, wo die Bronzeproduktion im Laufe des 8. Jhs. ein besonders hohes Qualitätsniveau erreichte. Darüber hinaus stammen aus diesen beiden Zentren auch die meisten bekannten Beispiele. Gehen wir einmal davon aus, daß das villanovazeitliche Grab vom Poggio alle Croci die Bestattung eines etruskischen Kriegers enthielt, dann ist es sehr wahrscheinlich, daß es sich bei dem Helm um ein über den Handel erworbenes Prestigeobjekt handelt, das einer Tarquiner oder Vejienter Werkstatt entstammte.

Von ähnlicher Herkunft ist auch die äußerst rare sog. Pilgerflasche aus Bronzeblech, die aus zwei Vorderteilen der üblichen kleinen Flaschen in Bronzeblech zu einem einzigen Behälter mit Doppelschnabel zusammengefügt worden ist, um so die Aufbewahrung von zwei unterschiedlichen Flüssigkeiten zu gewährleisten (Abb. 67). Auch wenn diese Pilgerflasche einer im italischen Raum und auch in Volterra selbst gut bezeugten Klasse angehört, so stellt sie doch auf Grund ihres ungewöhnlichen Doppelformats ein äußerst spezielles Exemplar dar. Die Form dieser besonderen Klasse von Gefäßen aus Bronzeblech mit getriebener Verzierung war vor allem in den südetruskischen Zentren während der späten Villanova- und der frühen orientalisierenden Phase (Ende 8. bis Anfang des 7. Jhs.) verbreitet.

Dem Bankettbereich gehören die Patera mit Doppelhenkel und die hemisphärische kleine Schale an, wobei wir letzteren Typ auch von anderen Exemplaren aus Volterraner Gräbern kennen. Der typisch villanovianischen Panhoplie sind dagegen die Schwertklinge, die Lanzen- und die Speerspitze zuzuordnen. Ein Paar Pferdetrensen beweist, daß der Krieger zwei Pferde besaß, die wahrscheinlich einen Kriegswagen zogen.

Dieser neue Grabfund bereichert unsere Kenntnis vom spätvillanovazeitlichen Volterra beträchtlich und eröffnet zahlreiche Perspektiven, auch wenn er nur unvollständig geborgen wurde und die lückenhaften Funddaten uns keine exakte Bestimmung des Grabtypus mehr erlauben. Der Bestattete war zweifellos männlichen Geschlechts und als Krieger charakterisiert (Lanze, Speer, Pferdetrense), vor allem durch das typische und prestigereiche Statussymbol des Kammhelmes, von dem bisher kein weiteres Beispiel aus dem Volterraner Raum bekannt ist. Dieser Helmtypus kennzeichnet vor allem die Gräber der Führungsschicht im von der Villanovakultur geprägten Mittelitalien. Mit größter Wahrscheinlichkeit ist auch der in unserem Falle nur hypothetisch anzunehmende Brandbestattungsritus an das gleiche soziale Ambiente gebunden. Dieser Ritus, der in Volterra auch noch im älteren und mittleren Orientalizzante vorherrschte und zwar nicht nur bei männlichen, sondern auch bei weiblichen Bestattungen, bezeugt einen strengen, an starke Familientraditionen gebundenen Sepulkralrigorismus, mit dem man sich wahrscheinlich mit den ersten Einwohnern Volterras verbunden wissen und so eine Art «aristokratische» Herkunft bestätigen wollte.

67

Dieser neue Grabfund ist in die letzten Jahrzehnte des 8. Jhs. v. Chr. zu datieren und zeichnet sich durch die gehäufte Präsenz von Objekten aus, die von der heutigen Forschung südetruskischen Werkstätten zugeschrieben werden. Dazu gehören der Helm, die höchst spezielle Doppel-Pilgerflasche, die Pferdetrense, das Schwert, vielleicht in Antennenform vom Typ Tarquinia, und die Bronzetasse mit erhöhtem Henkel. Die Homogenität in der Zusammensetzung der Grabbeigaben bezeugt eindeutig kommerzielle und kulturelle Beziehungen zwischen Nordetrurien und den führenden Zentren Südetruriens in der späten Villanovazeit.

Neue Restaurierungen und Grabungen

Außer diesem Fund, der das bisher sehr lückenhafte Bild Volterras in der frühen Eisenzeit wesentlich bereicherte, ist eine Operation der Restaurierungsabteilung vom Museo Guarnacci in Zusammenarbeit mit Restauratoren der Archäologischen Soprintendenz Toskana hervorzuheben, die uns eine kritische Überprüfung eines bisher von der Forschung vernachlässigten Werkes ermöglicht hat, nämlich des sog. Prete (Priester) Marzio, einer großformatigen Skulptur aus der frühen römischen Kaiserzeit. Diese Statue eines römischen Togatus ist mindestens seit Anfang des 17. Jhs. bekannt gewesen. Der Zustand, in dem sie sich bis in unsere heutigen Tage präsentierte, ist das Resultat einer Serie von Restaurierungen im 19. Jh. durch den Volterraner Bildhauer Antonio Faltoni, der im Auftrag des Gonfaloniere der Stadt Volterra, Giulio Maffei, die Statue einem monumentalen, mit Sicherheit nicht dazugehörigen Kopf anpaßte und zwei «Schultern» einfügte, die aus Marmorblöcken

68

aus der Kathedrale von Volterra gewonnen worden waren. Das Ergebnis ist ein für den Geschmack des 19. Jhs. typisches Pasticcio, das man bis 1922 auf der Terrasse über der Fonte di S. Stefano sehen konnte, also an jenem ursprünglich «Prato Marzio» genannten Ort, von dem die Statue auch ihre traditionelle Bezeichnung erhalten hatte.

Der jüngste restauratorische Eingriff hat die Entfernung der nicht dazugehörigen Teile und die Ergänzung der ursprünglichen Lücken ermöglicht und somit der Statue ihre ursprüngliche Form wiedergegeben. Der Prete Marzio stellt eine Togatusstatue in aufrechter Haltung und mit nach vorne verschränkten Armen dar, gekleidet in eine *Toga fusa* mit breitem Sinus über dem Knie, mit Balteus und Umbo. Dieser Gewandtyp ersetzte auf Anordnung von Augustus die *Toga restricta* der republikanischen Periode. Neben dem linken Fuß steht die Capsa, welche die Rotuli (Schriftrollen) als Symbol der politischen Macht des Dargestellten enthielt. Die sehr summarische Bearbeitung des Gewandes auf der Rückseite der Statue deutet darauf hin, daß diese einst in einer Nische stand und infolgedessen nur von vorne gesehen werden konnte. Der Kopf, der am Ende komplizierter Restaurierungsarbeiten wieder auf den Rumpf gesetzt wurde, stammt aus der Sammlung des Museo Guarnacci und stellte vielleicht einen Angehörigen der adligen Volterraner Familie der Caecina dar, gehörte ursprünglich aber keinesfalls zu unserer Statue. Die Art des Marmors und der Bearbeitung sowie der Erhaltungszustand sind jedoch denen der Togatusfigur recht ähnlich und erlauben somit, einen besseren Eindruck – wenn auch für einen rein didaktischen Zweck – der ursprünglichen Gesamtform der Statue zu gewinnen, die in jedem Fall für die Einfügung unterschiedlicher Köpfe je nach historischem Zeitpunkt bestimmt war.

Am Ende dieser Präsentation wichtiger Neuigkeiten der Volterraner archäologischen Forschung muß noch auf eine höchst aufschlußreiche Grabung im Inneren des Museo Guarnacci verwiesen werden. Während der Arbeiten zur Installierung eines Aufzugs im Saal I bis im Erdgeschoß kamen Reste der antiken Stadtanlage zu Tage (Abb. 68). Erhalten haben sich Reste der Pflasterung einer Straße aus hellenistischer Zeit, einer dem Straßenverlauf folgenden Mauer und einer weiteren Mauer, die zu einem Gebäude aus späterer Zeit gehörte. Die aufgefundenen Materialien datieren größtenteils in den Zeitraum vom 3. bis 1. Jh. v. Chr. Künftige Untersuchungen werden – soweit möglich – zu einer besseren Definition dieses Fundkomplexes beitragen, der aber in jedem Fall von herausragender Wichtigkeit für unsere Kenntnis des antiken Stadtplans ist und der heute bereits von den Museumsbesuchern besichtigt werden kann.

Übersetzung aus dem Italienischen
von Stephan Steingräber

Abb. 68 Mauerreste aus hellenistischer Zeit unter dem Museo Guarnacci.

Ursula Höckmann

Der Duft der Blüten

Bronzestatuette eines Mädchens aus Volterra in München

Die 23 cm hohe bronzene Votivstatuette eines jungen Mädchens in München (Abb. 69a–d) soll aus Volterra stammen.[1] Sie ist um 530/520 v. Chr. entstanden. Wegen ihrer guten Erhaltung[2] und Qualität ist die Figur mehrfach in älteren Überblickswerken über etruskische Kunst abgebildet worden.[3] E. Richardson (s. Anm. 3) hat sie als erste etwas ausführlicher behandelt, hat jedoch die Fragen der Herkunft, Werkstatt und Bestimmung ausgeklammert. Es lohnt, die Figur näher zu betrachten, auch wenn beim augenblicklichen Forschungsstand auf diese Fragen keine bündigen Antworten gegeben werden können.

Beschreibung

Dargestellt ist ein ruhig stehendes junges Mädchen, bekleidet mit dem gegürteten ionischen Chiton, mit Schnabelschuhen und einer spitzen Wickelhaube. Der Körper ist hochgewachsen und schmal gebaut, die Schultern fallen in weicher Rundung ab. Der feine Chitonstoff schmiegt sich an, so daß die Körperformen, die kräftigen Gliedmaßen, Glutäen und die kleinen Brüste hervortreten. Der rechte Arm ist angewinkelt, die Hand hielt mit Daumen, Zeige- und Mittelfinger einen heute verlorenen Gegenstand, eine Blüte. Das linke Bein ist in verhaltenem Schritt leicht vorgestellt, was eine kaum wahrnehmbare Drehung der linken Körperseite nach vorne zur Folge hat. Die Füße stehen parallel. Um nicht auf den schleppenden Saum des fußlangen Chitons zu treten, rafft die Linke den Stoff über dem linken Fuß empor. Der Chiton ist in der Taille gegürtet, der Stoff ist aus dem Gürtel herausgezogen und fällt seitlich und im Rücken als Bausch auf Hüften und Gesäß. Vier bzw. drei Knöpfe halten den Chitonstoff auf den Oberarmen zusammen. Durch die Knöpfung bilden sich an Oberkörper und Oberarmen Rieselfalten, die als Bündel von eingeritzten parallelen Wellenlinien wiedergegeben sind. Ähnliche, senkrechte Falten in breiterem Abstand entstehen durch die Gürtung ringsum am Unterkörper. Auf der Vorderseite folgen sie dem bogenförmigen Verlauf der hochgezogenen Mittelborte (Paryphe). Die Chitonsäume an Hals und Oberarmen sind leicht verdickt. Die Paryphe ist im oberen Teil bis zur linken Hand plastisch hervorgehoben, im unteren Teil verschwindet sie als Ornament in der Fläche des Stoffes. Wie die Borte des unteren Chitonsaumes ist sie mit einem eingeritzten gepunkteten Treppenmäander verziert. Eingeritzt sind auch die Schnürung der Schnabelschuhe und am linken Schuh die Sohle.

Der verhältnismäßig große Kopf sitzt auf einem kurzen stämmigen Hals. Das im Umriß breit U-förmige Gesicht wird durch eine niedrige Stirn, ein hohes Untergesicht mit breiten Wangen und ein niedriges, spitz zulaufendes Kinn gekennzeichnet. Die Gesichtseinzelheiten sind durch zarte flache Schwellungen und Eintiefungen voneinander abgehoben. Dünne, kantig begrenzte Lippen bilden den breiten Mund. Die kleinen mandelförmigen Au-

69a

69b

Abb. 69a.b Bronzestatuette eines jungen Mädchens. München, Staatliche Antikensammlungen Inv. AS 3678: a. Vorderansicht; b. Rückansicht.

69c

69d

70

gen treten plastisch kaum vor, die Lidränder sind nur durch eine Ritzlinie angegeben. Das Oberlid ist durch eine leichte Schwellung angedeutet. Die Brauenbögen treten als schwache Erhebung vor; die dünnen Brauen sind schräggestrichelt. Von den großen Ohren sind nur der Rand und der Knorpel plastisch angegeben.

Die spitze Haube besteht aus einem breiten gepunkteten Band, das in schräger Windung gewickelt ist und dessen beide Enden hinten in die schräg gestrichelte Krempe gesteckt sind. Unterhalb der Krempe deutet eine feine Erhebung über Stirn und Schläfen den Haaransatz an.

Kleidung

Das Mädchen ist nach griechischer Mode gekleidet: Chiton, Wickelhaube und Schnabelschuhe leiten sich von griechischen und zwar ostgriechischen Vorbildern ab. Der ionische feine Leinenchiton ist in der etruskischen Kunst ab etwa 560/550 v. Chr. nachweisbar[4], kurz nachdem er in Ostgriechenland üblich wird. Man darf davon ausgehen, daß er von den Etruskerinnen auch tatsächlich getragen wurde, in der Regel ohne das in der griechischen Kunst der 2. Hälfte des 6. Jhs. v. Chr. so beliebte Schrägmäntelchen und meist ungegürtet (Abb. 73; vgl. dazu auch Abb. 72a–c, Anm. 23).

Der in der frühgriechischen Dichtung verwendete Name der Wickelhaube ist *mitra*.[5] Alkman[6] und Sappho[7] erwähnen die *mitra* als kostbaren Kopfputz junger

***Abb. 69c.d** Bronzestatuette eines jungen Mädchens. München, Staatliche Antikensammlungen: c. Linke und d. rechte Seitenansicht.*

***Abb. 70** Nordionisches Kesselfragment aus Naukratis mit Chorreigen. London, British Museum 1888.6–1.520. (Photo British Museum)*

***Abb. 71a.b** Bronzeeckfigur von Kohlebecken aus Castel San Mariano. München, Staatliche Antikensammlungen Inv. AS 7.*

Mädchen und bezeichnen sie als lydisch. Alkman rühmt die Schönheit der Hagesichora in einem Parthenion unter anderem durch den Vergleich, sie übertreffe Purpur, Armband und die lydische Mitra, das Prunkstück dunkeläugiger Mädchen.[8] Hagesichora tritt hier in einem Chorreigen auf, wie er auf dem Hals eines nordionischen Kessels aus Naukratis in London aus der 2. Hälfte des 6. Jhs. v. Chr. dargestellt ist (Abb. 70).[9] In der griechischen bildenden Kunst ist die Mitra zuerst um 570/560 v. Chr. nachweisbar[10], auf etruskischen Denkmälern findet sie sich nicht vor der Mitte des 6. Jhs. v. Chr.[11] Wie der Chiton ist auch die Wickelhaube als Bestandteil der realen etruskischen Kleidung zu betrachten.[12] Während sie in Griechenland als Kopfputz von Frauen (Mädchen, Hetären, Mänaden, Heroinen und Göttinnen) und von Männern (Symposiasten, Komasten)[13] getragen wird, scheint sie in Etrurien von Frauen («ehrbare» Frauen, Tänzerinnen; selten Männer)[14] bevorzugt worden zu sein: Man trägt sie auf dem langen offenen Haar (Abb. 71a.b), oder das Haar ist hochgenommen und wird vollständig von dem Kopfputz verdeckt wie bei der Münchner Figur (vgl. Abb. 69a–d) oder ein über die Schultern gelegtes Mäntelchen wird hochgezogen und über die Wickelhaube drapiert, so daß es Haube und Haar verdeckt wie z. B. bei einer Statuette im Louvre (vgl. Abb. 73).[15] Auf griechischen Darstellungen ist nur das hochgenommene und von der Wickelhaube vollständig bedeckte Haar üblich. Dies wird realem griechischen Brauch entsprechen.

Anders als in Griechenland wurde die Wickelhaube in Etrurien in der 2. Hälfte des 6. Jhs. v. Chr. zu einem festen Bestandteil der Kleidung der vornehmen Frau, und so bildeten sich im Verlauf der 2. Hälfte des 6. Jhs. v. Chr. mehrere Varianten der Trageweise heraus. Zweifellos

71a

71b

72a

Frauenbekleidung, während in Griechenland – zumindest in der Kunst – bei Frauen Sandalen oder auch nackte Füße üblich sind. Nur in der ostgriechischen und in der von dieser beeinflußten lakonischen Kunst des 6. Jhs. v. Chr. lassen sich bei Frauen Schuhe, die man als Slippers bezeichnen kann, feststellen. Die charakteristische schnabelförmige Spitze ist auf griechischen Werken nicht üblich.

Die Übertragung von Bestandteilen der Kleidung von einer in eine andere Kultur in diesem Ausmaß[19] ist eigentlich nur durch Zuwanderung von Griechen aus dem Osten nach Etrurien denkbar. Der historische Vorgang ist allgemein bekannt und wird in der Forschung auch grundsätzlich nicht außer Acht gelassen.[20] Da man jedoch über die Zuwanderung im Einzelnen wenig Konkretes sagen kann, sind antiquarische Erkenntnisse – wie hier zur Tracht – nicht ganz uninteressant.

Wichtig ist, daß sich in Etrurien eine eigene Tradition der Trageweise sowohl des Chitons (meist ohne Schrägmäntelchen und in der Regel ungegürtet), der Wickelhaube (auf offenem Haar, unter Mantelschleier) als auch der Schnabelschuhe (obligat bei Frauen) gebildet hat. Dieser Vorgang der Adaption ist bezeichnend für die etruskische Kultur, die aufwendiges Brauchtum gerne aufgriff und – es verändernd – beibehielt.

Datierung

Die zeitliche Einordnung der Münchner Statuette bereitet keine Schwierigkeiten. In der Forschung wird sie allgemein in das späte 6. oder frühe 5. Jh. v. Chr. datiert. Stellt man sie in eine Reihe mit Frauenstatuetten in Chiton und mit Wickelhaube, so ist sie zeitlich nach den Eckfiguren aus Castel San Mariano (vgl. Abb. 71a.b)[21], aber vor den Statuetten in der Bibliothèque Nationale in Paris[22] und im Nationalmuseum von Kopenhagen aus Rimini[23] (vgl. Abb. 72a–c) einzuordnen, um 530/520 v. Chr. Im Gesicht sind noch nicht die weichen, manchmal prallen Wölbungen wie bei der Kore in Paris (s. Anm. 22) oder beim Ehepaarsarkophag im Louvre[24] festzustellen. Der Zickzackverlauf des Chitonsaumes

war sie stets ein festlicher Kopfputz, in dem die Etruskerinnen bei besonderen Gelegenheiten wie z. B. bei Götterfesten auftraten.

Schnabelschuhe – ihr antiker Name ist unbekannt[16] – sind in Etrurien sehr verbreitet. Auch sie sind von ostgriechischen Vorbildern übernommen[17] und in Etrurien umgebildet worden. Sie werden dort von Frauen und Männern getragen und sind auf Darstellungen seit dem 2. Viertel des 6. Jhs. v. Chr. nachweisbar.[18] Es handelt sich um Stiefeletten, die geschnürt wurden. In Etrurien gehören sie zur obligaten

Abb. 72a.b Bronzestatuette einer Kore aus Rimini. Kopenhagen, National Museum, Dept. of Classical and Near Eastern Antiquities Inv. 4203: a. Vorderansicht; b. Rückansicht.

findet sich in ähnlicher Form am Mantel der Göttin links auf der Standwagenverkleidung aus Castel San Mariano.[25] Daß man die Statuette nicht später datieren kann, scheinen mir die parallelen Wellenlinien für die Falten an den Chitonärmeln und am Chitonrock zu zeigen: sie erinnern sogar an etwas ältere Werke wie die Campanaplatten[26], die in das 3. Viertel des 6. Jhs. v. Chr. datiert werden.

Stil

Die Statuette ist sicher in einer nordetruskischen Werkstatt gearbeitet worden. Bronzene Votivstatuetten sind in Südetrurien nicht sehr häufig.[27] Unter den zahlreichen nordetruskischen bronzenen Votivstatuetten aus der 2. Hälfte des 6. Jhs. v. Chr. läßt sich kaum ein Exemplar finden, das eine enge stilistische Parallele darstellte. Lediglich für ein Detail, nämlich für Form und Bildung des Gesichtes, lassen sich Vergleichsstücke nennen. Der breite U-förmige Gesichtsumriß, der breite schmallippige Mund, die langgezogenen, wie mandelförmige Schlitze gebildeten Augen begegnen unter Bronzestatuetten vor allem an den Eckfiguren der Kohlenbecken aus Castel San Mariano (vgl. Abb. 71a.b; s. Anm. 21), aber auch an einer Statuette aus Populonia.[28] Diesen Werken sind die Statuetten aus der Stipe bei Fonte Veneziana in Arezzo anzuschließen, die sicher aus lokalen Werkstätten stammen. Sie gehören der Zeit um 530–480 v. Chr. an; die der Münchner Statuette ähnlichen Figuren werden um 530–520 v. Chr. datiert.[29] Die Verbindungen zu den genannten Werken sind deutlich; sie sind jedoch als Basis für eine Zuweisung der Münchner Statuette an eine Werkstatt im Bereich von Perugia – Arezzo – Volsinii zu schmal.

Die Herkunftsangabe Volterra legt die Frage nahe, ob die Statuette im Gebiet von Volterra entstanden sein kann. Die dort gefundenen Bronzestatuetten, die lokalen Werkstätten zugewiesen werden können[30], haben mit der Münchner Figur nichts gemeinsam. Interessant ist, daß sich für die frühen Statuetten der 1. Hälfte des 6. Jhs. v. Chr. Beziehungen zum Gebiet von Montalcino abzeichnen.[31] Nach P. Carafa dehnte sich das Volterraner Territorium bis nach Pisa, Fiesole, Chiusi, Arezzo und Vetulonia aus.[32]

Solange keine engen Parallelen aus Volterra und Umgebung bekannt sind, ist die Annahme einer Volterraner Werkstatt für die Münchner Statuette also nicht zu begründen. Vielleicht darf man mit einer Entstehung in einer weiter östlich, noch auf Volterraner Territorium gelegenen Werkstatt rechnen.

72b

Votiv aus einem Volterraner Heiligtum

Wie bei fast allen Bronzestatuetten fehlt auch bei der Bronzestatuette aus München die Basis.[33] Da Hinweise auf einen Zusammenhang mit einem Gerät nicht vorhanden sind, darf man davon ausgehen, daß die Figur als Einzelstatuette konzipiert war. Damit ist sicher, daß es sich um eine Votivfigur handelt, da Einzelstatuetten – ohne Gerätzusammenhang – nicht als Grabbeigabe üblich sind. Obwohl sich für den modernen Betrachter oftmals Sterbliche und Götter ikonographisch nicht ohne

72c

73

ausführliches Studium voneinander unterscheiden lassen, gibt die Münchner Statuette zweifellos eine Sterbliche wieder: Während auch Göttinnen beim Schreiten ihr Gewand raffen, ist die zierliche Geste der rechten Hand, die eine Blüte hielt, kennzeichnend für junge (sterbliche) Mädchen[34]: sie freuen sich am Duft der Blüten.

Über den Anlaß der Weihung und welcher Gottheit die Figur dargebracht worden sein könnte, lassen sich nur Vermutungen anstellen. Die Heiligtümer von Volterra in archaischer Zeit hat zuletzt A. Maggiani behandelt.[35] E. Fiumi hat Votivdepots in der Umgebung von Volterra kartiert.[36] Soweit ich sehe, geben die publizierten Funde aus diesen Heiligtümern keine Hinweise auf den Kult oder die dort verehrten Gottheiten. So läßt sich angesichts von Qualität und Stil der Münchner Statuette nur vermuten, daß sie in ein Heiligtum gestiftet wurde, das auch von Verehrern besucht wurde, die nicht in Volterra ansässig waren.

Abb. 72c** **Bronzestatuette einer Kore aus Rimini (s. Abb. 72a.b): Linke Seitenansicht.

Abb. 73** **Bronzestatuette einer Kore in Paris, Louvre.

Otto Wilhelm von Vacano
(Herausgegeben von Otfried von Vacano)

«Die Ombra della Sera»

Überlegungen zu den überlängten Statuetten Volterras

Viele Jahre sind vergangen, seit 1961 in Band 29 der *Studi Etruschi* Ornella Terrosi Zancos ausgewogene Studie über die *Ex-voto allungati dell'Italia centrale* erschienen ist.[1] Seitdem konnte man der Überzeugung sein, daß ohne unter optimalen Bedingungen ausgegrabene Neufunde oder die Entdeckung bisher unbekannter Schriftquellen nicht weiterzukommen sei.[2] Nun hat eben Marisa Bonamici auf einen Neufund aus Volterra hingewiesen, auf die überlange Bronzestatuette eines Wasserträgers aus der nächsten Nähe des Docciola-Brunnens[3], und zugleich auf eine bis dahin wenig beachtete Jünglingsfigur aus den alten Beständen des Archäologischen Museums von Florenz[4] aufmerksam gemacht. Während Hans und Ines Jucker in ihrem Katalog zur Züricher Etruskerausstellung 1955 die Florentiner Statuette dem 2.–1. Jh. v. Chr.[5] und die ihr nahestehende «Ombra della sera» dem 2. Jh. v. Chr.[6] zugewiesen haben, spricht Marisa Bonamici beide wie auch den Wasserträger von der Docciola einer von ihr angenommenen Volterraner Werkstatt des 3. Jhs. v. Chr. zu.[7]

Wer sich mit der Problematik der gelängten etruskischen Bronzestatuetten der hellenistischen Zeit beschäftigt, wird sich jetzt auch mit dieser Konzeption auseinandersetzen müssen. Die Hypothese erscheint so kühn wie bestechend. Der Versuch, ikonographisch unterschiedliche Objekte einem bestimmten Kunstzentrum zuzuweisen, ist nämlich fast immer riskant. Wenn es an Schriftquellen dazu fehlt, müssen schon ungewöhnlich günstige Um-

Abb. 74a–c Bronzestatuette «Ombra della Sera» in Volterra, Museo Guarnacci: a. Vorderansicht; b. Rückansicht; c. linke Seitenansicht.

74a

74b

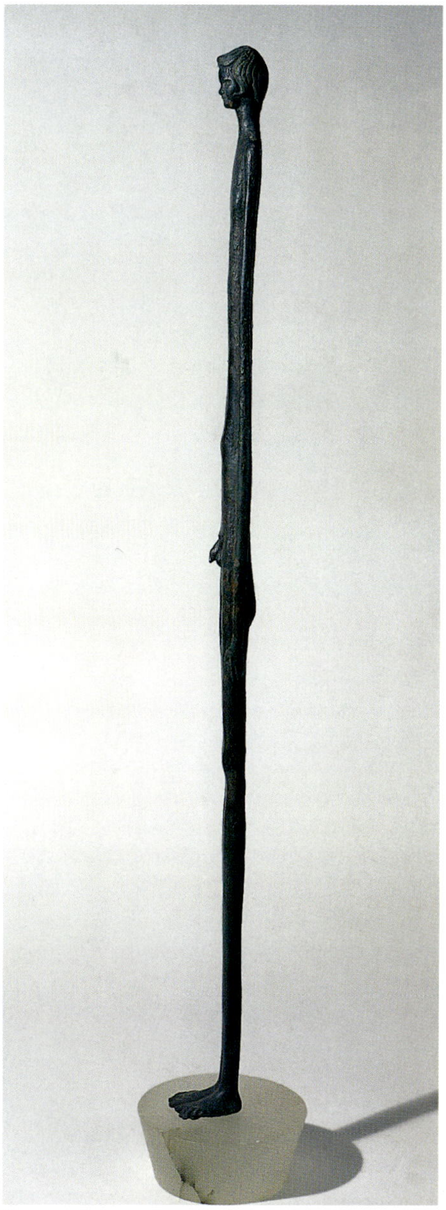

74c

stände, mannigfache Vergleichsmöglichkeiten und ein sehr sicheres Stilgefühl zusammenkommen, damit er gelingen kann. Auch noch nach fast 60 Jahren liest man dazu mit Nutzen Georg Lippolds Rezension des damals aufsehenerregenden Buches über *Griechische Bildhauerschulen* von Ernst Langlotz im *Gnomon* 1928.[8] Lippolds spöttelndes Zitat aus einem Gedicht Christian Morgensterns zu Langlotz' Lieblingskind, der «Schule von Kleonai», haftet uns Älteren noch warnend im Ohr.[9]

In einer Stadt von der Größe und Bedeutung Volterras brauchte es nicht nur eine Kleinbronzengießerei zu geben. Es konnten recht verschiedene Meister ihr Handwerk nebeneinander ausüben, altansässige wie frisch zugewanderte, mehr konventionell arbeitende wie auch fortschrittlichere. Zudem sind Kleinbronzen unzerbrechlich und leicht transportabel. Es lassen sich so viele davon auf einen einzigen Eselsrücken packen und über Land bewegen, daß schon durch den einmaligen Besuch eines fahrenden Händlers eine Menge Fremdgut einkommen konnte. Jahrmärkte und Heiligtümer wie das große Zentralheiligtum am Bolsena See werden den Austausch begünstigt haben. Wie in unserem Mittelalter die Glockengießer sich auf Zeit dort niederließen, wo ihr Handwerk gebraucht wurde, und ihre Gußgruben im Bereich der Kirchen anlegten, für die ihr Werk bestimmt war, so haben wir auch im Altertum mit nichtseßhaften, fahrenden Erzgießern zu rechnen.

Dutzendware entzieht sich weitgehend der Zuordnung an eine einzige Werkstatt und muß zudem in ihrer Verbreitung keineswegs auf die nächste Umgebung einer solchen beschränkt gewesen sein. Werke von höherem künstlerischen und materiellen Wert konnten weite Wege hinter sich bringen. Zu allen generellen Schwierigkeiten kommt, daß das hellenistische Nordetrurien bisher noch wenig auf lokale Statuettenwerkstätten untersucht worden ist. Das dazu verfügbare, meist ohne Herkunftsangaben in oft weit vom Fundplatz gelegene Sammlungen geratene Material ist nicht überaus reichhaltig, nur teilweise wissenschaftlichen Ansprüchen genügend publiziert und jedenfalls wie alle Bronzegegenstände eine Zufallsauslese aus dem einstigen Bestand, zumal das Material zwar dauerhaft, aber eben – anders als gebrannter Ton – einschmelzbar und wiederverwendbar ist.[10]

Andererseits ist es klar, daß eine Statuette wie die «Ombra della sera» das Erzeugnis eines fähigen Meisters gewesen sein muß, der von der Herstellung solcher Statuetten und anderer figürlicher und unfigürlicher Bronzegegenstände lebte (Abb. 74. 75). Ebenso unverkennbar ist es auch, daß sich im Volterra der hellenistischen Zeit Statuetten dieser Art einer gewissen Beliebtheit erfreuten oder doch jedenfalls gefragt und verkäuflich waren. Von keinem anderen Platz Etruriens sind so viele davon bekanntgeworden.

Fundort, Zeitstellung und Überlängtheit schließen sie ungeachtet stilistischer Unterschiede zu einer Gruppe zusammen. Es sind:

a) Der Große Wasserträger, der 1971 zusammen mit anderen Kleinbronzen in Volterra beim Docciola-Brunnen gefunden wurde (Abb. 76).[11]

b) Das «Ombra della sera» genannte «aeneum signeum», das nach A. F. Goris 1737 veröffentlichtem Zeugnis kurz zuvor «Volaterris erutum erat» (vgl. Abb. 74. 75).[12]

c) Die 45 cm hohe Hermes of a Genius eines auffällig bekränzten jungen Mannes mit Patera und Poculum, die am 1. 1. 1844 zusammen mit anderen Bronzen bei Casa Bianca, 4,5 km südöstlich von Saline di Volterra an der Straße Pomarance – Larderello, ca. elf Straßenkilometer von Volterra entfernt, gefunden wurde.[13] Sie ist wahrscheinlich mit Villa Giulia, Inv. Nr. 24480 identisch.[14]

d) Die 25–30 cm hohe *oltremodo attenuata* (übermäßig ausgedünnte) Figur einer Frau mit Patera, die zum selben Depotfund gehörte wie c)[15] und mit Villa Giulia, Inv. Nr. 24475 identifiziert werden könnte.[16]

e) Die gleichfalls verschollene Frauenstatuette des selben Typus und der gleichen Größenordnung wie d) und ebenfalls vom «Ripostiglio di Casa Bianca»[17], die mit Villa Giulia, Inv. Nr. 24474 identifizierbar sein könnte.[18]

f) Schließlich vielleicht auch die fundortlose Statuette eines «lässig stehenden jungen Mannes» im Museo Archeologico von Florenz, Inv. Nr. 150 (Abb. 77), die durch Marisa Bonamici überzeugend derselben Volterraner *bottega* zugeschrieben ist wie b).[19]

g) Die überlängte Statuette einer Göttin (?) mit einer sich ringelnden Schlange in der linken Hand, Villa Giulia, Inv. Nr. 74477, Höhe 34 cm, ohne Herkunftsangabe (Abb. 78).[20]

Nachdem so Volterra für ein Viertel aller bekannten überlängten Statuetten der hellenistischen Zeit als Fundort bezeugt ist, braucht einen nicht zu verwundern, im Museo Guarnacci noch fünf weitere deutlich in die Länge gezogene Statuetten anzutreffen, deren Höhenmaße sich freilich im «Normalen» halten.[21] Zwei weibliche und eine männliche gehören zum älteren Museumsbestand[22], zwei weitere weibliche sind dem Museum 1971 zusammen mit dem Großen Wasserträger zugekommen.[23]

Wasserträgerstatuetten

Wenden wir uns zunächst dem Großen Wasserträger (a) zu (vgl. Abb. 76). Mit seiner Höhe von nur 20,8 cm erscheint dieser im Vergleich zu üblichen Votivstatuetten und auch zur mehr als doppelt so hohen «Ombra della sera» keineswegs exorbitant in die Länge gezogen. Die auffällige Kleinköpfigkeit, Schlankheit und Hochbeinigkeit ließen sich als manieristische Übertreibung hellenistischer Proportionsvorstellungen verstehen.[24] Fest auf frei nebeneinandergestellten, stämmigen Beinen stehend und hoch aufgerichtet präsentiert sich frontal in seiner Arbeitstracht und mit seinem Arbeitsgerät – einer schlanken, henkellosen Kanne – ein junger Wasserträger. Er ist nackt bis auf ein um die Lenden geschlungenes, rechteckiges Tuch, den sog. *limus*.[25] Die summarisch wiedergegebenen Füße sind leicht auswärts gerichtet, der linke etwas vorgesetzt. Während der *ad arco* gebogene, überlange rechte Arm mit abgespreiztem Daumen seitwärts auf die Hüfte gestemmt ist, stützt der verkürzte, chiastisch hochgewinkelte linke von der Seite her das auf der Schulter balancierte, hohe Wasserbehältnis. Die linke Hand ist im Gegensatz zur rechten nicht weiter ausgeführt, sondern erscheint als eine einwärts geknickte und verdickte Fortsetzung des Armes. Auch die Rechte ist nur grob ausgearbeitet. Die Arme und Beine sind zu Gestängen mit rundlichen Querschnitten vereinfacht, der Rumpf und die bekleideten Oberschenkel zu einer schmalen, von den Hüften aufwärts geradlinig begrenzten Platte. Man kann sich von fern an den Wiry Style frühetruskischer Statuetten, aber auch an Votivbronzen des umbrisch-sabellischen Kreises[26] erinnert fühlen. Abgesehen vom vollplastisch wiedergegebenen Kopf und der unauffälligen Nabeldelle (?) ist nur der *limus* in etwa realistisch wiedergegeben, aber auch er vereinfacht und zudem als Attrappe, da die Tiefendimension fehlt und die Rückseite nicht ausgeführt ist. Am die Hüften vorn umgebenden Wulst verdeutlichen Schrägkerben, daß der obere Tuchrand zusammengerollt vorzustellen ist; der untere Saum ist der Schrittstellung entsprechend leicht geschwungen, und die stoffliche Qualität des Tuches deuten steil abfallende Schrägmulden an. Der um der Wasserkanne willen ein wenig zur linken Schulter hin geneigte Kopf war, soweit die Korrosion ein Urteil erlaubt, von frischer Le-

Abb. 75a–c Bronzestatuette «Ombra della sera» in Volterra, Museo Guarnacci: a. Kopf in Vorderansicht; b. Kopf in linkem Profil; c. Kopf in Rückansicht.

75a

75b

75c

bendigkeit. Der Gesichtsumriß ist oval. Die kleinen, mandelförmigen Augen liegen tief. Die fast geraden, lang ausgezogenen Brauen gehen zur Mitte hin ohne Unterbrechung in die verhältnismäßig kurze, breitgeflügelte Nase über. Der kleine Mund scheint leicht geöffnet, das Kinn etwas vorstehend. Das zur niedrigen Stirn vorgekämmte strähnige Haar verdeckt offenbar die Ohren.

Als ein doppelter Glücksfall darf es angesehen werden, daß der Große Wasserträger nicht allein, sondern u. a. mit einer «normalen» Statuette desselben Typus zusammen aufgefunden wurde[27], und daß dieser Typus im alten Volterraner Fundgut des Museo Guarnacci noch zwei weitere Male, wenn auch ohne spezielle Fundangabe, «normal» proportioniert vertreten ist.[28] Beim gegenwärtigen Kenntnisstand dürfen wir in diesen typologisch zusammengehörigen Wasserträgern eine Volterraner Besonderheit sehen.[29] Obgleich nämlich die Griechen mit «hydreutes», «hydriaphoros» und «hydrophoros» spezielle Bezeichnungen für männliche Wasserschöpfer und Wasserschlepper besaßen, fehlt es in ihrer Kunst an vergleichbaren Typen. Die lang gewandeten wasserschleppenden Athener Jünglinge im Parthenonfries stellen einen kultisch bedingten Sonderfall dar.[30] Anders sieht das Bild in Etrurien und Rom aus, wo der *limus* zuhause ist, die Kunst entsprechende Bilder zeigt und die lateinische Sprache gleichfalls eigene Ausdrücke für die Wasserleute je nach ihrer Funktion gebildet hatte wie «aquaeductor», «acuarius», «aquarius», «aquator», «aquilegus» und «aquilex». Der in Volterra gleich viermal bezeugte statuarische Typus ist dessen ungeachtet auch in Mittelitalien sonst nirgends an den Tag gekommen.

Die tiefe Lage des Docciola-Brunnens wie auch der anderen alten Hauptbrunnen der Stadt würde es begreiflich erscheinen lassen, wenn hier die Wasserversorgung in den Händen eines eigenen Gewerbes, einer Art von Zunft gelegen hätte. Deren Häupter oder einzelne Mitglieder mochten bei Gelegenheit solche Statuetten den Brunnengottheiten geweiht haben.

Solange nicht irgendwo in Etrurien gleichalte oder ältere Ausbildungen dieses Typus auftauchen, wird man ohne Zögern die früheste der vier Volterraner Wasserträgerstatuetten, den nur 12 cm hohen Kleinen Wasserträger von der Docciola, Inv. Nr. 1971/2, für das direkte oder indirekte Vorbild des «Großen», Inv. Nr. 1971/1, halten dürfen.[31] Er ist freilich kleiner, dafür aber stämmiger, lebensvoller als der «große Bruder» und die beiden anderen Wasserträger. Auch die Haartracht ist nicht unähnlich, doch freilich sorgfältiger ausgeführt.

Der nach Vergleichen suchende Blick wird zum figürlichen Schmuck von Zisten, Kandelabern und sonstigen Geräten des 4./3. Jhs. v. Chr. geführt.[32] Die Gedrungenheit und weiche, ohne Inskriptionen und plastisches Muskel- und Sehnenspiel auskommende Körperlichkeit finden sich wieder in einer Gruppe besonders im Raum von Perugia aufgefundener Kottabosfigürchen, deren Werkstatt-Lokalisierung und gegenseitige Abhängigkeit aber noch nicht so sicher bestimmt sind, daß man sie alle – und so auch den Kleinen Wasserträger von der Docciola – einer bestimmten Werkstätte zuweisen könnte.[33] Die Datierung der Kottabos-Gruppe in die 2. Hälfte des 4. oder die Anfänge des 3. Jhs. v. Chr. bietet für die chronologische Einordnung des Großen Wasserträgers einen *terminus post quem*. Die zum alten Bestand des Guarnacci-Museums gehörende Wasserträgerstatuette Inv. Nr. 12/52[34] steht ihm formal so nahe, daß sich kaum mit Sicherheit entscheiden läßt, ob sie noch zu den Vorläufern gehört, etwa gleichzeitig mit ihr oder etwas später entstanden ist. Daß beide aus derselben Werkstätte hervorgegangen sind, wird man nicht ausschließen.

Statuette eines Opfernden

Die «Ombra della sera» (b) zurückstellend, wenden wir uns jetzt zunächst der Statuette (c) des heute 40, ursprünglich

76a

vielleicht ca. 45 cm hohen bekränzten Opfernden der Villa Giulia, Inv. Nr. 2448 zu, wahrscheinlich vom Ripostiglio di Casa Bianca.[35] Die Figur ist wie der Große Wasserträger ausschließlich auf Frontalansicht angelegt. Sie hat kaum Tiefe, und die Rückseite wie die Flanken sind glatt belassen. Im Vergleich zu anderen überlängten Statuetten erscheint das Haupt unverhältnismäßig mächtig über dem kurzen Hals. Die breite, niedrige Stirn des flächigen, dreieckigen Gesichtes ist nicht durch Haar, sondern durch einen großblättrigen Laubkranz aus fünf spitzrundlichen Einzelblättern wie mit Strahlen bekränzt. Die kleinen Ohren stehen ab, so daß sie bei flüchtigem Hinsehen geradezu als zum Kranz gehörige Elemente erscheinen. Die großen mandelförmigen Augen liegen leicht vorgequollen unter klar geschnittenen Brauenbögen, die zur Mitte hin ohne Zäsur in die Kontur der klobig dreieckigen Nase übergehen. Der Mund ist klein und dicklippig und scheint leicht geöffnet. Von den in keiner Weise abgesetzten Hüften abwärts ist die schmale Statuette in deutlicher Assoziation zu griechischen Hermen pfeilerartig, als rechtwinklig geschnittene Planke, gebildet.[36] Sie endet unten mit Bruch, könnte also sehr wohl um einige Zentimeter länger gewesen sein als jetzt.[37] Einige wenige parallel zueinander in größeren Abständen nachträglich eingeritzte Schräglinien von oben rechts nach unten links deuten an, daß Unterkörper und Beine bekleidet vorzustellen sind. Die kaum wahrnehmbare, schmale, unscharf begrenzte Schrägwulstung in Höhe der seitlich herabhängenden linken Hand, querüber von rechts nach links abwärts[38], entspricht dem eingerollten oberen Rand einer in üblicher Weise um den Körper geschlungenen Toga. Brust, Leib und rechten Arm freilassend, bedeckt sie den Rücken, den linken Arm bis zum Handgelenk und, in charakteristischer Weise Schrägfalten bildend, die Beine bis hinab zu den Waden. Nichts deutet auf das Vorhandensein eines Untergewandes hin.

In äußerster Vereinfachung ist eine *togata effigies sine tunica* vorgestellt, wie wir sie seit spätarchaischer Zeit durch Votivbronzen kennen.[39] Die mit der frei vorgestreckten rechten Hand dargebotene Phiale gehört ebenso kanonisch zu diesem Typus des *offerente* wie die aus der Mantelumhüllung auf Hüfthöhe vorschauende Hand, die ein Attribut hält oder – sehr viel häufiger – der Gottheit einfach die leere, offene Innenfläche zeigt.[40] Der linke, unter der Toga verborgene Arm, der dem Körper eng anliegt, erscheint lediglich durch eine im Querschnitt spitzwinklige Furche von diesem getrennt und unterschieden, während der frei agierende nackte rechte Arm vom Körper gelöst und ähnlich unartikuliert, stangenhaft gebildet ist wie die Arme des Großen Wasserträgers. Wenn überhaupt etwas an die «Ombra della sera» erinnert, so ist es die Art, wie der linke Arm vom Körper abgesetzt ist.

Frauenstatuetten mit Patera

Wenn der ein Trankopfer spendende Togatus mit Blätterkranz widerspruchslos mit dem Hermes aus dem Ripostiglio di Casa Bianca identifiziert werden durfte, liegt es nahe, dieselbe Herkunft auch für die beiden formal miteinander eng verbundenen überlangen Frauenstatuetten mit Patera der Villa Giulia, Inv. Nr. 24475[41] und 24474[42] (d und e) zu erwägen. Wenigstens erstere stammt gleichfalls aus dem alten Bestand des Museo Kircheriano in Rom. Daß dieses sich für den am 1. Januar 1844 zutage gebrachten Volterraner Fundkomplex interessiert hatte, geht aus dem Ankauf eines der Hauptstücke, der eindeutig da-

***Abb. 76a** Bronzestatuette eines Wasserträgers aus dem Votivdepot von Volterra-Docciola, Volterra. Museo Guarnacci.*

***Abb. 76b** Oberteil der Bronzestatuette eines Wasserträgers (vgl. Abb. 76a).*

zugehörigen großen Bronzetaube (?) mit etruskischer Inschrift auf dem rechten Flügel, hervor.[43] Dennis beschrieb in seinem Fundbericht die «due figure muliebri» als «d'uno stile arcaicissimo, oltre modo attenuate, ciascuna con patera alla mano». Sie seien «dritte, non giacenti» und hätten «ca. 25 x 30 centimetri d'altezza». Daß er sie nicht als Hermen bezeichnete wie unmittelbar davor den Togatus mit Blätterkranz, spricht dagegen, sie demselben Typus zuzuzählen wie diesem. Dies heißt, daß sie offenbar anders gebildet waren als zum Beispiel die überlange, gleichfalls verschollene Frauenstatuette mit Patera in hochgegürtetem, ärmellosem Chiton und Himation aus Chiusiner Besitz, die Francesco Inghirami schon 1833 in seinem *Etrusco Museo Chiusino* abgebildet hatte.[44] Unverwechselbare Kennzeichen wie eine Inschrift oder ein ungewöhnliches Attribut hatten die beiden weiblichen Statuetten offenbar nicht. Die Zuschreibung außergewöhnlichen Alters beruhte auf dem nicht nur von Dennis noch gehegten Irrtum, den überlangen etruskischen *Ex voti* sei schon allein auf Grund dieser Eigenschaft Urtümlichkeit zuzuerkennen.[45] Ihren Längenverhältnissen nach gehören die beiden genannten Frauenstatuetten der Villa Giulia sicher zu den «statuette allungate». Die Charakterisierung als «oltremodo attenuate» klingt in unseren Ohren emphatisch. Terrosi Zanco spricht von «trascuratezza» (Nachlässigkeit). Als Hinweis auf Volterraner Herkunft könnten außerdem die Kopfbildung und die bäuerlich groben Gesichtszüge, die breitgeflügelte, kurze, fast knollig wirkende Nase, die niedrige Stirn, die großen tiefliegenden mandelförmigen Augen und die dicken, leicht geöffneten Lippen angesehen werden.[46] Ohne die glückliche Auffindung irgendeiner Notiz darüber, wie und von wo die beiden Statuetten ins Museo Kircheriano gelangten, oder vielleicht auch durch Material- und Technikanalysen, ist wohl kaum Sicherheit zu gewinnen.

Wir gehen bei der Betrachtung von der größeren der beiden Statuetten, Villa Giulia Inv. Nr. 24475, als der eindeutig qualitätvolleren aus.[47] Die kleinere, noch nachlässiger gebildete, Inv. Nr. 24474, muß deshalb nicht ohne weiteres wesentlich später gefertigt sein als ihre ansehnlichere Schwester, war möglicherweise einfach die Umsetzung des Modells durch mindere Hand, wenn nicht in Dutzend-, so doch gewiß in billigere Ware.[48] Vor uns steht frontal, in breitem Stand, eine schlanke, hochgewachsene Frauengestalt. Sie trägt weder Schmuck noch Amulett. Ihren verhältnismäßig kleinen Kopf wendet sie leicht nach links. Der Hals ist nicht gelängt. Sie hat die sog. Melonenfrisur, d. h., das in parallelen Strähnen von der Stirn bis zum Nacken zurückgekämmte Haar ist über diesem von einem Knoten zusammengefaßt. Der bis zum Boden reichende ärmellose Chiton bildet über den beschuhten Füßen bogenförmige Staufalten und ist hellenistischer Sitte entsprechend hoch gegürtet.[49] Stand- und Spielbein sind unterschieden, die Hüfte ist entsprechend seitwärts nach rechts verschoben, die Körperachse flach S-förmig geschwungen. Das in Kniehöhe schräg von rechts oben nach links unten endende, mäßig stoffreiche Himation ist von der rechten Hüfte her in der üblichen Weise schräg über den Rücken auf die linke Schulter geführt, so daß der nackte rechte Arm und großenteils auch der vom Untergewand bedeckte Oberkörper frei sind. Die rechte Hand fehlt, wird aber, wie die der kleineren Replik, eine Patera gehalten haben. Die aus den Staufalten des Himations in Hüfthöhe seitwärts vortretende linke Hand hält als ein Behältnis einen kleinen, wohl deckellosen Napf, vielleicht für Weihrauchkörner. Auffällig ist die unterschiedliche Stilisierung der Gewandfalten von den Schultern bis zum von links nach rechts schräg aufwärts steigenden Himationende und andererseits darunter, über und zwischen den Beinen.

Das elegante, raffiniert wechselvolle Faltenspiel der Gewandung von Frauenstatuen des 4. Jhs. v. Chr. hat im oberen Teil unserer Statuette durch Vergröberung und Systematisierung seine Gefälligkeit und Brillanz eingebüßt, dafür aber eine gewisse schlichte Würde gewonnen, wie sie dem Bild einer priesterlichen Frau in bäuerlich oder landstädtisch geprägter Welt wohl angemessen erscheinen konnte. Ein Augenmerk mag man der Faltenornamentik über der Vorderseite des Oberkörpers schenken. Der dreieckige Halsausschnitt des Chitons ist von dicken, wie Besatz wirkenden Staufalten gesäumt, die sich in der Mitte zu einer abwärts lang ausgezogenen Spitze vereinen, welche bis zum Gürtel hinabreicht. Der zu einem ähnlichen Wulst umgebildete Himationsaum, der von der linken Schulter steil abwärts und ein Stück weit unterhalb des Gürtels in flachem, aufwärts offenem Bogen zur rechten Flanke führt, findet für das Auge seine Fortsetzung in dem geradezu als ein Trägerband erscheinenden vertikalen Chitonsaum vom Gürtel zur rechten Schulter. Der vom Himation unbedeckt gelassene Teil des Oberkörpers wirkt dadurch wie eingerahmt, so als trüge die Frau eine Girlande. Die diese Einrahmung unterhalb des derben Gurtes füllenden geradlinigen Vertikalfalten bilden eine Art Schraffur, über welcher der markante Dreipaß der stilisierten Staufalten des Halsausschnittes wie ein hieratisches Emblem erscheint, was er gewiß nicht war. Die Gewandfalten vom schräg nach rechts ansteigenden unteren Himationrand abwärts sind vergleichsweise flau und fahrig, mehr graphisch angelegt. Sie machen den Eindruck, als gehörten sie zu einer anderen Handschrift. Vor die Aufgabe gestellt, eine solche ca. 1 Fuß hohe Statuette zu schaffen, zu der er nur ein ca. 3/4 Fuß hohes Modell besaß, mag sich der Toreut geholfen haben, indem er für die fehlende Höhe die Beinpartie einer anderen, entsprechend längeren Statuette zum Vorbild nahm.[50] Ohne eine solche Ergänzung stände, wenn die Überlegung zutrifft, eine stilistisch einheitliche, dem Schlankheitsideal des 4. Jhs. v. Chr. entsprechende etruskische Statuette vor uns. Daß keine Originalschöpfung vorliegt, sondern eine Replik nach älterem Vorbild, hat schon Terrosi Zanco bei ihrem Datierungsvorschlag «auf Grund der äußeren Charakteristika» ins 3. Jh. v. Chr. in Rechnung gestellt. Als ein *pasticcio* könnte sie freilich noch später entstanden sein.

76b

Statuetten von nackten Jünglingen

Bleibt die Zugehörigkeit der beiden gelängten Frauenfiguren in der Villa Giulia notwendigerweise hypothetisch und bilden sie offenbar einen Sonderfall, so ist an der durch Marisa Bonamici aufgedeckten Werkstatteinheit der nackten Jünglingsgestalt Inv. Nr. 150 des Archäologischen Museums von Florenz (f) (Abb. 77)[51] und der «Ombra della sera»[52] wohl kaum zu zweifeln. Man darf es nach der «Handschrift» sogar für wahrscheinlich halten, daß es derselbe Meister war, der die beiden Statuetten in zeitlich nicht sehr weitem Abstand aus Wachs formte, für den Vollguß vorbereitete und wohl auch in Bronze ausführte. Man vergleiche die sanft geschwellten Brüste und die Zartheit der ungeachtet der sonst üblichen Vernachlässigung der Rückseite mit Delikatesse geformten Glutäen.[53] Die Profilansichten der beiden Statuetten lassen diese wie Pfähle erscheinen, auf die ein Schädel gesteckt ist, und wie bei einer griechischen Herme die Glätte des Schaftes nur durch das dornartig spitz vortretende, freilich nicht ithyphallische männliche Glied unterbrochen ist. Gemeinsam ist beiden auch die sozusagen knochen- und muskellose Körperlichkeit, die im Falle der «Ombra della sera» den Vergleich mit dem Aufschießen und Wiederzurückschnellen des Wasserstrahls einer Fontäne erlaubte.[54] Der Kopf der «Ombra della sera» ist gewiß kleiner, die Form geschlossener, die Längung sehr viel extremer als die des anderen, aber ergänzt man die von den Knien an fehlenden Beine der Jünglingsgestalt proportional, so gleichen sich diese Unterschiede weitgehend aus, und erscheint die Seitwärtsverbiegung des Athleten weniger übertrieben. Sie ist auf das Ganze gesehen weniger ausgefeilt und namentlich in der Kopfbildung weniger exquisit, aber das eigentlich Unterscheidende ist offenbar durch die Verschiedenartigkeit der Vorbilder bedingt, von denen der Meister ausging. Daß der Florentiner Statuette die Füße fehlen, die an der «Ombra della sera» mit besonderer Sorgfalt ausgebildet sind, ist ein wirklicher Verlust. Hans und Ines Jucker waren es, die 1955 bei der Vorbereitung der großen Etruskerausstellung erstmals diesen bis dahin kaum beachteten Jüngling optisch und wissenschaftlich in die unmittelbare Nähe der «Ombra della sera» rückten, ohne freilich bereits die Frage der Werkstattzusammengehörigkeit zu stellen.[55] Mit knappen Worten den «lässig stehenden Jüngling» beschreibend, hoben sie den ihm eigenen Totalverlust an Körperlichkeit hervor, womit er noch über die «überlängte Knabenstatuette» hinausgehe. Zugleich wiesen sie auch darauf hin, daß «die wellenartig fließende Bewegung des Körpers» «skizzenhaft» «ein spätklassisches Ponderationsschema nachahmt». «Nur auf diese kommt es an, der Körper selber hat keine Substanz mehr.» Es ergibt in der Tat keinen Sinn, eine Einzelheit wie den auf die Hüfte gestützten rechten Arm mit dem entsprechenden des Großen Wasserträgers zu vergleichen und aus einer formalen Ähnlichkeit auf Werkstattidentität zu schließen. Beides sind primitive, gelenklose Bildungen, entstanden aus wie Teig gerollten, dann zurechtgebogenen Wachsstangen, Produkte sozusagen aus der Küche, keine künstlerischen Erfindungen. Man muß, den Juckers folgend, die Statuette als Ganzes betrachten, wobei sich zeigt, daß dieser Stützarm nicht ein nach Belieben austauschbares Versatzstück ist, sondern konstituierender Bestandteil eines Figurentypus, der durch nordetruskische Bronzestatuetten des späten 5. Jhs. v. Chr. bezeugt ist, und dessen Ponderation in der Nachfolge Polyklets steht.

Es sind jugendliche Athleten, die, entspannt stehend, mit der herabhängenden Linken einen Diskus, eine Strigilis oder sonst ein Attribut halten und den rechten Arm dabei auf die Hüfte stützen.[56] Seitenverkehrt erscheint der Typus in der Bologneser Kandelaberstatuette aus dem sog. Grab Arnoaldi, wo die am Körper anliegende, in diesem Fall linke Hand statt des Diskus eine ungewöhnlich große Strigilis hält.[57] Man vergleiche auch den Athleten mit Strigilis, Höhe 8 cm, aus Servirola-S. Paolo, im Museo Civico von Reggio Emilia.[58] Die dicht am Körper herabhängende Hand der Florentiner Statuette (f) ist summarisch als Stumpen gebildet und leer, d. h. ohne speziellere Charakterisierung. Man mag wohl von einem «jungen Athleten in Ruhestellung» sprechen.

Die Göttin mit der Schlange

Von allen publizierten überlängten etruskischen Bronzestatuetten steht sonst wohl dem Gesamteindruck nach die «Göttin (?) mit der Schlange» (g) der Villa Giulia, Inv. Nr. 74477, der «Ombra della sera» (b) am nächsten (Abb. 78). Sie ist 34 cm hoch und wie die Mehrzahl der überlängten Statuetten ohne Herkunftsangabe.[59] Der Körper ist nicht zur Blechform abgeplattet, sondern hat, ähnlich wie die Knabenstatuette, ein gewisses Volumen und plastische Andeutungen der Körperformen. Die blasige Bewegtheit der Oberfläche, als sei die Haut anstatt mit Knochen, Muskeln und Fleisch mit Flüssigkeit gefüllt, die sylphidische Schlankheit, der leicht schwankende Stand der dünnen, aneinander geschmiegten Beine, wobei hier, umgekehrt wie bei der «Ombra della sera», die Oberschenkel im Vergleich zu den Unterschenkeln fast doppelt so lang sind, die Art, wie die Brüste und die Knie angedeutet sind, all dies erinnert an den Volterraner Knaben. Die Sorgfalt, die auf die Ausführung der dick gesohlten Schuhe aus durchbrochenem Leder verwendet ist, läßt an die detaillierte Wiedergabe der Fußzehen der «Ombra della sera» denken. Der schmale, kastenförmige Kopf erscheint durch die übertriebene Länge des zylinderförmigen Halses, die wohl der Zurschaustellung des «torques» dienen sollte, kleiner als er ist. Die Stirn ist nicht besonders hoch, das Untergesicht überlang. Die verhältnismäßig großen, mandelförmigen Augen sind tief gebettet. Die Nase ist schmal und gerade, das Kinn gerundet. Die kurzen Lippen sind leicht geöffnet, die Mundwinkel durch Einstiche markiert. Die nur grob aufmodellierte Frisur ähnelt in der Anlage jener der «Ombra della sera», aber die von den Seiten her ins Gesicht gekämmten Einzellocken fehlen. Die mittleren Haare sind vorne vom Linksscheitel her parallel zur Stirn seitwärts gekämmt.[60] Auch die Gewandung ist mehr angedeutet als ausgeführt. Ein hoch, dicht unter den Brüsten gegürteter Chiton mit den Halsansatz knapp umschließendem, nach vorn dreieckigem Halsausschnitt und kurzen Ärmeln reicht bis zu den Fußknöcheln, über denen er waagrecht endet. Nachträglich mit dem Stichel eingeschlagene Kerben – quer auf dem Ärmel, längsgerichtet auf dem Oberkörper – bezeichnen die Gewandfalten, eine kurze horizontal den Gürtel. Bemerkenswerterweise kehrt die am bekränzten Mann mit der Patera (c) festgestellte weiche Schwellung schräg über den Leib zur Andeutung des Himationsaumes in eben derselben Art auch hier wieder.[61] Schräg abwärts verlaufende, sanfte Schwellungen oberhalb der auf Hüfthöhe aus dem Gewand vortretenden linken Hand deuten die kanonische Fältelung des den eng anliegenden Arm verhüllenden Himation in diesem Bereich an. Die mit der Innenfläche nach vorn gedrehte Hand selbst hält das Attribut (?) der Göttin (?), eine nicht besonders lange, eidechsenköpfige Schlange, die sich ringelt.[62] Der rechte, *ad ansa* gebogene Arm ist mit anliegender Hand auf die Hüfte gestützt. Der chiastische Aufbau der Figur, die Unterscheidung

Abb. 77a–c ***Bronzestatuette eines jungen Mannes in Florenz, Museo Archeologico: a. Vorderansicht; b. linke Seitenansicht; c. rechte Seitenansicht.***

77a

77b

77c

von Spiel- und Standbein und die entsprechende leichte Ausschwingung der Hüfte sind wenig auffällig. Unübersehbar dagegen ist die Torsion des Körpers, die bei Ausrichtung des Blicks auf die nach vorn gedrehte schlangenhaltende Linke den auswärts gewinkelten rechten Arm fast verschwinden läßt.[63]

Mögen das mehr angedeutete als ausgeführte Gewand und die so anorganisch aus dem Gewand vortretende überdimensionale linke Hand im Bann von Konventionen entstanden, und mag das Attribut durch den speziellen Auftrag bestimmt gewesen sein, so wird man den an weiblichen Statuen nicht häufig anzutreffenden rechten Stützarm und die versuchte Torsion dem griechischen oder – wahrscheinlicher – hellenisierenden einheimischen Vorbild zuschreiben müssen. Beides findet sich wieder an der etwa gleichgroßen, fälschlich sog. Eileithyia des Archäologischen Museums in Florenz aus der Mitte etwa des 4. Jhs. v. Chr., die keine Schlange, sondern einen Granatapfel hält.[64] Sie wird nicht der einzige etruskische Versuch der Anverwandlung einer griechischen Statue oder Statuette dieser Art durch etruskische Bildner gewesen sein. Aber sie führt jedenfalls in denselben Kreis spätklassischer etruskischer Statuetten, dem der Schöpfer des jugendlichen Athleten mit aufgestütztem rechten Arm, Florenz Inv. Nr. 150, gleichfalls die entscheidende Anregung entnahm. In Griechenland ist das Motiv des rechts aufgestützten Armes weiblicher Figuren vor allem an Athena gebunden.[65] Man könnte, um nicht zu weit zurückgreifen zu müssen, an die Athena Maffei des Louvre erinnern, der auch die Torsion eigen ist, wenn sie nicht unter dem Verdacht stünde, eine erst um 130 v. Chr. geschaffene, gerade in bezug auf das hier interessierende Stützarmmotiv unzuverlässige attische Kopie der maßgleichen bronzenen Piräus-Athena zu sein.[66] Daß etruskische Koroplasten eine frontal und ohne Torsion aufrecht stehende Hüftstütz-Athena, behelmt, mit Aegis und mit der freien Hand Speer oder Eule haltend, kannten, ist mehrfach bezeugt.[67]

Die «Ombra della Sera»

Mit dem Hinweis darauf, daß alles in allem nicht mehr als rund 20 solcher etruskischen überlängten Statuetten erhalten und von diesen nicht mehr als vier extrem überlängt sind[68], kommen wir zum Ende unserer Überlegungen. Die geringe Zahl verlockt zu der Annahme, es seien nur wenige Werkstätten gewesen, in denen dergleichen hergestellt wurde, doch ist dies sicher nicht zwingend. Es gibt aber bisher nicht nur relativ wenige solcher Statuetten, sondern sie zeigen außer in der Grundkonzeption von Fall zu Fall auch Gemeinsamkeiten wie etwa in der Gestaltung der Arme, Schultern, Beine, in der Gewandbehandlung und in der Rückenbildung oder in der Silhouette ihres Profils. Sich von Detail zu Detail gewissermaßen wie im Wald von Ast zu Ast weiterhangelnd, könnte man folgern, sie gehörten alle zeitlich wie örtlich eng zusammen, seien vielleicht sogar Produkte einer einzigen Werkstatt. Andererseits scheinen doch die Unterschiede, wenn man die Figuren isoliert betrachtet, etwa zwischen der «Ombra della sera» und dem «Bekränzten jungen Mann» mit Patera, nicht leicht zu überbrücken. Wer die Produktion auf eine oder nur wenige untereinander eng zusammenhängende Werkstätten beschränkt glaubt, wird der Tatsache, daß mindestens ein Viertel der Funde aus Volterra stammt, besondere Bedeutung zumessen. Aber selbst die mit ziemlicher Gewißheit in Volterra gefundene «Ombra della sera» muß nicht dort hergestellt sein, was noch deutlicher würde, wenn sich herausstellte, daß der «Athlet in Ruhestellung» oder die «Göttin (?) mit der Schlange» anderswo gefunden worden seien.

In jedem Fall stellt sich die Frage nach einer genaueren absoluten Datierung. Die Zeitspanne zwischen auslaufendem 4. und 1. Jh. v. Chr. steckt aber selbst für die griechische Kunstgeschichte noch voller Probleme, und für die etruskische gilt dies erst recht. Unbezweifelt bilden die Köpfe der gelängten Statuetten ihr originellstes und individuellstes Element. Daher pflegt man zu ihrer Datierung vor allem die Frisuren zu vergleichen und die zahlenmäßig bedeutende Gruppe hellenistischer Terrakotta-Votivköpfe aus Südetrurien zu Hilfe zu nehmen.[69] Auch deren zeitliche Stellung ist umstritten, und Hoch- und Tiefdatierung stehen einander noch immer als Möglichkeiten prinzipiell gegenüber.[70] Wie zutreffend die Datierungsvorschläge für diese Terrakottaköpfe im einzelnen sind, muß hier nicht diskutiert werden. Die Frage lautet vielmehr, ob und warum die Toreuten Nordetruriens beim Modellieren der Haartrachten über den frisch und oft geradezu individuell wirkenden Gesichtern ihrer Figuren sich von solchen durch andere Techniken und Voraussetzungen geprägten Massenprodukten bestimmen ließen, statt von den in ihrer Umgebung real zu beobachtenden, ihnen und ihren Kindern vertrauten Haartrachten. Die Datierung von Kopfbildern nach ihrer Frisur ist überdies schwieriger, als es auf den ersten Blick erscheint. Die Auguren wissen es. Der Vergleich von Stirnfransen oder nach links oder rechts gekämmten «Tollen» allein genügt nicht. Man müßte die Frisuren als ganze betrachten und nicht dieses oder jenes Detail. Es ist bezeichnend, daß von den allermeisten gelängten Statuetten keine einigermaßen hinreichenden Kopfaufnahmen vorliegen, ja nicht einmal Rücken- und Profilansichten der ganzen Figur.

Die Frisur der «Ombra della sera»-Statuette zum Beispiel ist zwar dem Kleinformat des Kopfes entsprechend vereinfacht, aber dessen ungeachtet in ihren Elementen deutlich zur Anschauung gebracht.[71] Es scheint sich um eine Kinderfrisur zu handeln, doch könnte der Eindruck täuschen. Vom Wirbel ausgehend, bedecken durch Riefen begrenzte Strähnen des schmiegsamen, nicht ganz kurzen Haares gleichmäßig das Haupt. Durch einen Linksscheitel vom Schläfenhaar geschieden, sind die mittleren Haare in breiter Bahn nach vorne gekämmt. Ihr Überhang ist über der Stirn nach links hin zu einer Tolle hoch gebürstet. Die Ohren sind beiderseits unter dem breit abwärts fließenden Schläfenhaar verborgen. Abwärts zu einer Spitze zusammengedrängt, ist dieses auf Mundhöhe in auffälliger Weise ins Gesicht gestrichen. Das Hinterhaupthaar ist unten nicht glatt abgeschnitten, sondern endet auf dem Nacken in zwei Zotteln.

Voll vergleichbare Frisuren sind bisher ebensowenig nachgewiesen worden wie eine direkte Abhängigkeit vom «Ganswürger» des Boethos zum Beispiel[72] oder von Kinderbildnissen aus den Reihen der Terrakotta-Votivköpfe des Museo Gregoriano Etrusco im Vatikan.[73] Die bis vor kurzem noch allgemein hingenommene Datierung ins 2., wenn nicht gar 1. Jh. v. Chr. beruhte vor allem auf stilistischen Beurteilungen angesehener Archäologen.[74] Ginge man, um ein Beispiel zu nennen, von den ins Gesicht gestrichenen Schläfenhaarsträhnen der «Ombra della sera» als Datierungskriterium aus, so könnte man gleichfalls eben in diese Zeit gelangen.[75] Folgt man dagegen G. Hafners Argumenten, der sich in den sechziger Jahren ausführlich und systematisch mit den chronologischen und kunstgeschichtlichen Problemen der genannten Terrakottabildnisse beschäftigt hat, so stößt man auf Köpfe mit ähnlich ins Gesicht gestrichenen Einzellocken schon seit dem 4. Jh. v. Chr.[76] Bestenfalls ist damit freilich nur ein *terminus ante quem non* gewonnen, der nicht mehr besagt, als daß das Motiv schon spätestens damals aufkam. Die zweite Frage, wie lange es sich in diesen und jenen Kunstbereichen hielt, bleibt unbeantwortet.

Das Vorkommen derartiger Wangenlocken an den im 3. Viertel des 2. Jhs. v. Chr. entstandenen männlichen und weiblichen Kopfbildern im Volumniergrab bei Perugia[77] lehrt die Weite des Datierungsspielraumes. Da es nicht um eine prinzipielle Entscheidung zwischen Hoch- und Tiefdatierung geht, sondern um die rechte Einordnung in eine das Wirken mehrerer Generationen umfassende Zeitspanne, wird man sich im Falle einer so wenige Handhaben zur chronologischen Bestimmung bietenden Gruppe wie der der überlängten Statuetten wohl bis auf weiteres mit der Pauschaldatierung 3./2. Jh. v. Chr. abfinden und die Herstellungsabfolge der dazugehörigen Statuetten weitgehend offen lassen müssen.

Andererseits scheint die eindrucksvoll «klassische» überlange Göttin oder Priesterin des Louvre aus dem Dianaheiligtum am Nemisee nach der Bildung ihres Hauptes nicht später entstanden zu sein als gegen Ende des 4. Jhs. v. Chr.[78] Sofern sie wirklich unabhängig von der etruskischen Entwicklung aus eigentümlich latinischen Voraussetzungen hervorging[79], wäre sie jenem spätklassisch bis frühhellenistischen Kunstkreis zuzuordnen, aus dem sich, wie zu zeigen versucht wurde, die Schöpfer der überlängten, jüngeren Statuetten des Volterraner Raumes ihre Vorbilder holten. Aber auch daß es sich um ein wesentlich späteres, klassizistisches Werk handeln könnte, sollte man vielleicht nicht so ohne weiteres ausschließen. Daß wir es bei diesen teilweise extrem überlängten und ausgezehrten Figuren kunstgeschichtlich gesehen mit einer Auflösungserscheinung zu tun haben, mit Zeugen einer spätzeitlichen geistigen Krise, ist kaum zu widerlegen. Insofern stellen sie innerhalb der spätetruskischen Plastik nur einen Sonderfall dar.

Einen anderen vergleichbaren Fall repräsentieren die Deckelfiguren jener aus Tuscania stammenden Gruppe von Terrakottasarkophagen aus der kurzen Zeit zwischen etwa 150 und 50 v. Chr., die ihre Körperlichkeit und Abbildungsfunktion so weit verloren haben, daß sie schließlich nur mehr Länge, Kopf und Hand sind.[80] Hier scheint der Deformierungsprozeß mehr durch Nachlässigkeit und Verarmung bestimmt als durch Intention.[81]

Manche sich dem Problem stellende Gelehrte gewannen bald die Einsicht, daß sie es nicht mit Zufallsprodukten und Stümperwerk zu tun hatten, sondern mit Schöpfungen ihres Handwerks sicherer Toreuten.[82] Sollen wir annehmen, diese seien blind dafür gewesen, daß aus ihren formenden Händen semantisch Neues her-

***Abb. 78** Bronzestatuette einer «Frau mit Schlange» in Rom, Villa Giulia.*

vorging? Wir sind gewarnt, diesen eigentümlichen Überlängungsstil durch Unvermögen oder rein ästhetisch zu erklären.[83] Ließe sich vielleicht noch denken, die lange kleinköpfige Knabenstatuette (a) – die sog. «Ombra della sera» – von Volterra sei einer Gottheit geweiht worden, um sie zu beschwören, ein – zurückgebliebenes – Kind wachsen zu lassen[84], so treffen für den lässig stehenden Athleten Inv. Nr. 150 von Florenz (f) solche Vorstellungen gewiß nicht zu. Er ist seiner Form nach kaum anders zu verstehen denn als bewußte Verwandlung einer vorgegebenen konventionellen Gestalt unter Preisgabe überkommener Schönheitsideale. Wo wir die Vorbilder dieser Statuetten greifen, läßt sich in verschiedenen, vielleicht teilweise zeitlich bedingten Abstufungen der gleiche Prozeß ablesen. Sie kamen nicht aus einer Welt von Analphabeten, diese Statuetten. Wie sehr fehlen uns zu ihrem wirklichen Verständnis auch hier wieder zeitgenössische Schriftzeugnisse! Ob es zu diesen Schöpfungen antiklassische Theorien gab[85], ob man miteinander über sie sprach, diskutierte, vielleicht sogar schrieb? Es wird jedenfalls nicht einfach sein, Sicherheit zu gewinnen. Daß sie kunstgeschichtlich nicht mehr als eine Episode waren, sozusagen in eine Sackgasse führten, macht sie nicht weniger interessant.

Was wir heute, 25 Jahre nach Ornella Terrosi Zancos zusammenfassendem Referat, als nächstes bräuchten, wäre jedenfalls eine auch die im Ausland aufbewahrten umfassende, heutigen Ansprüchen genügende Neupublikation aller überlangen etruskischen Statuetten aus der Zeit des Hellenismus. Wir benötigen nicht primär Deutungsvorschläge, sondern detaillierte Beschreibungen, Material- und Technikanalysen, Proportionsmaße und vor allem klare, auf bezaubernde Lichteffekte und Farbbäder verzichtende photographische Reproduktionen jeder der Figuren, möglichst maßeinheitlich, von vorne, von hinten und von beiden Seiten, dazu aller Köpfe gleichfalls von vier Seiten und von hinten schräg daraufgesehen, außerdem reichlich Detailaufnahmen. Die Zahl der infrage kommenden Objekte ist so überschaubar, daß ein derartiges Unternehmen wohl in angemessener Zeit auch mit begrenzten Mitteln zustande gebracht werden könnte. Ob Volterra nicht vielleicht auch diese Aufgabe auf sich zu nehmen vermöchte? Es sind doch gerade hier durch beispielhaften Bürgersinn und ungewöhnliche Generosität so bemerkenswerte Initiativen entwickelt und zum Ziel geführt worden, zum Ruhm der historischen Vergangenheit der Stadt und ihrer reichen etruskischen Altertümer!

78

Marjatta Nielsen

«I vecchi sposi»

Ein berühmtes Ehepaar

Eine der außergewöhnlichsten Arbeiten etruskischer Kunst wird in der ständigen Sammlung des Museo Guarnacci in Volterra aufbewahrt. Nach mehreren Ausstellungsräumen, die mit Aschenurnen aus Alabaster oder Tuff geradezu überfüllt sind, gelangt der Besucher in einen weiteren, kleineren Raum. Dort lenkt ein Scheinwerfer die Aufmerksamkeit auf eine Statuengruppe aus Terrakotta, die als Deckel einer Urne für die Asche eines Ehepaares diente (Abb. 79). Mann und Frau sind als ältere Menschen dargestellt, die zurückgelehnt beim Bankett lagern. Durch ihre übergroßen Köpfe und ihre verkrüppelte Gestalt wirken sie karikaturhaft und vermögen es, den Besucher zum Lächeln zu bringen, obwohl dieser während seines Rundgangs durch das Museum bereits Hunderte anderer Figuren mit übergroßen Köpfen und komischen Gesichtern gesehen hat.

Nur sehr selten können die Gesichter antiker Skulpturen den Blick des Betrachters in einer Weise bannen, daß dieser glaubt, sie zum Leben erwachen zu sehen. So scheint bei der Betrachtung der in diesem Beitrag behandelten Figurengruppe der Zeitraum von über zwei Jahrtausenden zwischen ihrer Entstehung und der heutigen Zeit durch die realitätsnahe Gestaltung überbrückt. Aber nicht nur dies macht diese Skulpturengruppe zu einem ganz besonderen Kunstwerk. Von verschiedenen Blickwinkeln aus betrachtet, lassen sich immer neue Details und Besonderheiten dieser kunstvollen Arbeit erschließen. Die beiden Gesichter scheinen dann lebendig zu werden und ihren Ausdruck zu verändern. Nähert man sich der Figurengruppe von links, scheint die Ehefrau in Bewunderung ihres selbstzufriedenen Ehemanns zu erstarren, der trotz seines fortgeschrittenen Alters noch sehr vital wirkt. Beim Weitergehen nach rechts verliert sich dieser Eindruck jedoch immer mehr (Abb. 80a.b). In der Frontalansicht ist der bewundernde Gesichtsausdruck der Frau schließlich ganz verschwunden. Dann nämlich sind ihre nach unten gezogenen Mundwinkel, die gerunzelte Stirn und ihr neugieriger Blick deutlich zu erkennen (Abb. 80c). Ihr Ehemann macht nun den Eindruck, als habe er – von den ständigen Vorwürfen seiner Frau längst nicht mehr berührt – bereits resigniert und überhöre sie (Abb. 80d).

So verwundert es nicht, daß das Alte Ehepaar in fast jedem Handbuch über etruskische Kunst erscheint. Auch bei Ausstellungen – zuletzt 1992 in Paris und 1993 in Berlin – hat es stets großes Aufsehen erregt und die besondere Aufmerksamkeit der Besucher auf sich gezogen.

Ein geheimnisumwitterter Fund im Jahre 1743

In einem Brief des angesehenen Florentiner Antiquars und ausgewiesenen Kenners etruskischer Antiken, Anton Francesco Gori (1691–1753), an Monsignore Mario Guarnacci (1701–1785) vom 11. Februar 1744 finden wir die Skulpturengruppe erstmals schriftlich erwähnt. Guarnacci widmete sich damals neben seinen Verpflichtungen an der Kurie in Rom dem

Abb. 79 Terrakotta-Urne eines alten Ehepaares. Maße: Höhe 38 cm, Länge 70,4 cm, Breite 26,5 cm. Volterra, Museo Guarnacci, Nr. 613.

Abb. 80a–d Details der Terrakotta-Urne eines alten Ehepaares.

79

meln. Durch die Messung der Dosis Radioaktivität, die das Material seit dem letzten Brand angesammelt hat, kann dessen TL-Alter bestimmt werden.

Relativ präzise Daten mit nur geringer Fehlerquote können bei Ausgrabungen mit Hilfe einer Serie von Messungen sowohl des Objektes selbst als auch seiner unmittelbaren Umgebung gewonnen werden. Auch Gegenstände ohne sicheren Fundkontext können heute – ohne sie zu zerstören – analysiert werden. Die Proben, die dafür entnommen werden, wiegen jeweils weniger als eine Aspirintablette. Allerdings sind die chronologischen Spielräume sehr groß. Eine Altersdifferenz zwischen 200 oder 2000 Jahren aber können wir wenigstens feststellen.

Inv. Nr.	bekannt seit	stilistische Datierung	TL-Datierung
11	1825	250–200 v. Chr.	1500–2300 Jahre = 300 v. Chr. – 500 n. Chr.
527	frühes 20. Jh.	250–200 v. Chr.	1500–2400 Jahre = 400 v. Chr. – 500 n. Chr.
613	1743/44	150–100 v. Chr.	1400–2200 Jahre = 200 v. Chr. – 600 n. Chr.
615	1860	250–150 v. Chr.	Probe 1: modern (von restauriertem Teil entnommen) Probe 2: 1600–2600 Jahre = 600 v. Chr. – 400 n. Chr.

Reputation wiederhergestellt

Die Ergebnisse der durchgeführten Messungen waren positiv: Alle vier untersuchten Terrakotta-Skulpturen aus Volterra sind echt. In der nebenstehenden Tabelle bezieht sich die Inventar-Nr. 613 auf das Alte Volterraner Ehepaar.

Alle stilistischen Datierungen der vier Skulpturen bewegen sich also innerhalb des durch die TL-Messung ermittelten Zeitraums. Nur eine der Proben war von einer restaurierten Partie entnommen worden und resultierte infolgedessen als modern. Wie bereits hervorgehoben, sind die Grenzen der TL-Datierung sehr viel weiter als die der stilistischen Datierung, und man sollte aus den ermittelten Durchschnittswerten deshalb keinerlei chronologische Rückschlüsse ziehen. Es muß wohl nicht ausdrücklich erwähnt werden, daß sowohl die Befürworter als auch die Zweifler der Authenzität unseres Alten Ehepaares mit diesem Ergebnis sehr zufrieden sein konnten.

Die Werkstatt

Während die anderen drei untersuchten Terrakotta-Urnenkisten und -deckel in der Volterraner Urnenproduktion einzigartig sind, ist unser Altes Ehepaar nicht völlig singulär. Die beiden Alten haben in der Tat «Verwandte» unter diversen männlichen und weiblichen Deckelfiguren aus Alabaster oder Tuff. Dies stellte bereits der berühmte italienische Archäologe Ranuccio Bianchi Bandinelli fest, der sich in seiner Jugend, d. h. in den 20er Jahren des letzten Jahrhunderts, sehr intensiv dem Studium der Volterraner Urnen gewidmet hat. Alle Deckelfiguren, die er um das Ehepaar aus Volterra gruppiert hat, haben nicht nur realistische Gesichtszüge, son-

85

86

dern zeichnen sich auch durch sehr charakteristische, unruhig drapierte Gewandfalten aus. Dieselbe Art der Gewandfalten erscheint auch auf zahlreichen anderen Urnendeckeln und -reliefs, die zudem auf Grund vieler anderer gemeinsamer Charakteristika miteinander verwandt sind. Dies legt die Vermutung nahe, daß sie alle in derselben Werkstatt unter der Aufsicht desselben Meisters gefertigt wurden.

Die Gesichtszüge dieser Gruppe von Urnendeckelfiguren reichen von sehr unpersönlichen, jugendlichen und idealisierten bis zu mehr oder weniger stark zerfurchten, je nach dem Alter des Verstorbenen (Abb. 86). Die die Aschenkisten dekorierenden Reliefs zeigen manchmal alte, bärtige und kräftige Heroen, welche sich zwar sehr von der männlichen Figur des Alten Paares aus Volterra unterscheiden, aber gut zu den der griechischen Mythologie entstammenden Themen passen. Diese Reliefs beweisen, daß der Meister unserer Werkstatt mit der hellenistischen Kunst und Kultur sehr vertraut war. Die Relieffiguren haben keine zu großen Köpfe und sind auch ansonsten in keiner Weise unproportioniert. Der sehr talentierte und stark hellenisierte Volterraner Bildhauer folgte jedoch bei der Ausarbeitung der Deckelfiguren der lokalen Norm und gestaltete die Köpfe im Verhältnis zum Rest des Körpers sehr groß – je kleiner die Figuren, desto größer deren Köpfe.

Eine spätere Generation derselben Werkstatt folgte den Vorgaben ihrer Vorgänger, jedoch in einem viel steiferen und rigideren Stil. Noch eine Generation später nehmen die Disproportionen zu, und es tauchen lateinische Inschriften auf. Die jüngsten Deckelfiguren dieser Werkstatt datieren bereits in augusteische Zeit (27 v. Chr.–14 n. Chr.), wie die Frisuren der weiblichen Figuren zeigen. Insofern gibt es Grenzen, wie weit die «gewellte Phase» dieser Werkstatt zurückdatiert werden kann. Die Zeitspanne zwischen 150 und 100 v. Chr. gibt einen genügenden zeitlichen Spielraum auch für die Datierung des Alten Volterraner Ehepaars.

Herr und Frau Aule Pupaini?

Die Volterraner Deckelfigur, deren Gesicht dem des alten Ehemannes unserer Urne am nächsten kommt, ist jene eines gewissen Sethre Pupaini, Sohn des Aule, die sich heute in Leiden befindet (Abb. 87). Die Ähnlichkeit zwischen den beiden Figuren ist frappierend; der Mann in Leiden ist lediglich etwas jünger. Doch auch er zeigt bereits Spuren des Alters, wie etwa die hervorstehenden Adern des linken Handrückens. So stellt sich die Frage, ob die beiden Figuren nicht nur aus der gleichen Werkstatt stammen, sondern möglicherweise sogar Mitglieder der selben Familie darstellen.

Tatsächlich scheint es ein seltsamer Zufall zu sein, daß auch Sethre Pupainis Urne 1743, genau gesagt im September dieses Jahres, zutage kam. Sie wurde bei Ausgrabungen durch einen anderen Volterraner, Antonio Giorgi, entdeckt, der zu dieser Zeit Grabungen in Colombaie, einem Teil der Nekropole von Portone, durchführte. Am 13. Oktober 1743 schrieb Giorgi in einem Brief an Gori, er habe im September innerhalb von zwei Wochen fünf Grabkammern entdeckt. Die reichste Grabkammer, so Giorgi weiter, enthalte über 40 Urnen, eine davon aus Terrakotta, und «mit Asche gefüllt, zusätzlich enthielt sie eine Münze.» Diese Aschenurne ist nicht mit unserer Ehepaarurne aus Volterra identisch, sondern mit einer anderen Urne mit nur einer Deckelfigur, die sich heute ebenfalls in Leiden befindet. In einem weiteren Brief vom 30. Oktober 1743 berichtete Giorgi noch detaillierter über seine Funde, doch ist es nicht mehr möglich, jedes einzelne Stück zu identifizieren.

Keine der von Giorgi flüchtig beschriebenen Urnen entspricht unserer Volterraner Ehepaarurne. Doch müssen die Ausgrabungen in Portone recht hastig vonstatten gegangen sein, und so ist es nicht auszuschließen, daß Saverio Giachi einige Terrakotta-Bruchstücke und andere Objekte von den Ausgrabungen seines Volterraner Kollegen entwendet hat. Danach mag er die beiden Ehepaarfiguren wieder zusammengesetzt, die Fragmente eines Alabaster-Reliefs zu einem «Alabaster-Idol» umgearbeitet und einen Spiegel hinzugefügt haben. So wäre Saverio Giachi dann in der Lage gewesen, über den Fund eines «intakten Grabes» zu berichten. Sollte diese Vermutung zutreffen, erscheint es durchaus verständlich, daß Giachi seinen «Fund» mit größter Geheimhaltung be-

***Abb. 86** Terrakottakopf mit Porträtzügen, vermutlich Cicero, 1. Jh. v. Chr. München, Staatliche Antikensammlungen und Glyptothek, Slg. Loeb TC 255. (Photo Koppermann)*

***Abb. 87** Deckelfigur aus Alabaster des Sethre Pupaini, 1743 in Volterra gefunden. Leiden, Rijksmuseum van Oudheden, Nr. H III E.*

handelt hat, wie auch später im Falle des Fundes des Ehepaarsarkophags der Villa Giulia.

Die Stellung innerhalb der etruskischen Paare

1743 war erst ein einziger weiterer etruskischer Urnendeckel mit einem Ehepaar bekannt. Dabei handelt es sich um eine Alabasterurne, die in Todi gefunden und dann im dortigen Rathaus aufbewahrt wurde. 1737 hatte Gori eine Zeichnung dieses Paares veröffentlicht, doch resultiert hier keinerlei Ähnlichkeit mit dem Alten Ehepaar aus Volterra.

Gegenwärtig sind 36 etruskische Ehepaar-Sarkophage und -Urnen bekannt. Die ältesten Beispiele stammen aus dem späten 6. Jh. v. Chr. Die sechs anderen Ehepaare aus Volterra datieren alle in das 3. Jh. v. Chr. Für andere nordetruskische Zentren sind auch einige Ehepaare aus dem 2. Jh. n. Chr. belegt (Abb. 88). Unser Altes Ehepaar ist daher eine der jüngsten etruskischen Paardarstellungen überhaupt. Nur eine einzige Deckelskulptur eines sich küssenden Paares, gefunden in Casaglia bei Perugia, ist noch jünger und stammt bereits aus dem 1. Jh. v. Chr.

Grabdenkmäler für Ehepaare stellten immer eine Ausnahme dar im Vergleich zur klar vorherrschenden Sitte der Aschenkisten für Einzelbestattungen, d. h. es gab keine kontinuierliche Produktion von solchen Doppelurnen und -sarkophagen. Sie mußten vielmehr von Zeit zu Zeit immer wieder neu erfunden werden. Nur in einigen wenigen Fällen, so in Vulci und in Perugia, erhielten zwei aufeinanderfolgende Generationen Grabmonumente mit Paardarstellungen im gleichen Grab. Die meisten der Urnen für Ehepaare enthalten zwei getrennte Behälter für die Asche, was im Grunde bedeutet, daß auch diese Doppelurnen für individuelle Brandbestattungen bestimmt waren, zumal die beiden Eheleute sicher meist nicht gleichzeitig verstarben.

Familiengräber und Familienkontinuität

Etruskische Grabkammern, in denen mehrere Generationen der gleichen Familie zusammen bestattet wurden, sind ein eloquenter Beweis für die Betonung der Einheit und der Kontinuität der Familie über Generationen hinweg, ein für die Etrusker typisches Phänomen. Manchmal wurden mehrere Aschenurnen oder Sarkophage für die Bedürfnisse von zwei bis drei Generationen gleichzeitig hergestellt, wie man an dem sehr einheitlichen Erscheinungsbild der Einzelurnen oder -sarkophage in bestimmten Gräbern sehen kann. Man kann davon ausgehen, daß beim Tod eines alten *pater familias* nicht nur ein Sarkophag oder eine Aschenurne für dessen Bestattung in Auftrag gegeben wurde, sondern daß dessen erwachsene Söhne bereits für sich selbst oder sogar für die nächste Generation Sarkophage oder Urnen anfertigen ließen. Als Beispiele für solche *en-bloc*-Aufträge können die Graburnen der Volumni (Velimna)-Familie in Perugia oder die Terrakotta-Sarkophage der Treptie-Familie in Tuscania genannt werden. Die Ähnlichkeit der Familienangehörigen wurde dadurch erzielt, daß man den gleichen Gesichtstypus dem Alter des/der Verstorbenen entsprechend anpaßte.

Ein Großelternpaar

Egal ob unser Ehepaar aus Volterra nun als Herr und Frau Aule Pupaini bezeichnet werden kann oder nicht, die Idee, die Verstorbenen als Großeltern wiederzugeben, hängt wahrscheinlich damit zusammen, daß die Grabkammer auch für die Bestattung der nächsten Generation und noch weiterer Nachkommen derselben Familie vorgesehen war. Die meisten anderen auf Deckeln von etruskischen Sarkophagen oder Aschenurnen lagernden Paare sind als ewig junge Liebende dargestellt, die sich in der Seligkeit des Lebens im Jenseits umarmen. Nur dann, wenn die Verbindung der einzelnen Generationen einer Familie untereinander betont werden sollte, können die Gesichtszüge der Figuren Spuren des Alterns aufweisen.

Unsere beiden alten Eheleute aus Volterra waren also nicht irgendwelche armen Habenichtse – als solche hätten sie sich die Bestellung eines solch einzigartigen Monuments sicher nicht leisten können – sondern sie repräsentieren vielmehr die älteste Generation in der Abfolge von wenigstens drei Generationen einer wohlhabenden und kulturell angesehenen Familie. Ihr Status als Familienälteste, deren Verbindung die Gens ihre Existenz und Kontinuität verdankte, wurde auch durch die Wahl eines Grabmonumenttypus betont, der schon seit einigen Generationen nicht mehr verwendet wurde.

87

88

89

Eine ungewöhnliche Aufgabe

Vermutlich wurde für die Ausgestaltung der Aschenurne Terrakotta als Material gewählt, da keine Alabaster-Steinblöcke zur Verfügung standen, die groß genug waren, um daraus zwei Figuren für den selben Deckel anzufertigen. Und da die Terrakotta-Skulpturengruppe innen hohl ist, mag die Anfertigung eines gesonderten Aschenkastens nicht notwendig gewesen sein, zumal von der Existenz eines solchen auch nichts bekannt ist.

Terrakotta-Figuren wurden normalerweise an einigen wenigen Stellen mit kleinen, kaum sichtbaren Luftlöchern versehen, um Risse im Material während des Trocknens und während des Brands zu verhindern. Bei der Figurengruppe aus Volterra dagegen ist dies nicht der Fall; stattdessen befindet sich auf den Scheiteln der Köpfe jeweils eine große Öffnung (Abb. 89). Diese waren wahrscheinlich nicht nur aus technischen Gründen notwendig, sondern dienten auch zum Einfüllen der Asche. Falls jemals Deckel zum Schließen dieser Öffnungen existierten, dann sind sie verloren gegangen.

Obwohl der Bildhauer sicher zu den fähigsten seines Metiers in Volterra gehört hat, war er mit dieser ungewöhnlichen Aufgabe nicht völlig vertraut; vermutlich hatte er vorher noch nie einen solchen Urnendeckel mit zwei Figuren gesehen. Er nahm die damals übliche Haltung einer männlichen Einzelfigur als Ausgangspunkt, doch gelang es ihm nicht, diese mit der weiblichen Figur überzeugend zu vereinigen. Jene wurde erst kurz vor der endgültigen Vollendung dazugefügt. Beim Zusammenfügen der beiden Figuren zeigte sich auch, daß die weibliche Figur zu klein geraten war. Die jetzt fehlende rechte Hand der weiblichen Figur war vermutlich erhoben, um die Wange des Ehemannes zu liebkosen. Dadurch konnte die gegenseitige Hingabe der beiden Ehepartner noch besser zum Ausdruck gebracht werden. Daß dieses «Porträt einer Ehe» einer Karikatur so nahe kommen würde, war gewiß nicht beabsichtigt, doch verliert diese Skulpturengruppe dadurch nichts von ihrer Faszination als singuläres Kunstwerk.

Übersetzung aus dem Englischen
von Nicole Haug

***Abb. 88** Terrakotta-Urnendeckelfigur eines Paares aus Perugia, 2. Jh. v. Chr. Perugia, Museo Archeologico, Nr. 157/367. (Photo M. Nielsen)*

***Abb. 89** Detail der Urne des Alten Paares.*

Guglielmo Maetzke

Bühne frei!

Das römische Theater von Volterra

Nach den Unruhen des Bürgerkrieges und der Belagerung durch Sulla war Volterra wie auch die anderen Städte Nordetruriens in der 2. Hälfte des 1. Jhs. v. Chr. wieder auf dem Weg zu konkretem Wohlstand. Grund für diese Entwicklung waren außer der wiedereingekehrten Ruhe die verschiedenen auf Caesar zurückgehenden Maßnahmen – unter ihnen die *lex Iulia municipalis* aus dem Jahre 45 v. Chr.[1] – und besonders die aktive Präsenz der alten und mächtigen Volterraner Familie der Caecina[2] in Rom, die dort im Begriff war, eine besonders privilegierte Position einzunehmen. In diesem Klima des Aufschwungs beschloß man wie in anderen Städten – so im nicht weit entfernten Fiesole und später in Arezzo – vielleicht auf Anregung jener Caecina, die Stadt mit einer Theateranlage auszustatten (Abb. 90. 91).

Für den Bau wählte man ein tiefes Tal innerhalb der antiken Stadtmauern, nördlich des nicht weit entfernten Forums. Das Tal, das sich in nordöstlicher Richtung erstreckt, war dank seiner natürlichen Umgebung und nach den notwendigen Anpassungen wie geschaffen, den Theaterkomplex zu beherbergen, und verfügte zudem von Natur aus über die erforderliche Akustik. Außerdem fanden sich dort spärliche Gebäudereste.[3] Man hat vermutet, daß es hier bereits eine Theateranlage aus hellenistischer Zeit gegeben habe[4], Spuren davon sind allerdings nicht entdeckt worden.[5]

Die Tuffsteinhänge des Tals wurden soweit wie nötig ausgehöhlt, um ihnen die erforderliche Rundung für die Aufnahme der Stufen der Zuschauertribüne (*cavea*) zu verleihen (Abb. 92). Für die Orchestra, das Bühnengebäude und die hinter diesem gelegene Porticus wurde am Fuß der Zuschauertribüne mit aufgeschütteter Erde eine Geländeerhöhung vorgenommen, die in gleichem Maße wie das Tal abfiel, in Richtung Norden nach und nach anwuchs, bis sie schließlich an einigen Stellen eine Stärke von 18 m erreicht hatte. Der Komplex verfügte nun über alle für diesen Bautyp charakteristischen Strukturen: Eine große, halbkreisförmige Zuschauertribüne (*cavea*), an deren höchster Stelle hinter der obersten Stufe sich ein Platz befand – *porticus in summa gradatione* –, ferner die beiden *parodoi* (Eingangsbögen) an den Seiten der *cavea*, die diese von der Bühne trennten und zur Orchestra hinführten, und hinter dem Bühnengebäude schließlich die Porticus (*porticus post scaenam*) (Abb. 93. 94). Zuletzt wurde das Bauwerk mit einem Sammel- und Abflußsystem für das Regenwasser versehen, das sich nach seiner Säuberung als immer noch voll funktionstüchtig erwies.

Die Steilheit des Tals und seine für den Bau notwendige Anpassung hatten einen beachtlichen Höhenunterschied von ca. 20 m zwischen dem Niveau der Stadt und dem höchsten Punkt des Theaters zur Folge, der das Anlegen von Terrassierungsmauern erforderlich machte, die später zum größten Teil den Stadtmauern des 12. Jhs. einverleibt wurden. In diese inkorporierte man eine Treppe, die vom Bereich des Forums zum Theater hinunterführte, so daß über eine *porticus in summa gradatione* hinaus letztlich ein als Eingang dienender Vorhof zum Theater selbst entstand.

Für den Bau wurde lokales Gesteinsmaterial verwendet: die sog. Panchina, in kleine Blöcke geschnitten, für das Mauerwerk, weißlicher Tuffstein aus Pignano für die Ränge und blaugrauer Segalit für die Treppen und die Einfassung, außerdem Marmor aus Carrara für die Säulen, Kapitelle und die Gesimse des Bühnengebäudes; weitere Marmorsorten wurden für kleinere Bauelemente verwendet und schließlich farbiger Putz und Stuck für das Mauerwerk. Hinsichtlich des Grundrisses wurde darüber diskutiert, ob und in welchem Maße das Theater den von Vitruv kanonisierten Proportionen verpflichtet sei, dessen *De Architectura* wenige Jahre

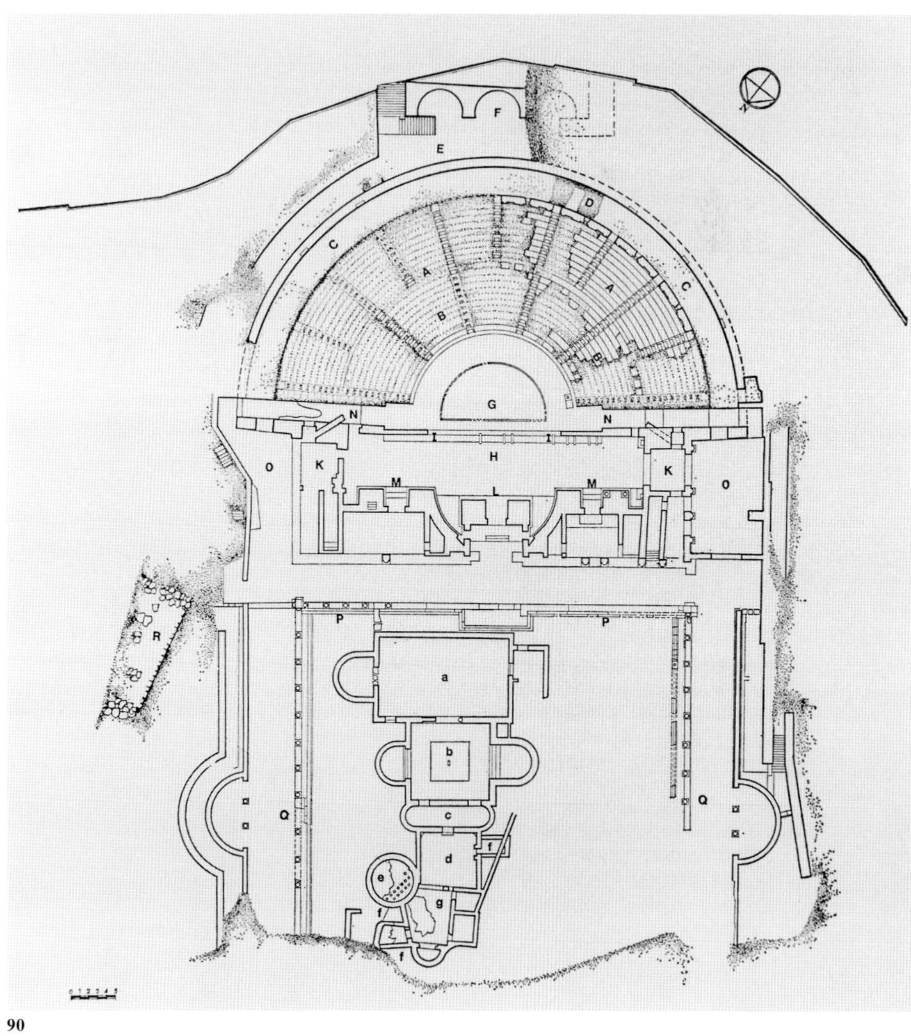

90

Abb. 90 Plan des römischen Theaters und der Thermen.

Abb. 91 Römisches Theater, Porticus und Thermen. (Photo A. Suzuki)

92

vor der Errichtung des Theaters publiziert worden war.[6] Es scheint jedoch keinen direkten Bezug gegeben zu haben[7], während man hingegen festgestellt hat, daß sich in den Proportionen der Orchestra Reminiszenzen an das hellenistische Theater finden könnten. Der Bau wurde unter Augustus begonnen, vielleicht zu Beginn des letzten Viertels des 1. Jhs. v. Chr., und in der Regierungszeit des Tiberius fertiggestellt: Zu diesem Anlaß stellte man in der Fassade des Bühnengebäudes Statuen von Augustus, seiner Gemahlin Livia und von Tiberius auf, wobei in der unmittelbar nachfolgenden Epoche sicherlich weitere dekorative Elemente die Anlage bereicherten.[8] Zwei Jahrhunderte überdauerte der gesamte Komplex wahrscheinlich ungestört, dann setzten verschiedene Umbauarbeiten ein.

Die Cavea

Das Theater erreichte man überwiegend von oben, d. h. vom Herz der antiken Stadt aus, indem man die breite, in die Terrassierungsmauern eingelassene Treppe hinunterstieg, die Zugang zu einem großen rechteckigen Vorhof hinter der *summa cavea* (oberster Rang) gewährte. An der Südseite des Vorhofs, angelehnt an den Hang, befanden sich nebeneinander drei große, insgesamt 25 m breite Exedren, die sich ursprünglich mehrere Meter erhoben haben müssen und, oben mit großen Nischenwölbungen abschließend, einen monumentalen Hintergrund für die Anlage bildeten. Auch wurde vermutet, daß in ihnen große Statuen aufgestellt waren, darunter eine überlebensgroße des Augustus, der ein am Fuß der angrenzenden Eingangstreppe gefundener Kopf zugehören könnte. Man hat jedoch im Boden der Exedren, von dem der *rudus* verblieben ist, keine Spur von Sockeln finden können; und in der zentralen Exedra öffnet sich auch der Abflußgraben für das Regenwasser. Vielleicht stützten die großen Exedren in diesem Bereich vor allem den dahinterliegenden Hang ab. Der Vorhof erweiterte sich sowohl im Osten wie im Westen in zwei bogenförmige Arme, die bis zu den äußeren Enden des Halbrundes reichen sollten: Dies war mit Sicherheit auf der östlichen Seite der Fall, wo die Ränge an der Stelle, wo der gewachsene Tuffstein aufhörte, auf Stützstrukturen ruhten und der Gang an seinem Ende auf eine Treppe stieß, die den Abstieg auf die Ebene der östlichen *parodos* und der Orchestra ermöglichte. Aufgrund des Einsturzes dieser Seite ist die Situation allerdings nicht mehr genau feststellbar. Auf der gegenüberliegenden Seite, also in westlicher Richtung, wurde der Gang niemals fertiggestellt – nach wenigen Metern erhebt sich auf dieser Seite der ursprüngliche Hügel, in den das Theater eingebettet ist, und der hier nur soweit eingeschnitten wurde, wie es für das Einlassen der Umfassungsmauer der *summa cavea* notwendig war.

Den Exedren gegenüberliegend erhob sich hinter der *summa cavea* die bogenförmige Mauer – heute fast gänzlich auf Bodenniveau abgetragen –, in der sich drei durch am Ort verbliebene Schwellen bezeugte Tore öffneten, die auf die *summa cavea* führten (Abb. 95). Diese bestand aus mehreren Stufen und ruhte auf einem Gewölbe in Opus Caementicium, das einen halbkreisförmigen Gang – eine Kryptoporticus – überdachte. Von diesem Gewölbe hat sich nur ein bescheidener Rest erhalten, so daß es auch nicht mehr mög-

***Abb. 92** Römisches Theater. (Photo A. Nünnerich-Asmus)*

***Abb. 93** Römisches Theater mit Bühnengebäude. (Photo P. N. Manoni)*

Piero Fiumi

Wirklichkeit und Legende

Volterra und sein Alabaster

Hoch auf dem Hügel gelegen und von zwei Mauerringen – dem etruskischen und dem mittelalterlichen – geschützt, bewahrt Volterra bis heute sein altes integres Stadtbild, ist deshalb aber keine tote oder rein museale Stadt.

Abb. 96 Alabasterwerkstatt in Volterra. (Photo A. Suzuki)

Der Alabaster in Antike und Mittelalter

Volterras Geschichte ist von Anfang an mit einem charakteristischen Handwerk verknüpft, nämlich mit der Bearbeitung des Alabasters (Abb. 96). Bei diesem Stein handelt es sich um ein Sulfat aus Kalziumhydrat, der sich in großen Blöcken von oft ovaler Form unregelmäßig in Schichten aus grauem gipshaltigem Gestein findet. Während der transparente Alabastertyp, der sog. Scaglione seine Enstehung der Ablagerung des im Meerwasser enthaltenen Sulfats verdankt und vor allem in Castellina Marittima gewonnen wird, geht der undurchsichtige Alabastertyp, der sog. Bardiglio auf einen Sulfatisierungsprozeß von Kalkstein zurück und findet sich hauptsächlich in der unmittelbaren Umgebung von Volterra und in der Zone von Pomarance. In der etruskisch-römischen Periode vom 3.–1. Jh. v. Chr. verwendete die lokale Alabasterindustrie den besseren Bardiglio aus der Volterraner Zone und

96

schuf vor allem Graburnen, wie sie sich zu Hunderten im lokalen Museo Guarnacci finden. In den mit Szenen aus der griechischen Mythologie oder mit etruskischen Themen geschmückten Kästen wurde die Asche der Verstorbenen aufbewahrt. Auf den Urnendeckeln lagern dagegen die Figuren der Verstorbenen nach links gewandt wie beim Bankett. Einige dieser teilweise offensichtlich von griechischen oder stark griechisch beeinflußten Künstlern gearbeiteten Urnen sind von großer Schönheit.

Nach der etruskisch-römischen Epoche finden wir im Mittelalter keinerlei Hinweise mehr auf die Bearbeitung von Alabaster. Dieses fragile Material eignete sich offenbar wenig für die mystische Konzeption der mittelalterlichen Kunst, die den Marmor für ihre figürlichen Manifestationen bevorzugte.

Der Alabaster in der Neuzeit

Erst in der Mitte des 16. Jhs. erlebte das Alabasterhandwerk seine Wiedergeburt. Ein erster Hinweis betrifft den Bildhauer Bartolomeo Rossetti, der 1549 einige Kerzenhalter aus Alabaster für Niccolò Lisci in Florenz schuf. 1565 schenkte die Stadt Volterra der Erzherzogin Johanna von Österreich, d. h. der Schwiegertochter des Granduca Cosimo I., einige Alabastervasen. Einige Jahre später wurde anläßlich des Besuches von Francesco de' Medici in Volterra eine auf der Drehscheibe von Francesco Rossetti gefertigte äußerst innovative und schöne Alabastervase vorgeführt, die dem Granduca so gut gefiel, daß er sie erwarb und dem Herzog von Bayern schenkte.

Weitere Alabasterwerke vor allem von religiösem Charakter sind für die 2. Hälfte des 16. Jhs. belegt. So ließ 1567 die Contrada von S. Pietro einen Tabernakel aus Alabaster von Leonardo Ricciarelli fertigen. Ein weiterer Tabernakel, der im Museo di Arte Sacra von Volterra aufbewahrt wird, ist 1574 für die Cappella Mannucci in der Kirche S. Andrea geschaffen worden. Im Laufe des 17. und 18. Jhs. verloren die Alabastermanufakturen ihre rein künstlerische Ausrichtung und schufen nun auch kleinere und weniger anspruchsvolle Gegenstände wie Tafelgeschirr, Lampen, klassische Vorbilder nachahmende Skulpturen und die «Anime» oder «Ave Marie», d. h. Alabasterperlen für Rosenkränze, die vor allem auch in Rom große Verbreitung fanden.

Das Jahr 1791 bedeutete einen wichtigen Einschnitt: Auf Initiative des jungen Volterraner Patriziers Marcello Inghirami Fei wurde eine große Alabasterschule und -werkstatt in Volterra im ehemaligen Kloster von S. Dalmazio gegründet. Mehr als 100 Arbeiter wurden hier nicht nur anständig bezahlt, sondern erhielten auch eine Ausbildung in Zeichnung und Bildhauerei, die von hochqualifizierten Meistern sowohl italienischer als auch ausländischer Provenienz geleitet wurde. Auch die kommerzielle Vermarktung wurde nun in professioneller Weise organisiert, wie man einem in französischer Sprache gedruckten und überall verbreiteten Manifest entnehmen kann. In Florenz, Livorno, Venedig, Bologna, Rom und Neapel wurden Vertrauensleute mit den entsprechenden Kommissionen beauftragt. Leider mußte die Firma Inghirami bereits 1799 ihre Pforten für immer schließen, nicht auf Grund einer falschen Konzeption, sondern einfach weil die Zeiten für eine exportorientierte Herstellung von Kunstartikeln denkbar ungünstig waren.

Neue Märkte und Techniken

Der entscheidende Impuls war aber nun gegeben. Nachdem sich die politische Situation mit dem napoleonischen Reich und der Restaurierung des Großherzogtums wieder stabilisiert hatte, gewann auch die Alabasterindustrie neuen Aufschwung. Viele ehemalige Mitarbeiter der Firma Inghirami gründeten nun eigene Werkstätten. Die erfolgreichsten unter ihnen reisten regelmäßig mit ihren Produkten ins Ausland, um dort Ausstellungen und Verkauf zu organisieren. Dieses Phänomen der «reisenden» Alabasterhersteller setzte sich im ganzen 19. Jh. und auch darüberhinaus noch fort. Zunächst begnügte man sich mit den europäischen Schauplätzen, doch dann überquerten die unternehmungslustigsten *Alabastrai* auch die Ozeane, um neue Märkte in Amerika, Indien und Fernost zu erschließen. Der erfolgreichste und wagemutigste unter ihnen war Giuseppe Viti, der gute Verkäufe in New York, Baltimore und Boston, in Kalkutta und Lucknow verzeichnen konnte und es sogar zum Emir von Nepal brachte.

Aus dem raschen Scheitern des Inghirami-Alabasterbetriebs hatte man gelernt, daß die Kontinuität des Alabasterhandwerks nur durch die Ausbildung eines qualifizierten Nachwuchses in einer öffentlichen Schule für Design und dekorative Künste garantiert werden konnte. So entstand die «Scuola Artistico Industriale», für die die Gemeinde 1850 ein eigenes Gebäude neben der Kirche S. Francesco errichtete. Obwohl diese Institution auch schwierige Zeiten zu durchlaufen hatte, ist sie doch immer ihrem Auftrag gerecht geworden, die Alabastererzeugnisse Formen und dekorativen Kriterien anzupassen, die sich regelmäßig erneuerten und die die unverwechselbaren Qualitäten des Alabasters besonders zum Ausdruck brachten.

Die Jahre des beginnenden 20. Jhs. bis zum Ersten Weltkrieg wurden durch konstant steigende Verkaufszahlen und durch Verbesserungen in der Produktion gekennzeichnet. Obwohl Volterraner Alabasterprodukte durch die Beteiligung einzelner Firmen regelmäßig auf nationalen und internationalen Messen präsent waren, entschloß man sich, 1906 in Volterra selbst eine große Schau der lokalen Alabasterindustrie zu organisieren, deren Hauptzweck «die Ermutigung und Verbesserung des Alabasterhandwerks und eine Homage an um die Alabasterindustrie verdiente Volterraner Bürger» war.

Die Einführung der elektrischen Drehscheibe anstelle des traditionellen manuellen Vorgängers begünstigte eine viel intensivere Produktion von auf der Scheibe gefertigten Gegenständen (Abb. 97) sowie die starke Nachfrage nach Lampenschalen unterschiedlicher Form und Größe – vor allem in Deutschland – in den Jahren nach dem Krieg hatte eine Neuorganisierung der Alabasterindustrie zur Folge. Nicht mehr die kleinen Werkstätten und bescheidenen Familienbetriebe prägten nun die Alabasterherstellung, sondern 1929 unmittelbar vor der großen Krise konzentrierte sich die Produktion jetzt in Fabriken, in denen jeweils mehrere Dutzend Mitarbeiter beschäftigt waren.

Nach Überwindung der traurigen Rezession in den 30er Jahren und während des Zweiten Weltkriegs, die sich natürlich in einem deutlichen Rückgang der Alabasterwerkstätten und -fabriken niedergeschlagen hatte, hat das Alabasterhandwerk inzwischen verdientermaßen wieder seinen Platz unter den traditionellen kunsthandwerklichen Tätigkeiten in der Toskana gefunden und spielt bis heute eine wichtige wirtschaftliche Rolle im Leben Volterras.

Gegenwart und Zukunft

Derzeit ist ein Großteil der Alabasterproduktion für den Export bestimmt, der Rest vorwiegend für den Tourismus, der im Laufe der Jahre immer mehr an Bedeutung gewann. Es fehlte auch nicht an Werbekampagnen in jüngerer Zeit, etwa durch die Teilnahme an Messen in Italien (Mailand, Florenz) und im Ausland (Frankfurt) sowie an kunsthandwerklichen Ausstellungen in aller Welt. Demnächst soll

Abb. 97a.b Alabasterwerkstatt in Volterra. (Photos A. Suzuki)

das Volterraner Alabastermuseum eröffnet werden, das seinen Sitz in dem schönen Turmhaus Minucci-Solaini in der Via dei Sarti neben der Pinakothek haben wird. Von großem Interesse ist auch ein Besuch des Palazzo Viti in der Via dei Sarti, in dem die Zimelien von Giuseppe Viti sowie sehr schöne Alabasterwerke des 19. Jhs. aus der Sammlung Viti aufbewahrt werden, darunter zwei berühmte Kandelaber, die für Maximilian von Habsburg bestimmt waren.

Alabasterprodukte können außerdem in zahlreichen Geschäften und Galerien vor allem im historischen Zentrum von Volterra bewundert und erworben werden. Hier wird jeder Geschmack befriedigt. Man findet in naturfarbenem und gefärbtem Alabaster die typischen Eier, Etuis aller Art, Vasen, Tierfiguren, Früchte, schmucklose und verzierte Teller. In einigen bekannten Alabasterfabriken werden Besuchern auch die verschiedenen charakteristischen Phasen der Alabasterherstellung vorgeführt. Zudem werden in einigen Workshops Bildhauereikurse organisiert, die vor allem bei deutschen Bildhauern auf großes Interesse stießen.

Das Alabasterhandwerk ist heute freilich auch zahlreichen und dringenden Problemen ausgesetzt, die von der Gewinnung der Rohstoffe bis zur Erschließung neuer Absatzmärkte reichen. Hier trifft man neuerdings auf die Konkurrenz von Billigherstellern, die Alabasterersatzprodukte (z. B. in Plastik oder Kunstharz) anbieten. Hinzu kommen die notwendige Revision und Modernisierung des Herstellungsprozesses sowie die Entwicklung neuer und moderner Formen. Dies alles muß freilich in Harmonie bleiben mit jenem kunsthandwerklich-familiären Geist, der seit je die Alabasterindustrie von Volterra ausgezeichnet hat.

Die Suche nach neuen Formen und Verwendungsmöglichkeiten dieses einzigartigen Materials – verbunden mit einer intelligenten Werbung – haben sich diverse Hersteller aus der Volterraner Zone zum Ziel gemacht. Der Sektor der Beleuchtung ist dabei besonders erfolgversprechend. Eine andere Art der Publicity wäre, den Alabaster wieder populärer unter den Bildhauern zu machen. So wurde bereits vor vielen Jahren mit großem Erfolg eine Ausstellung organisiert, in der bedeutende Namen der zeitgenössischen italienischen Kunst vertreten waren.

97a

97b

Botschafter für Volterra

So gibt es unendlich viele Anregungen von seiten all derer, die sich ernsthaft und nicht erst seit heute Gedanken um die Zukunft Volterras und vor allem seines Wirtschaftslebens machen, das in erster Linie auf dem Tourismus und dem Alabaster basiert. Auf diesen beiden Sektoren braucht Volterra die Konkurrenz nicht zu fürchten. Die Besucher kommen nach Volterra, um seine Paläste und alten Bauten, die Meisterwerke in der Pinakothek, die Gemälde des Rosso Fiorentino, den Altar des Mino da Fiesole im Dom und zahlreiche weitere Meisterwerke zu bewundern, die berühmte Protagonisten der italienischen Kunst in Volterra hinterlassen haben. Und natürlich kommen sie auch wegen der glorreichen etruskischen und römischen Vergangenheit der Stadt. Das bedeutende Museo Guarnacci kann jedes Jahr mehr als 100 000 Besucher verzeichnen, und es könnten noch wesentlich mehr sein, wenn Volterra seine touristische Werbung verstärken und die für die Steigerung eines qualitätsbewußten Tourismus notwendigen Infrastrukturen schaffen würde.

Botschafter aber für den guten Namen Volterras wird auch in Zukunft der einzigartige Alabaster bleiben, in seinen alten und neuen Formen, sei es als etruskische Urne oder als neoklassische Vase oder auch als modernes Designerobjekt. Mit dem alten und ewig jungen Namen des Alabasters verbinden sich für immer Faszination, Geheimnis, Schönheit und Kunst.

Übersetzung aus dem Italienischen von Stephan Steingräber

Burkhard Brunn

Alabaster

Zur Wiederentdeckung eines erotischen Steins

Alabaster in Literatur, Kunst und Handwerk

«Aber da die Tür halboffen stand und dem Spiegel gegenüber lag, worin meine Schöne sich betrachtete, so berauschten meine Blicke sich an einem Alabasterbusen». Casanova bewunderte an anderer Stelle seiner Lebenserinnerungen Alabasterarme, Alabasterschultern und einen Alabasterhals, um den sich eine goldene Kette windet. Selbstverständlich handelt es sich um je verschiedene Damen. Im 18. Jh. galt blasse, alabasterweiße Haut als schön, sonnenbraune Haut hatten nur Arbeitsleute.

Alabaster ist in der Literatur immer wieder mit dem weiblichen Körper in Verbindung gebracht worden. Die Körpernähe des Materials ist alt, denn aus Alabaster waren in Ägypten die Salbgefäße und im etruskischen Volterra die Urnen der Toten gearbeitet (Abb. 99). Unter den Steinen ist Alabaster mit Mohs-Härte 2 (Ritzhärte) außer dem chinesischen Speckstein der weichste. Er ist daher schnitzbar wie Holz. Im Vergleich zum kühlen Marmor ist Alabaster ein warmes Material. Fast würde man ihn für organisch halten und mit Perlmutter, Elfenbein, Bernstein und Koralle in einem Atemzug nennen, obwohl es sich doch nur um eine Sonderform von Gips handelt, genaugenommen um $CaSO_4$-$2H_2O$, ein Sulfat des Kalziumhydrats. Alabaster ist weich, warm, blaßweiß, geädert, wolkig, seidenmatt schimmernd und – in der Qualität des «Scaglione» von Volterra – durchscheinend (die Fenster in Volterras und Orvietos Dom und im Mausoleum der Galla Placidia in Ravenna sind alabastern). Unter den Steinen gibt es sonst keinen mit derart erotischen Eigenschaften.

Als Signor Aracne im Jahre 1905 mit der Kutsche die engen Kurven nach Volterra hinaufrumpelte, fiel ihm auf, daß die Straße sich weiß färbte. Sie war mit Resten von Alabaster geschottert. Der Alabaster hatte die alte Etruskerstadt berühmt gemacht (Abb. 98). Alles, schreibt der italienische Autor, war weiß in Volterra: die Gassen vor den Werkstätten, die Türschwellen, die Gesichter, die Haare der Arbeiter. Von morgens bis abends hörte man das Sägen und Feilen und Schleifen (mit Fischhaut) der Handwerker und das Klopfen der Tischler, die kleine Kästen für die zerbrechlichen Alabasterobjekte bauten, die zu Tausenden in den «Galerien» (den Lagern) zum Transport bereitstanden.

Abb. 98 Großer Alabasterblock vor San Giusto in Volterra. (Photo A. Suzuki)

Abb. 99 Volterraner Urnendeckelporträt aus Alabaster. Volterra, Museo Guarnacci.

98

Tausend kleine Hündchen, tausend Napoleons, tausend Verdis: Serienproduktion, doch ohne Arbeitsteilung. Jeder machte sein Stück von Anfang bis Ende allein. Es gab eine Hierarchie: die unterste Stufe bildeten die *ornatisti*, die Schnitzer von Zierart, über ihnen standen die *animalisti*, die Tierschnitzer, und darüber die *figuristi*. Man konnte die Nachfrage kaum befriedigen. Damals. Die Waren wurden an Aufkäufer vergeben, die die Nippsachen in der ganzen Welt durch Reisende vertrieben. «Wer kauft all die Sachen?» fragte Signor Aracne einen Handwerker. «Nur Fremde», erhielt er zur Antwort, «hauptsächlich Russen und Amerikaner. Die Italiener kaufen den Alabaster nicht, weder in Italien noch im Ausland.» Eine Bemerkung, die Mauro Cozzi in seinem Bildband über den Alabaster von Volterra für heute bestätigt: Alabaster gelte in Italien als vergängliches, dem Marmor gegenüber minderwertiges Material. In keiner anderen Stadt Italiens, meint Signor Aracne weiter, absorbiere eine lokale Industrie so wie in Volterra die Arbeitskraft der gesamten Bevölkerung. Aber was wäre, fragt er ahnungsvoll, wenn die Geräusche des Sägens und Feilens einmal verstummten?

99

Was ist Alabaster?

Weiß ist die 12500 Einwohner zählende Stadt auf den windigen Hügeln der Toskana heute längst nicht mehr. Von der Alabasterverarbeitung leben heute nur noch etwa 200 Familien. Das Alabastergeschäft geht weiter zurück. Auf der Frankfurter Messe bietet einzig Signor Piero Fiumi von der alteingesessenen Volterraner Firma Rossi noch Alabastergegenstände an. Er verkaufe in Frankfurt wenig, sagt der Händler, der in Volterra auch eine Werkstatt unterhält. Die meisten Leute wüßten gar nicht mehr, was Alabaster ist. An seinem Stand bietet er einen Herrenhut, Hemden (z. T. gestreift), einen Halbschuh, Krawatten, Sandalen, einen gerollten Gürtel, einen Damenslip an. Alles aus Alabaster. Designer Aldo del Colombo setzt auf Gag. Die Körpernähe und die haptische Qualität des Materials sind offenbar Hauptkriterien. Aber auch ein aufgeschlagenes Buch, Schalen, Eulen, Bleistifte, Eier und einen großen, schön gearbeiteten Pferdekopf bietet die Firma Rossi an.

Um Signor Fiumis Behauptung nachzugehen, habe ich in Berlin, Ecke Kurfürstendamm/Joachimstaler Straße (dort, wo der Kiosk steht) 23 Passanten befragt, ob sie wüßten, was Alabaster sei. Fünf junge Leute hatten von Alabaster noch nie etwas gehört, sechs Personen hielten Alabaster für einen Stein, einer unter ihnen sogar für einen Halbedelstein, und ein zweiter für einen Stein aus dem Altertum. Drei Befragte sagten, es handle sich dabei um Gips. Drei jüngere Leute hielten Alabaster für eine Textilie aus dem Orient, für einen etwa 60-jährigen Mann ist Alabaster eine Art Elfenbein. Drei Personen sprachen von einem Alabasterkörper und Alabasterhaut, eine etwa 60-jährige meinte, Alabaster sei etwas Edles und Schönes und eine ältere Dame sagte: «Ich habe eine schöne Nachttischlampe.» Die Antworten treffen überwiegend mehr oder weniger zu, und die Assoziationen sind auch dort, wo das Material für eine Textilie gehalten wird, durchaus positiv.

Anders urteilt Herr de Beisac, der seit vielen Jahren in der Wiesbadener Taunusstraße einen Antiquitätenhandel betreibt. Bei dem Wort «Alabaster» blickt er anstelle eines «ohgottohgott» bloß gen Himmel. Der Händler, Besitzer einer schönen Sammlung kleiner Elfenbeinskulpturen, sitzt in seinem Rollstuhl zwischen unzähligen Porzellan- und Keramikfigürchen, die Tische und Regale füllen. Aus Alabaster hat er nichts. Warum? «Ach, Alabaster ist ein Material aus vergangenen Zeiten. Aufwendige Bearbeitung und zerbrechlich. Es ist passé.»

Wirklich passé?

Alabaster ist in der Tat ein anfälliges Material. Es altert. Wasser setzt ihm zu (Alabastervasen kann man für Blumen nicht benutzen), Sonne und heißes Lampenlicht läßt das Material vergilben. Wieder erinnert die Empfindlichkeit des Materials an die Hinfälligkeit des menschlichen Körpers. Einige der befragten Berliner Passanten hielten Alabaster trotzdem für etwas Edles. Trotzdem? Diamanten gelten ja als kostbar wegen ihrer Unvergänglichkeit. Doch kostbar ist andererseits auch der Augenblick, weil er im Nu vergeht. Als vergängliche Wesen lieben wir zum einen die Symbole des Überdauerns, zum anderen aber besitzen wir einen zarten Sinn für die Flüchtigkeit des Hier und Jetzt: Zur Kostbarkeit der Rose gehört ihre Verletzlichkeit und ihr Welken, zur Schönheit des Schmetterlings, daß er nur einen Frühling lang durch die Lüfte gaukelt. Nun gibt es ja viele Leute, die hart daran arbeiten, sich ewige Jugend anzutrainieren. Auch Frauen haben heute oft einen harten, bronzenen Körper, der in nichts mehr an Alabaster erinnert. Aber indem sie so trainieren, scheinen gerade sie zu wissen, daß die wirkliche Jugend vergeht. Eben darum ist sie kostbar. Dieser Kostbarkeit, die sich aus dem Wissen um die Vergänglichkeit herleitet, haftet stets Wehmut an. Der babyhaut-zarte Alabaster zeigt allmählich Spuren des Alterns. Darum ist Alabaster ein kostbares, nostalgisches Material, das in zeitgenössischem Design meist wenig überzeugt.

Die Anerkennung des materiellen Eigenwerts von Alabaster hat sich in Volterra nie wirksam durchgesetzt. Schon immer wurde versucht, dem Material, das manchmal an komprimierten Nebel erinnert, durch Sieden das Aussehen von Marmor zu geben. Die Oberfläche und die Kanten von Alabastergegenständen glänzen nicht hart, sondern verschwimmen in die (!) Atmosphäre, die sanften Konturen scheinen sich in Luft aufzulösen (ein Phänomen, das in der venezianischen Malerei eine große Rolle spielt und beim Photographieren Probleme macht). Der italienische Bildhauer Medardo Rosso (1858–1928), der den Pariser Impressionisten nahe stand, formte zauberhafte Frauen- und Kinderporträts aus Wachs, die aus der Atmosphäre aufzutauchen und im Augenblick zurückzuschmelzen scheinen. «Die Figuren und Porträts verharren in der Schwebe zwischen Formentstehung und Formauflösung», schreibt dazu Peter Weiermeier, ehemals Leiter des Frankfurter Kunstvereins. Das Vergehende und Verschwindende des Alabasters, das Flüchtige, das den besonderen Reiz des Materials ausmacht, wird verleugnet, wenn man ihn zu falschem Marmor kocht.

Heute wird Alabaster in vielen Volterraner Betrieben behandelt wie ein x-beliebiger Kunststoff: er wird mit der Spritzpistole gefärbt, mit Metallfolie überzogen, als Staub mit Kunstharz zu einer formbaren Gußmasse (Resina) verarbeitet (Beethovenbüste auf dem Flügel), bemalt, beklebt und was sonst noch.

Arbeiten aus dem wunderbaren «Scaglione», dem durchscheinenden, untertage geförderten Alabaster aus der Grube Castellina, der die Volterraner Alabasterproduktion berühmt machte, gibt es wenige. Auch der gelblich-bernsteinfarbene «Agata» wird kaum noch verarbeitet. Denn viel billiger ist ein weißer, in Spanien mit schwerem Gerät übertage abgebauter Stein, der dem Marmor ähnlich sieht.

Die Krise

Die Stuttgarter Zeitung veröffentlichte 1995 in ihrer Weihnachtsausgabe einen Artikel, der «Kitsch aus Kunststoff verdrießt die Volterraner» betitelt war. Bernhard Hülesbusch schreibt dort, ab etwa 1970 «bahnte sich (in Volterra) eine schwere, selbstverschuldete Krise an. Die Kunsthandwerker aus Volterra importierten hemmungslos billigen spanischen Alabaster und verarbeiteten ihn zu Massenprodukten für den Export. Damals, erinnern sich Einheimische, wurden ganze Schiffsladungen von Eiern, Bonbonnieren und Schachspielen aus Alabaster nach Amerika verfrachtet. Eine der Folgen: immer mehr Käufer dachten beim Begriff «Volterra-Alabaster» nicht mehr an Kunst, sondern an Kitsch. Das Image verfiel. Außerdem fabrizierten Amerikaner und Japaner fortan zahlreiche Objekte, die vorher aus Alabaster waren, nun aus Plastik.» Der Boom der Massenware begann allerdings bereits mit den amerikanischen Besatzungstruppen. Sogar noch früher, 1905, wurde, wie Signor Aracne bemerkte, schon in Massen produziert, doch hatten die Serien der *ornatisti*, *animalisti* und *figuristi* die Qualität des 18. Jhs. Die heutige Volterraner Massenproduktion versucht, einen Markt zu bedienen, auf dem andere Hersteller billiger sind. Volterra wird seinen Ruf vermutlich nur dann wiedergewinnen, wenn es die Einzigartigkeit des Alabasters nicht bloß verbal beschwört, sondern *de facto* zu würdigen weiß: das heißt, wenn das Design die unabänderlich nostalgische Qualität des Materials nicht länger verleugnet.

In der Krise steckt die Alabasterproduktion nicht zum ersten Mal. Das Handwerk, das seit tausend Jahren vom Vater auf den Sohn weitergegeben worden war, hatte mit den sog. *anime*, den von Frauen und Kindern hergestellten falschen Volterraner Perlen für Rosenkränze, Mitte des 18. Jhs. seinen ersten Tiefpunkt erreicht. Auch die Männer arbeiteten mit primitiven Techniken ohne geschmacklichen Anspruch. Die Qualität und das Design waren schlecht. Da ganz Volterra von der Alabasterproduktion lebte, war die ökonomische Lage so prekär, daß die Großherzogliche Regierung in Florenz 1768 eine Untersuchungskommission einsetzte. Aber deren Vorschlag, Zeichenlehrer aus dem Ausland zu engagieren, um die Handwerker zu gutem Geschmack zu erziehen, realisierte erst der Cavaliere Marcello Inghirami Fei. Angeregt durch die florierende königliche Porzellanmanufaktur, der sein Onkel in Neapel als Direktor vorstand, steckte der unternehmungslustige Sproß eines alten Volterraner Adelsgeschlechts 1791 sein ganzes Erbe in den Aufbau einer großen Alabasterwerkstatt, die er im ehemaligen Kloster S. Dalmazio einrichtete. Sie zählte bald über 100 Mitarbeiter. Der am 20. September 1766 geborene, am Hof ausgebildete Adlige sammelte die Handwerker der restlichen kleinen Werkstätten, ließ sie in Lesen und Schreiben unterrichten und zog angesehene italienische und französische Künstler, die ihnen das Zeichnen und Modellieren beibrachten, als Leiter und Berater hinzu. Die Werkstatt war Produktionsstätte und Schule zugleich.

In Florenz, Rom, Neapel, Venedig, Triest und Wien eröffnete Inghirami Fei prächtige Läden, wo er die Produkte seiner Schule ausstellte und verkaufte. Das Design war im Stil der Zeit neoklassisch. Doch schon 1799, als die Napoleonischen Kriege die Handelswege unterbrachen, besonders den Exportweg vom Hafen Livorno, mußte der Fabrikant aufgeben. Übriggeblieben ist die aus der Zeichenschule 1818 hervorgegangene Kunstakademie, an der noch heute unterrichtet wird. Die Qualifikationen der Handwerker, die nun in S. Dalmazio keine Arbeit mehr fanden, kamen doch Volterra insgesamt zugute, denn sie bildeten die Basis all der späteren kleinen Familienbetriebe, die Signor Aracne im Jahre 1905 antraf (1817 waren es 53). Marcello Inghirami Fei hat in Volterra Maßstäbe gesetzt.

Übrigens hat sein Projekt in Deutschland eine Parallele: so wie Volterra mit dem Alabaster, so ist Erbach im Odenwald mit dem Elfenbein verbunden. Graf Franz zu Erbach-Erbach führte die Elfenbeinschnitzerei, die er selbst erlernt hatte, 1783, also acht Jahre vor der Gründung von Inghirami Feis Manufaktur, in seiner Grafschaft ein und schuf den einheimischen

***Abb. 100** Prunkvase aus Alabaster im Besitz der Firma Rossi, Volterra. (Photo F. Fiaschi)*

Horndrehern so eine neue Verdienstmöglichkeit. Wie in Volterra, so entstand auch in Erbach zunächst eine Zeichenschule für die Schnitzer und später eine noch heute bestehende Fachschule. Auch die Probleme der beiden Kleinstädte sind ähnlich: es gibt keinen Nachwuchs.

Die berühmte Scaglione-Grube Castellina ist geschlossen. Unzugänglich ist auch der Palazzo der Familie Inghirami Fei. Aber die Räume von Inghirami Feis Manufaktur an der gleichnamigen Piazza existieren noch. Transparenter Alabaster wird heute in der Grube «Cipolloni» mit einem Schaufelbagger abgebaut, der mit einem Zahn die Erde aufreißt. Wo man den «Gesso» bemerkt, ein glimmerähnliches, silbriges Kristall, findet man mit Glück große sackförmige Steinblöcke, die tonnenschweren Alabaster-Eier (*ovuli*) oder -Nieren (*arnioni*). Der Fabrikant Ticciati, der Massenware herstellt, zerkleinert solche Brocken für die Handwerker. Paolo Sabatini, der in der Via Porta all'Arco ausschließlich mit herkömmlichen Werkzeugen arbeitet, stellt manieristische Objekte her, etwa ein Ei, aus dem sich menschliche Zehen herausarbeiten, oft mit einem erotischen Einschlag. Daniele Boltrini ist ein *animalista* und Giorgio an der Porta Marcoli reist sogar bis nach Japan, um seine kunstvollen Objekte zu zeigen. Bessi, Ali, Brucchi und Rossi unterhalten die größten Läden, mit z. T. mehreren Filialen. Anspruchsvolle Objekte findet man oft in hinteren Räumen, bei Brucchi eine ganze Kollektion aus dem 19. Jh. Welch hohes Niveau das Kunsthandwerk einmal hatte, belegt die Sammlung der Familie Viti in der Via dei Sarti, die den Alabasterhandel einst bis nach Südamerika ausgedehnt hatte. Die traditionsreiche Cooperativa Artieri Alabastro, die heute ungefähr 25 Handwerker zusammenschließt und vor 100 Jahren zum Schutz vor skrupellosen Händlern gegründet worden war, hat ihren Sitz an der Piazza dei Priori. Über der Kasse hängt ein Schild mit sämtlichen Alabasterarten. Im Sommer arbeitet je ein Mitglied auf dem Marktplatz. Es gibt auch einen Wettbewerb mit einem Preis für neue Ideen. Alle Juroren sind Volterraner. Früher sollen sich die Alabasterarbeiter morgens in einem nahen Cafe getroffen haben, um bei Kutteln die Lage zu diskutieren.

100

Vorschläge für die Zukunft

München: In der Türkenstraße betreibt Karin Gropp seit über 25 Jahren ihren Antiquitätenhandel «Osiris». Sie führt auch Gegenstände aus Alabaster: Bilderrähmchen in Postkartengröße, Nachttischlampenschirme, Aschenbecher. Schwer verkäuflich sei Alabaster, sagt sie, wegen seiner Zerbrechlichkeit und des Alterungsprozesses. Doch sie bringt das Besondere des Materials auf den Punkt: «Alabaster ist lebendig.» Die Durchsichtigkeit, das Merkmal der Scaglione-Qualität, hält sie für sehr wichtig. Sie könnte sich etwa Kacheln vorstellen, die nach alten Motiven kunstvoll gearbeitet wären, durchscheinende Reliefs aus Licht und Schatten, von hinten zart beleuchtet: ein «dreamlight». Signiert und in limitierter Auflage. Sammlerstücke. Alte Motive? Ja. Ornamente aus allen Stilepochen, von Antike bis Art Deco. Reproduktionen sagt sie, seien heute sehr gefragt, wo man sich an das Alte erinnert und es nicht mehr haben kann. Viele Museen unterhielten heute Werkstätten, in denen die Originale reproduziert würden. Ein Vorschlag, der dem kostbaren, nostalgischen, durchscheinenden Material mit der Anmutung des erotisch Warmen, Weichen und Zarten, des Vergänglichen und Vergehens wohlangemessen scheint. Die Stärke des Alabasters liegt heute, da wir dem Fortschritt mißtrauen und von der Kulturindustrie in eine permanente Gegenwart gebannt werden, in seiner Abseitigkeit, in seiner Kontraposition: es ist ein Material gegen den Trend der Zeit. Er wird darum wiederentdeckt werden.

Costantino Caciagli

Die Stadtform Volterras im Mittelalter

Die folgenden Betrachtungen erheben nicht den Anspruch, die vollständigen Planungsgrundsätze aufzuklären, die der Erbauung der mittelalterlichen Stadt zugrunde liegen, und zwar aus einigen Gründen, die vorher kurz dargelegt werden sollen, um ungerechtfertigte Erwartungen zu vermeiden. Ich werde keine Vergleiche oder klassifizierende Unterscheidungen[1] machen, noch werde ich die Verfasser von Spezialuntersuchungen bemühen, um die in der Stadt vorhandenen militärischen Bauten zu rechtfertigen, da Militäringenieure im mittelalterlichen Volterra noch nicht erschienen waren.[2] Ich beabsichtige auch nicht, eine Geschichte des Volterraner Städtebaus zu schreiben, sondern lediglich einige Überlegungen zur städtebaulichen Entwicklung in einer historischen Periode anzustellen, d. h. in dem Zeitraum, der die dinglich faßbaren Erscheinungen einschließt, die die Stadtform vorbereitet und bestimmt haben.[3] Ich werde die Stadt betrachten, die tendenziell geneigt ist, sich in sich selbst zu verschließen, sich zu verschanzen, eine Erscheinung, die aus der begrenzten Entwicklung der Straßenverbindungen in Anbetracht der hügeligen Geländeformation zu erschließen ist. Eine städtebauliche Untersuchung eines Experten wird mit einer umfassenden Analyse (historisch, architektonisch, wirtschaftlich, demographisch usw., auch im Verhältnis Gegenwart – Vergangenheit) durchgeführt, um ein Programm zu verwirklichen. In diesem Fall jedoch handelt es sich nicht darum, ein städtebauliches Programm vorzustellen, sondern nur im heutigen Volterra aufzuzeigen, was und wieviel aus der mittelalterlichen Zeit überlebt hat, und dann zu prüfen, welche die organisatorischen Prinzipien der Stadt gewesen sind.[4] Es handelt sich somit um eine Methode der philologisch-konjekturalen, nicht in die Tiefe geführten Analyse, also eine philologische Oberflächenstudie, die nachfolgend zu vertiefen wäre. Eine städtebauliche Studie wird normalerweise durchgeführt, indem man das Vorhandene erforscht und Projektionen für die Zukunft entwickelt, hier jedoch wird bewußt davon abgesehen, das, was der allgemeine und besondere Zusammenhang war, zu vertiefen, um eine im wesentlichen formale, also konjekturale Untersuchung durchzuführen.

Zunächst ist es notwendig, den Zeitraum zu definieren, aus dem materielle Hinterlassenschaften erhalten sind, welche die zu

***Abb. 101** Plan gezeichnet von V. Cominelli (im Jahre 1472) nach einem Plan aus dem Jahre 1410.*

***Abb. 102** Plan von Volterra (1820). Graphische Rekonstruktion des Autors, nach dem ferdinandeisch-leopoldinischen Kataster, mit beigefügter Legende.*

101

etruskisch-römische Überreste
mittelalterliche Gebäude
Cardus und Decumanus
mittelalterliche Mauern
Vorstadt S. Maria
Vorstadt dell'Abate
Vorstadt S. Angelo
Vorstadt di Castello

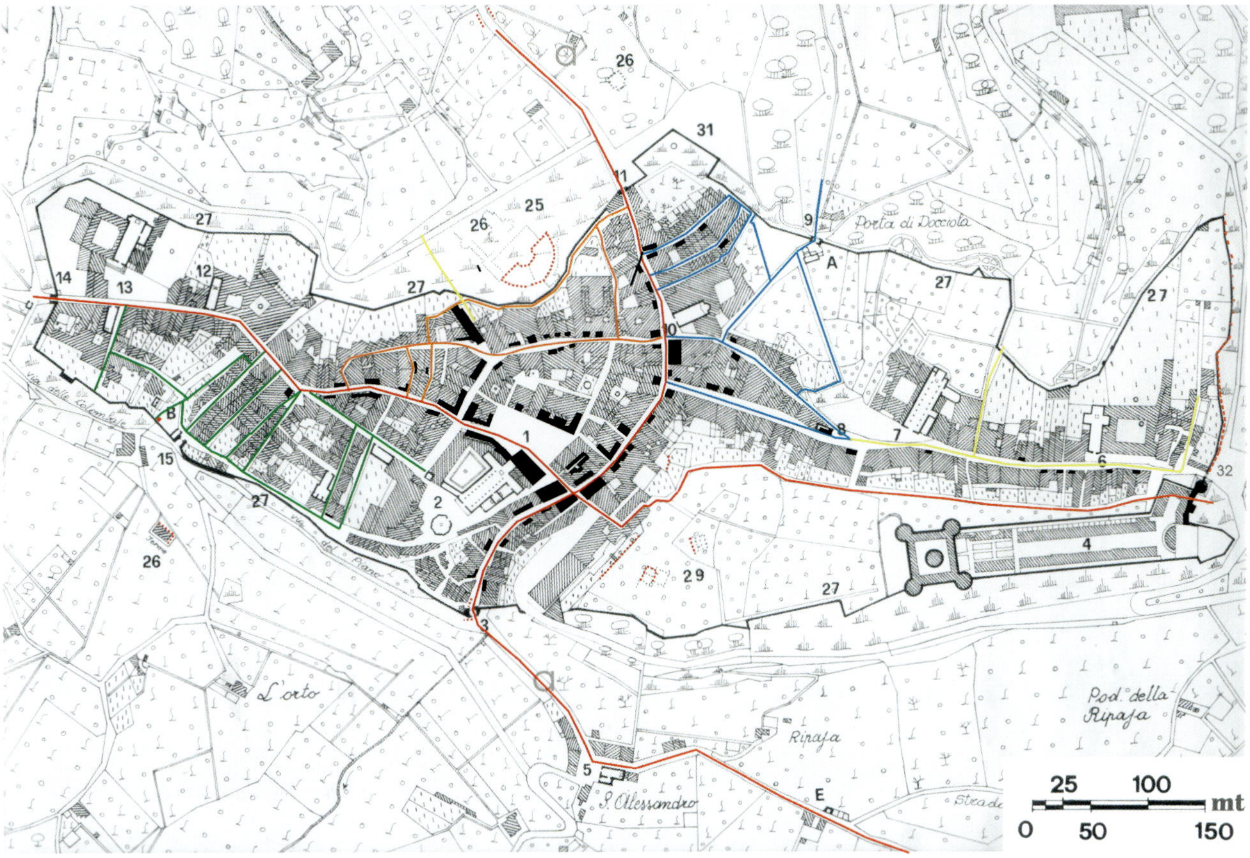

Legende der Anbaukulturen

- Gebäude
- Öffentlicher Raum
- Garten
- Kulturen unter Olivenhainen
- Kulturen zwischen Weinstöcken
- Nacktsaat
- Kulturen unter Obstbäumen
- Wald
- Eßkastanienhain
- Weide, Wiese
- Wassergraben, Wasserreservoir, Wasserläufe

Legende der Brunnen

A Fonte di Docciola (1250)
B Fonte S. Felice (1319)
C Fonte di S. Stefano (1252)
D Fonte di Mandringa (1293)
E Fonte di Ripaja
F Fonte dell Velloso

Legende der Bauwerke und Orte

1	Palazzo dei Priori	(1208)
2	Dom und Baptisterium	(1278)
3	Porta all'Arco	(5.–3. Jh. v. Chr.)
4	«Fortezza con due Rocche»	(1343–1478)
5	Kirche S. Alessandro	(13. Jh.)
6	Kirche S. Pietro	(19.–20. Jh.)
7	Kirche S. Agostino	(14.–18. Jh.)
8	Oratorium S. Antonio	(16. Jh.)
9	Porta Docciola	(1244)
10	Kirche S. Michele	(13. Jh.)
11	Porta Fiorentina	(1260–1540)
12	Kloster und Kirche S. Lino	(17. Jh.)
13	Kirche S. Francesco	(14.–18. Jh.)
	Kapelle von S. Croce	(15.–16. Jh.)
	Kirche S. Dalmazio	(1521)
14	Porta di S. Francesco	(1260–1268)
15	Porta S. Felice inferiore	(13.–14. Jh.)
	e superiore	(14. Jh.)
16	Kapuzinerkloster und Kirche	(20. Jh.)
17	Kloster und Kirche S. Girolamo	(16. Jh.)
18	Villa Inghirami	(17. Jh.)
19	Priesterseminar und Kirche S. Andrea	(15.–19. Jh.)
20	Kirche della Madonnina	(16. Jh.)
21	Porta Etrusca (il Portone)	(5. Jh. v. Chr.)
22	Kloster und Kirche S. Chiara	(17. Jh.)
23	Kirche S. Giusto e S. Clemente	(1628–19. Jh.)
24	Etruskische Mauer	(5. Jh. v. Chr.)
25	Überreste des römischen Theaters	(2. Jh. v. Chr.)
26	Römische Thermen	(4.–5. Jh. v. Chr.)
27	Mittelalterliche Mauer	(14. Jh.)
28	Porta Menseri	
29	Überreste der etruskischen – römischen – mittelalterlichen Antike	
30	Le balze	
31	Schutzwall	(1542)
32	Porta a Selci	(1594)

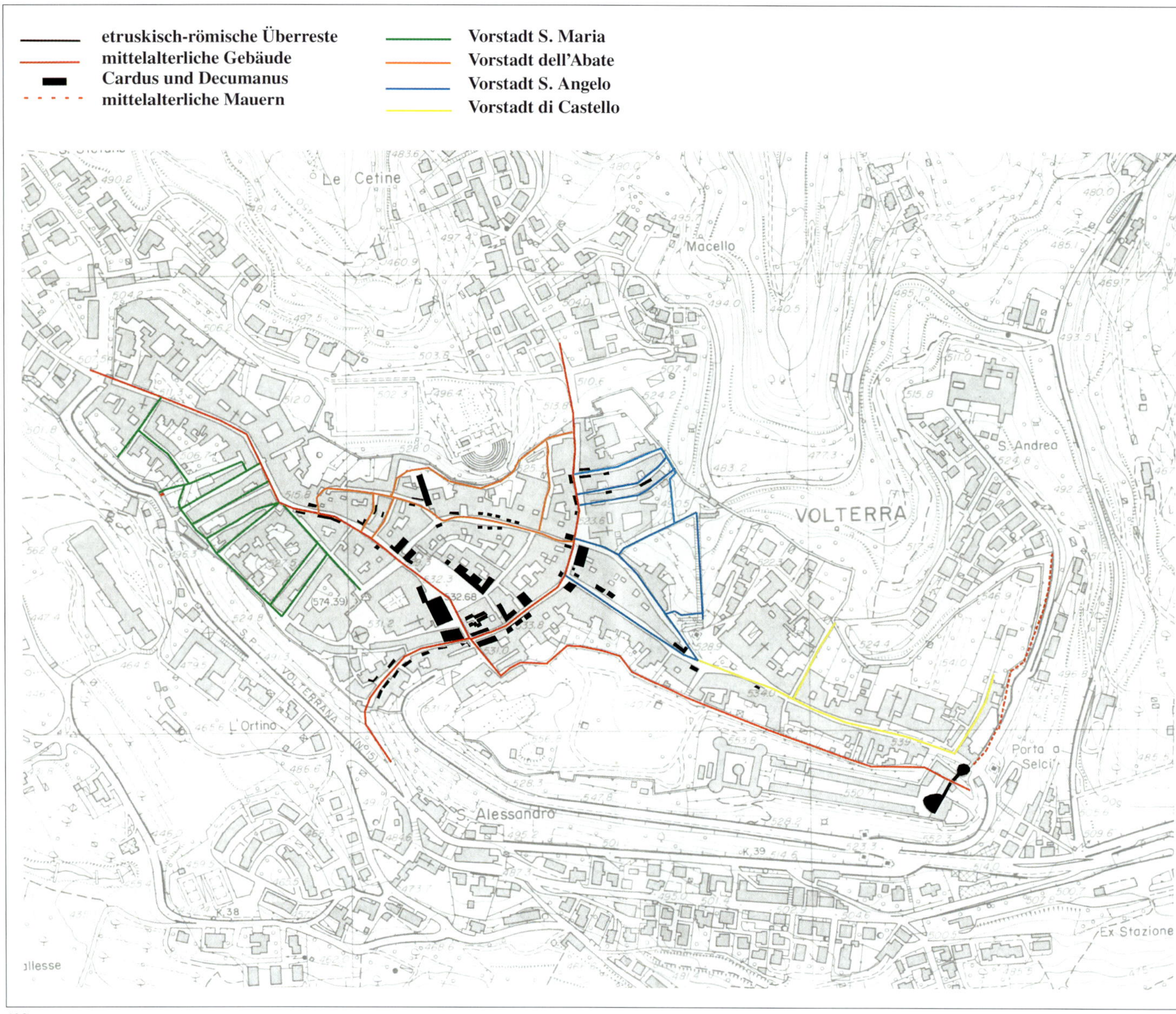

103

untersuchende Stadtform vorbereitet und bestimmt haben. Der zeitliche Abschnitt, der hier ausgewählt worden ist, um die baulichen Maßnahmen einzugrenzen, liegt zwischen 1000 und 1472.[5] Die morphologische Analyse, eine rein formale Untersuchung, angewendet auf die in Abbildung 102 und 103 wiedergegebenen Darstellungen der Stadt, unterstützt die Auflistung und Betrachtung der Fixpunkte der städtischen Entwicklung.[6] Sie betrifft vorwiegend die Straßenzüge, folglich die Form, in der sich die Gebäude eingegliedert haben, ferner die entsprechende Höhenmessungslage, die bebauten Flächen, die privaten Grünflächen sowie die öffentlichen Räume. Die beigefügen Zeichnungen betreffen den Plan Cominelli (Abb. 101), laut Renato Galli der älteste Plan von Volterra, gezeichnet um 1410. Seine Einbeziehung wurde durch die Tatsache bestimmt, daß einige strukturelle Elemente bezüglich des Straßennetzes, von denen ich später schreibe, ablesbar sind, während andere, wie die Türme der Buonparenti-Angelario, der Marchesi-Baldinotti und der Turm von S. Agnolo, fehlen. Außerdem gibt es den von mir auf der Grundlage des ferdinandeisch-leopoldinischen Katasters von 1820 erstellten und 1994 in der *Rassegna Volterrana*, Jahrgang LXX, veröffentlichten Plan (vgl. Abb. 102), auf dem auch das Territorium außerhalb der Stadt dargestellt ist. Diesem Plan ist eine Auflistung der Bauwerke und Plätze (*Leggenda delle fabbriche e dei luoghi*) mit den Bezugsnummern angefügt, die im Text in Klammern wiedergegeben sind. Dieser Plan wurde benutzt, um sowohl die mittelalterlichen Bauten als auch Reste von Bauten in Mauerwerk, die Merkmale des Mittelalters in ihrer Technik und ihren Formen zeigen, zu lokalisieren. Die Darstellung der Hauptstraßenachsen: Der von Norden nach Süden verlaufende Cardo und der Decumanus in Ost-West-Richtung sind strukturelle Basisdaten, aus denen sich das sekundäre Straßennetz der Stadtviertel (*borghi*) ergibt. In dem Stadtplan von 1990 (vgl. Abb. 103), erstellt nach einer photogrammetrischen Aufnahme aus der Luft, die von der Gemeinde Volterra in Auftrag gegeben wurde, sind das Netz der mittelalterlichen Straßen und die heute noch vorhandenen baulichen Zeugnisse wiedergegeben. Der Vergleich zwischen den beiden Zeichnungen läßt einen Rückgang der Grünflächen erkennen, berücksichtigt freilich nicht die Volumenvergrößerung der Gebäude durch

Abb. 103 Plan von Volterra nach der aerophotogrammetrischen Aufnahme der Gemeinde Volterra 1990 mit Wiedergabe der Straßen der mittelalterlichen Stadtviertel.

Abb. 104 Luftbild der Altstadt von Volterra mit Piazza dei Priori. (Photo P. N. Manoni)

Aufstockung, zeigt aber insgesamt eine grundlegende planimetrische Bewahrung der architektonischen und historischen Merkmale innerhalb der Mauern sowie eine starke Veränderung des umliegenden Agrarlandes. Die spezifische Bibliographie bildet eine unverzichtbare Grundlage für eine Analyse der städtischen Struktur Volterras. Es seien hier an erster Stelle die Arbeiten von Gioacchino Volpe, Enrico Fiumi, Mario Battistini, Maurizio Cavallini, Mario Bocci genannt, und nicht zu vergessen die mehr oder weniger gelehrten Geschichtsschreiber seit dem 16. Jh. Neuere Beiträge haben die von den genannten Gelehrten behandelten Themen vertieft oder erweitert. Diese beschäftigen sich mit der Münzprägung und der Bevölkerung, mit der Verfassung und den Bischöfen, mit der Außenpolitik und der Wirtschaft. Die in den Text eingefügten Pläne erlauben ein besseres Verständnis der mittelalterlichen Stadt Volterra, insofern als auf ihnen die Struktur des Straßennetzes innerhalb des Mauerringes aus dem 13. Jh. ersichtlich ist. Wenn die Aufzeigung dieser architektonischen und städtebaulichen Merkmale auf Grund der überkommenen Mauerstrukturen erfolgen müßte, die vom 11.–15. Jh. errichtet wurden, also ohne die zahlreichen späteren Nachahmungen, würden wir bei alleiniger Betrachtung des heute noch im Inneren der Ringmauer verhandenen Baubestandes teilweise enttäuscht sein (Abb. 104). Viele der Gebäude, die wir heute sehen, gehören in ihrer stilistischen Form in die spätere Zeit vom 16.–20. Jh. Es ist weder möglich noch von Vorteil, ihr Inneres zu betrachten, da sie über die Jahrhunderte, insbesondere im 19. und im 20. Jh., umfassende Veränderungen erfahren haben, bedingt durch funktionelle Erfordernisse, durch Ansprüche der Modernität und des Geschmacks. Von der mittelalterlichen Stadt sind zum Teil, mit Ausnahme von sehr seltenen Fällen, äußere Hüllen übriggeblieben, denen man neugotische Fassa-

104

105

den des 19. Jhs. vorgesetzt hat, die nur insofern eine Bedeutung besitzen, als sie auf eine stilistische, in ganz Europa verbreitete Schwärmerei hinweisen und den von Steinmetzmeistern bearbeiteten lokalen Stein vor Augen führen. In diesem kurzen Aufsatz konzentriert sich daher mein Bestreben auf die Bestandsaufnahme der Überreste und der vorhandenen mittelalterlichen Bauten sowie ihre kartographische Lagebestimmung.[7] Um einen zeitlichen Rahmen zu geben, der die wichtigsten heute noch faßbaren mittelalterlichen baulichen und städtebaulichen Maßnahmen umfaßt, seien einige Daten genannt: der Besuch von Papst Callixtus II. im Jahre 1120, bei dem er den Dom S. Maria (2) nahe am Bischofssitz weiht[8], die Verstärkung und Vervollständigung des Mauerrings (27) mit den sechs heute noch existierenden Toren (1220–1268) und die Errichtung der Kreuzkapelle (13) von 1315 oder die Erbauung des *castrum* an der Porta a Selci von 1343, oder auch das Jahr 1429, als die Autonomie der Gemeinde Volterra im wesentlichen mit der Ermordung Giusto Landinis endete, der aus einem Fenster des Palazzo dei Priori gestürzt wurde.[9] Von da an versetzten die von Florenz auferlegten wirtschaftlichen Einschränkungen, die Verbannungen, die Hinrichtungen Volterra und seine Bewohner für ungefähr 50 Jahre in einen beklagenswerten Zustand. Man könnte diesen zeitlichen Bogen nach unten ausweiten, zum Beispiel bis in das Jahr 845, als Lothar I. die Sonderrechte der Kirchen S. Maria Vergine und San Giusto erneut bestätigte, oder nach oben bis hin zur Plünderung Volterras und zum Bau der Festung (4) von 1472[10]; jedoch befinden wir uns mit diesem letzten Datum fast außerhalb des Mittelalters schon an der Schwelle zur Neuzeit (1492). Den Baumeistern des 11.–15. Jhs. – es ist notwendig, sich gut vor Augen zu halten, daß die erforderliche Zeit, um die mittelalterliche Stadt zu erbauen, lang war – war in den Vorgängeranlagen und dem, was teilweise noch deren baulichen Zusammenhang bildete, ihr Straßenbauplan vorgegeben. Dies ist eine Grundvor-

***Abb. 105** Dom S. Maria Assunta: Fassade aus der Mitte des 13. Jhs. und Campanile (1493). (Photo A. Suzuki)*

***Abb. 106** Baptisterium aus dem 13. Jh. (Photo A. Suzuki)*

aussetzung. Die unvermeidlichen Neugestaltungen und Umformungen, die vom 16.–20. Jh. durchgeführt wurden, haben einen Teil von dem gänzlich ausgelöscht oder verfälscht oder ersetzt, was vom 11. Jh. an errichtet worden war. Ein anderer Grundfaktor städtebaulichen Charakters, der von der freien Gemeinde Volterra in ihrer Schaffensphase gewollt wurde, ist durch die Ringmauer (27) gegeben, die die Stadt – aber auch die Hänge in ausschließendem Sinn – räumlich, zeitlich und in ihrer planimetrischen Form bestimmt. Dieses bemerkenswerte architektonische und verteidigungstechnische Bauwerk, das zum großen Teil erhalten ist – allerdings fehlen die obersten Wehranlagen, die Plattformen, die Aufgangsrampen usw. – stellt das Zeugnis einer klaren städtebaulichen Konzeption dar, die im 13. Jh. (1219–1267) von den wechselnden Stadtoberhäuptern verwirklicht und im Laufe der Jahrhunderte immer wieder restauriert wurde. Auch als die militärische Funktion der Verteidigungsanlage aufgegeben oder verringert war, repräsentierte der Mauergürtel dennoch weiterhin, konkret und vielleicht ideell, die beherrschende Rolle der Stadt auf wirtschaftlichem, kulturellem und politischem Gebiet in dem ihrem Einfluß unterworfenen Territorium über den gesamten Zeitraum ihrer langen Existenz.

Innerhalb dieses Verteidigungsringes, ausgezeichnet besonders durch den Verlauf, das Gefüge und die Höhe der Mauern sowie die besondere Architektur der Tore, befinden sich im höher gelegenen Teil der Dom (Abb. 105) und das Baptisterium (Abb. 106), der Palazzo dei Priori (Abb. 109), die Piazza (vgl. Abb. 104), die Türme und die Wohntürme. Alle diese Architekturen sind heute in ein bauliches Gewebe eingeschlossen, das im Laufe der Zeit entstanden ist in Form von Häusern, Palästen und Kirchen, die sich an den Straßen entlang aufreihen. Der Stadtmauerring hat schließlich das, was vorher erbaut war, in sich eingeschlossen und ebenso beschützt und hat in gewissem Maße weiteren Bauten auf den noch freien Flächen innerhalb der Mauern Vorschub geleistet. Die Nutzung des südlichen und östlichen Teils dessen, was von den etruskischen Mauern übrig geblieben war, von der Postierla S. Andrea bis zur Porta S. Felice, und die Wahl eines neuen Verlaufs an den Hängen im Norden und im Westen mit der Einbeziehung der Quelle von Docciola (A) und der Stadtviertel, die sich zwischen dem Ende des 1. Jts. und dem ersten Jahrhundert des 2. Jts. entwickelt hatten (Borgo S. Agnolo, Borgo dell'Abate, Borgo S. Maria), brachten die Länge des Verteidigungsringes auf 3230 m, mit vier Haupttoren und einigen Nebentoren: S. Felice (15), Marcoli, del Vescovo. Der zweite, engere Ring wurde in die Stadt eingegliedert, und die Erinnerung an ihn ging verloren; die Zeugnisse wurden zerstört oder in Gebäude eingebaut, doch ließ sich anhand der Form der Häuserblöcke und des Verlaufes der Straßen ein Umfang bestimmen, der durch Funde, die zufällig während Umbauarbeiten einiger Gebäuden gemacht wurden, bestätigt wurde. Die strukturelle Grundlage, auf der die Regierenden Volterras in der Zeit ab dem Jahre 1000 handelten, kann man anhand von Fixpunkten oder noch vorhandenen materiellen Resten rekonstruieren. Diese haben die grundsätzliche Straßenführung und somit auch den Bebauungsplan vorbestimmt (vgl. Abb. 102. 103):

a) die Porta all'Arco (3) im Süden und die Porta Diana im Norden, verbunden durch eine gewundene Straße mit Richtung Süd-Nord (*Cardo*); diese aus dem Valle del Cecina kommende Straße streift in ihrem Verlauf andere alte Bauten, die im Inneren der Mauern errichtet waren, und führt danach durch das mittelalterliche Tor, das Porta di S. Agnolo und später Porta Fiorentina (11) genannt wurde; b) die Porta Solis[11] im Osten und die Porta S. Marco (vgl. Abb. 101) im Westen; die Krümmung der Straße zur Überwindung der Höhenunterschiede zeigt die gleiche Beschaffenheit bis zum Oratorium S. Cristoforo (vgl. Abb. 102), wo sie sich in zwei Abzweigungen unterteilt; die nördliche kann die wichtigere gewesen sein, anfangs führte sie durch den Prato episcopale (1) und verlief, das Kastell streifend, weiter in ostwestlicher Ausrichtung; c) die Orographie, die Höhenmessung und die geologische Bodenzusammensetzung – verbreitete und beträchtliche Sandsteinbänke – des gesamten Gipfelbereichs des Hügels mit einer Folge von abfallenden gewellten Ebenen, die in den Bereichen Kastell (4,29) (550 m ü. d. M.), Piazza (1) (532 m ü. d. M.) und in den Zonen S. Francesco (13) (516 m ü. d. M.), S. Stefano (480 m ü. d. M.), S. Giusto (475 m ü. d. M.) festgestellt wurden. Diese natürliche Struktur zeigte, in ihrer Orographie und dem historisch bedingten Straßenverlauf, im 9.– 10. Jh. bereits eine funktionelle Unterscheidung: der Bereich des Kastells, teils bewohnt, teils Festung; der Bereich der Piazza mit der Kirche S. Maria Vergine, dem Baptisterium und dem Bischofssitz; die anderen im großen etrus-

106

107

kischen Mauerring enthaltenen Bereiche. Für diese kann man an begrenzte und vereinzelte Ansiedlungen und Reste von Bauwerken denken. Seitlich der beiden Hauptstraßen, die ich Cardo beziehungsweise Decumanus nenne, gab es wahrscheinlich nur verlassenes Gelände oder Ackerböden, außer in den Gebieten, die in dem vom zweiten Mauerring geschützten und befestigten Stadtteil eingeschlossen waren.[12] Dieser war durch Tore zugänglich, von denen allerdings jedes materielle Zeichen verschwunden ist. Sie müssen sich jedoch an den Kreuzungen befunden haben, wo die Türme Buonparenti (Abb. 107), Marchesi, S. Agnolo stehen (10); wahrscheinlich handelt es sich um ursprünglich alleinstehende Türme im Besitz gibellinischer Geschlechter, die um das 10.–11. Jh. errichtet wurden. Längs der Strecke des Cardo, zwischen der Kreuzung der Via Marchesi und der Via S. Agnolo, bezeichnenderweise Via della Vigna genannt[13], bestand das zwischen der heutigen, außerhalb des zweiten Mauerrings liegenden Via Sarti und dem Palazzo Pretorio liegende Gebiet aus Gärten, von denen sich der Ortsname Via dell'Ortaccio erhalten hat.[14] Der noch heute auf den Karten und auf dem Boden ablesbare Straßenverlauf bestätigt durch die Morphologie und durch die Funde die Hypothese, daß das römische Oppidum seit dem Ende des Römischen Reiches durch einen Mauerring geschützt war, der der zweite genannt wurde. Dieses Verteidigungswerk begann an der Porta Solis im Osten, erstreckte sich bis zum Abschluß des Akropolis-Plateaus, fiel in Richtung der Kathedrale ab bis zu dem

Mauerstück, das die Via degli Alberi überragt, stieg wahrscheinlich auf der Höhe des Vicolo degli Abbandonati wieder an[15], traf, nach Norden biegend, auf den eindrucksvollen Teil der etruskischen Mauer, der heute im Inneren des Centro Studi der Cassa di Risparmio von Volterra zu besichtigen ist, verlief weiter an der Via Roma (Überreste im ehemaligen Haus Falconcini), der Via Buonparenti (vgl. Abb. 107) und der Via Sarti (Überreste im ehemaligen Haus Maffei), kreuzte den Cardo zu Füßen des Turmes S. Agnolo (eingegliedert in den Wohnturm Toscano), führte fort längs der Via di Sotto und kehrte, entlang der Via di Castello laufend, zurück an die Porta Solis. Der Decumanus, von Westen (vgl. Abb. 101) aus dem Gebiet Balze kommend, führte in den obengenannten Mauerring, also den zweiten Ring, durch ein an den Turm Angelario angrenzendes Tor an der Kreuzung der Via Buonparenti, folgte dem Sdrucciolo di Piazza[16], überquerte die Wiese (*pratum episcopi* und zuvor *pratum regis*), führte durch die Kreuzung der Via Marchesi neben dem Turm Baldinotti und verlief weiter zur bereits erwähnten Via di Castello. An diesen Hauptstraßenachsen entwickelte sich die mittelalterliche Stadt, wie man auf dem ältesten Plan von Volterra sehen kann, der, wie schon erwähnt, ungefähr auf das Jahr 1410[17] zurückgeht und Cominelli (vgl. Abb. 101) zugeschrieben wird; auf ihm ist der komplette Ring der mittelalterlichen Mauer mit den Toren dargestellt. Die Via Sarti wurde zur Hauptachse des Borgo dell'Abate (12.–13. Jh.); ihr Verlauf wurde durch den vorher bestehenden, zweiten Mauerring bestimmt, der einen Bogen bildete. Im Borgo dell'Abate befinden sich der Wohnturm der Minucci (13. Jh.), der Turm und die Wohntürme des Geschlechtes der Buonparenti sowie weitere Wohntürme oder deren Überreste, die sowohl auf der einen als auch auf der anderen Seite der Straße erbaut wurden; gut erhalten ist die Fassade eines Wohnturmes aus dem 14. Jh. mit Blick auf die Piazzetta Minucci. Der westliche Zweig des Decumanus führt durch die Porta S. Francesco (Pisana) (14) und verbleibt, auf Grund des Gesetzes der relativen Beständigkeit öffentlicher Stra-

108

109

***Abb. 107** Via Buonparenti mit Bogendurchgang und Wohntürmen. (Photo A. Suzuki)*

***Abb. 108** Piazza dei Priori mit Palazzo Pretorio und Porcellino. (Photo A. Suzuki)*

***Abb. 109** Palazzo dei Priori. Hauptfassade mit Wappen. (Photo A. Suzuki)*

110

ßen, im ersten Teil mit der Benennung Via S. Lino; im zweiten Teil gabelt er sich auf Höhe der Kapelle S. Cristoforo in die Via Ricciarelli mit ihren bedeutenden mittelalterlichen Zeugnissen und in die Via Franceschini (einstmals Via Campanile) mit Blick auf den hohen, im Jahre 1491 errichteten Glockenturm des Domes und einigen Hausfassaden, die sichtlich später als das 14. Jh. sind. Die Via Ricciarelli wurde zu Beginn der städtischen Ausdehnung Volterras über den zweiten Ring hinaus Via di Borgo S. Maria genannt[18]; von ihr begannen einige Quergassen abzuzweigen, die eine Bedeutungssteigerung der Via lungo le mura und der Via del Mandorlo nach Norden sowie der Contrada dei Fornelli nach Süden bewirkten. Das ganze Viertel, das durch die genannten Straßen und die Quergassen versorgt wurde, war seit den ersten Jahren des 12. Jhs. ein Gebiet starker baulicher Ausweitung[19], das heute noch deutliche Spuren von Mauerwerk, Öffnungen und Fassaden bewahrt, deren Errichtung auf das 12.–14. Jh. zurückgeht. Ein anderes Gebiet mittelalterlicher Expansion an dieser Straßenachse, dem Decumanus, und zwar zwischen der Porta S. Marco

Abb. 110 Rekonstruktion des Stadtbildes von Volterra im 10. Jh.

(vgl. Abb. 101) und der Porta Solis, war der sog. Borgo Nuovo, in dem man heute die Überreste der Porta etrusca sieht, die zu den Terme Gordiane (26) führt, sowie die im Jahre 1319 erbaute Fonte di S. Felice (B) und das «Porta romana» genannte mittelalterliche Tor. Auch die Piazza dei Fornelli[20] zeigt die durch Witterungseinflüsse stark beschädigte Fassade eines mittelalterlichen Gebäudes, das anfänglich das Hospital Sancti Jacobi de Altopascio war; es wurde im Jahre 1298 erbaut und blickt auf das Tal des Cecina. Entlang der Via di Castello, Fortsetzung der bereits als Decumanus bezeichneten Straßenstruktur, erhoben sich der Bischofspalast (29) und weitere, auf den Resten der etruskischen Tempel[21] errichtete mittelalterliche Gebäude; der Bischofspalast wurde bei der Errichtung der Fortezza Nuova (4) demoliert. Auf dem Plan, auf den wir ständig Bezug genommen haben und den wir heute dicht und durchgehend bebaut sehen, sind von Gebäuden freie Räume zu erkennen: die Piazza dei Priori (Abb. 108)[22] und die Piazza S. Giovanni (1, 2). Heute sind diese Plätze mit Platten aus Volterraner Panchina-Stein belegt und teilweise umgrenzt; sie können in mehrere Richtungen überquert werden und sind nach oben offen, mit dem Himmel gleichsam als Dach. Das wechselnde Tageslicht und die Sonne können so die reiche und verschiedenartige Struktur der Fassaden hervorheben, die, jede an ihrer eigenen Stelle, auf diese Freiräume blicken.

Die Gebäude, die diese Plätze begrenzen, bewahren über ihre formale Bedeutung hinaus die öffentliche Funktion: Die Gemeindeverwaltung befindet sich im Palazzo dei Priori (vgl. Abb. 109)[23], in der Torre del Porcellino (vgl. Abb. 108) und im Komplex der «Il Pretorio» genannten Wohntürme[24], die bis zum 14. Jh. den Geschlechtern der Belforti und der Allegretti gehörten. An der Ostseite der Piazza dei Priori standen die Häuser der Affricanti, deren ursprüngliche Merkmale man im Vicolo Mazzoni betrachten kann. Auch das Gebäude, das, von den Häusern der Familie Affricanti aus gesehen, auf der entgegengesetzten Seite des Platzes lag, war ein Komplex von Türmen und Häusern, die im 15. Jh. von den Incontri umgebaut worden waren. Auf der Seite, wo der Palazzo dei Priori steht, also nach Westen, befindet sich das mittelalterliche, in einem Dokument aus dem Jahre 1317 erwähnte Gebäude, das dem Getreideverkauf diente. Das Erdgeschoß zeigt eine Loggia mit vier Arkaden; die oberen Stockwerke aus dem Jahre 1472 wurden an den bischöflichen Palast angeschlossen. Das Gebäude wurde im Jahre 1910 restauriert.[25] Die Straßenstruktur wird in ihrer Beständigkeit durch das Vorhandensein des Wohnturms Baldinotti bestätigt; er lehnt sich an den gleichnamigen Turm an, der die Kreuzung der Via Marchesi bildet und mit der linken Seitenwand des Palazzo dei Priori die Via del Cimitero (heute Via Giusto Turazza) öffnet, von der man auf die Piazza S. Giovanni kam. Diese ist durch das Niederreißen des Hauses Forti in das rechte Maß gebracht worden.[26] Die Strecke des Cardo innerhalb der mittelalterlichen Mauern bewahrt heute auf der rechten und auf der linken Seite der Via della Porta all'Arco einige Häuser des 14.–15. Jhs., deren äußeres Mauerwerk aus Ziegeln anstatt aus Stein besteht. Der Vicolo delle Prigioni zeigt seinen mittelalterlichen Charakter fast von Anfang an bis zum Zusammentreffen mit der alten Vigna dei Calzolai (heute Via Matteotti, einstmals Via Guidi) und weist Häuser des 12.–13. Jhs. auf, die in ihrem Äußeren in signifikanter Weise erhalten

111

sind, besonders der Wohnturm mit der Front auf die Via Matteotti, der in der entfernten Vergangenheit «del ricovero di Massa Marittima» genannt wurde.[27] An der Via Nuova[28] gibt es wenige Anzeichen, die deren Trasse ab der Ecke zur Via Matteotti absichern: das Ospedale di Baccio di Federico mit zwei Arkaden in der Mitte.[29] Die kleine Kirche bzw. das Oratorium S. Antonio (8), das sich an dem Treffpunkt der Via Nuova (heute Via Gramsci) und der Via di Sotto erhebt, bildet ein anderes Zeichen der Beständigkeit des Verlaufs der neuen Straße, parallel zu derjenigen, die von uns mehrfach als Decumanus bezeichnet wurde und sich weiter oberhalb erstreckte. Andere Überreste von mittelalterlicher Bebauung wurden in dem Abschnitt bis zur Porta a Selci ans Licht gebracht (32), ferner im Viertel S. Agnolo (10, 11), einstmals Ort des römischen Forums, dessen Existenz durch die Überreste des Theaters und der Thermengebäude indiziert wird (25, 26). Auf dem Plan (vgl. Abb. 102. 103) beobachtet man ein kleineres Straßennetz, das durch Rampen mit fast geradlinigem Verlauf (Via di Docciola) und durch Umgehungswege (Vicolo di

Abb. 111 Rekonstruktion des Stadtbildes von Volterra im 13. Jh.

(3) und wird gestützt von einer mittelalterlichen Mauer (2. Ring), an deren Fuß die Via degli Alberi verläuft. Der Höhenverlauf, die zwischen dem Ende des 19. und den ersten Jahren des vergangenen Jahrhunderts entlang der Via Persio Flacco errichteten Gebäude, die Art der Straßenführung, das Vorhandensein der beiden Kirchen Santa Maria und S. Giovanni seit dem 8.–9. Jh. mit dem Bischofssitz lassen diesen Platz, der überdies in einigen Dokumenten «curtis regis» genannt wird, als Stätte der Amtsgewalt schon während der römischen Kaiserzeit vermuten. Um im Bereich einer qualitativen Analyse topographischer Art zu bleiben, beobachte ich auf den beigefügten Plänen, daß die im Inneren der Mauern gebauten Häuserblöcke, bezogen auf das hippodamische Prinzip[32] und die euklidische Geometrie, ungleichmäßig sind: die Straßen, die Gassen, die Wege verlaufen weder linear noch horizontal, außer in kurzen Abschnitten; die Fluchten der Gebäudefassaden zeigen einen kurvigen oder unterbrochenen Verlauf zur Straßenseite hin, während die Rückseiten der Gebäude ausgezackt sind; die Häuserblöcke haben annähernd Trapez- und Dreiecksform. Die Plätze sind Freiräume mit einer Bündelung von Funktionen. Die einzigen regelmäßigen planimetrischen Formen betreffen die Bauten für die Klöster S. Francesco (13) und S. Agostino (7), für das Konservatorium S. Pietro (6), für die mediceischen Befestigungsanlagen, wie auch für die Schulen S. Lino und S. Michele aus dem 19. Jh. Die Geländebeschaffenheit hat in offensichtlicher Weise die allgemeine Gestalt der Stadt bestimmt. Bereits bei den ersten Niederlassungen wurden die siedlerischen Vorbedingungen mit der empirischen Auswahl der Örtlichkeiten und der Wegeverbindungen geschaffen. Dann begann die Stadt, sich als Zusammenschluß von Dörfern zu bilden; sie setzte sich als bedeutendes etruskisches Machtzentrum (*lucumonia*) durch und umschloß sich im 4. Jh. v. Chr. mit dem Ring der Zyklopenmauern; in römischer Zeit wurde sie mit Thermen und einem Theater ausgestattet; im Mittelalter formte sie sich zuerst als bischöfliches Zentrum, dann als Bischofssitz und endlich als freie Gemeinde der Toskana (Abb. 110. 111). Die natürlichen Gegebenheiten und die siedlerischen Präexistenzen waren wichtige Faktoren, denen die Volterraner des 11.–15. Jhs. bei ihren Planungen Rechnung tragen mußten, wobei sie die eigenen Bauprogramme den bereits von Menschenhand gestalteten Gegebenheiten anpaßten.

S. Agnolo, del Forno) gegliedert ist und bis zur Fonte di Docciola führt.[30] Eine morphologische, typologische und bauliche Analogie zu dem Viertel S. Agnolo, jedoch ohne historischen Bezug, findet man in den Vicoli dei Ciliegini, di Chinzica sowie in der Via S. Felice wieder[31], die sich mit dem bereits betrachteten Abschnitt des Decumanus (Via S. Lino) verbinden. Die Piazza S. Giovanni zeigt eine planimetrische Form, die annähernd einem ungleichseitigen Dreieck entspricht, wenn man von den jüngsten Bauten absieht. Auf diesem Platz befindet sich das Baptisterium mit achteckigem Grundriß. Es gibt zwei Häuserblöcke von annähernd dreieckiger Form im Inneren der Stadt, in deren spitzem Winkel das Oratorium S. Antonio e S. Cristoforo liegt. Die Geländestufe, auf der Dom und Baptisterium liegen, beherrscht, wie von einer Bastion aus, nach Süden das Gebiet der Porta all'Arco

Übersetzt aus dem Italienischen von
Manuela Dreßen

Umberto Bavoni

Zu Ehren der Heiligen Clemens, Justus und Octavianus

Die Kirchen und das Museo di Arte Sacra von Volterra

Das frühchristliche Volterra

Schneller als in den anderen Zentren der Toskana breitete sich das Christentum in Volterra aus. Der Überlieferung nach stammte aus Volterra beispielsweise der unmittelbare Nachfolger des hl. Petrus, der hl. Linus. Er war ein Angehöriger der Familie der Mauri und erlitt am 23. September des Jahres 76 n. Chr. unter dem Konsul Saturninus das Martyrium. An der Stelle seines Geburtshauses ließ der Humanist Raffaello Maffei im ausgehenden 15. Jh. die Kirche und das angegliederte Kloster errichten, die seinen Namen tragen.

Eine altehrwürdige Tradition führt die Ursprünge der Diozöse von Volterra auf die Zeit der Apostel zurück. Ihr zufolge dokumentieren die zahlreichen Kirchen, die dem hl. Petrus und dem Erlöser geweiht sind, Weg und Predigt des Apostels Petrus, der – von einem Sturm an den Strand bei Pisa geworfen und von Christus aufgefordert, nach Rom zurückzukehren und das Martyrium zu erleiden – es vorzog, nicht die entlang der Küste verlaufende Via Aurelia, sondern eine ältere Straße im Landesinneren zu benutzen, die seit Urzeiten das antike Velathri mit der Urbs verband.

Die antiken Geschichtsschreiber berichten, daß Volterra durch drei von Petrus geschickte Jünger gallischer Herkunft bekehrt wurde: Dulcissimus, Carissimus und Crescentius. Ihre Reliquien, die 1491 während Restaurierungsarbeiten an der den Schutzheiligen Justus und Clemens geweihten Kirche aufgefunden wurden, werden noch heute in diesem später wiederaufgebauten Gotteshaus aufbewahrt und verehrt. In den ersten Jahren des 4. Jhs. n. Chr. erlitten zwei junge Christinnen, Actinea und Graeciniana, nach langer Gefangenschaft den Opfertod. Auf einem schönen Altarbild, das Domenico Ghirlandaio für den Hauptaltar der Abtei von Volterra malte und das sich heute in der Pinakothek befindet, sind die beiden Frauen dargestellt. Ihre sterblichen Überreste entdeckte man 1140, im selben Jahr als jene des hl. Klemens exhumiert und in einer etruskischen Urne beigesetzt wurden, die sich noch immer im Museo Guarnacci befindet (vgl. Abb. 53). Der hl. Clemens ist, gemeinsam mit den Heiligen Justus und Octavianus (Abb. 113), einer der drei Schutzheiligen von Volterra. Die Legenden um seine Person, die später der Mönch Blinderanno sammelte, haben den gleichen Ursprung wie die hochmittelalterlichen Berichte über die Christianisierung der Küstenregion von Massa. Clemens ge-

112

Abb. 112 Portal der Domfassade aus der Mitte des 13. Jhs. (Photo A. Suzuki)

Abb. 113 Lünette der Domfassade mit einem zeitgenössischen Relief von R. Consortini: Der hl. Linus zwischen den Heiligen Justus und Octavianus. (Photo A. Suzuki)

113

hörte zu einer Gruppe von Christen aus Afrika – Priester und Laien –, die sich im 2. Jahrzehnt des 6. Jhs. auf der Flucht vor den Verfolgungen durch die arianischen Vandalen unter Führung des Bischofs Regulus nach Sardinien einschifften, aber durch einen Sturm an die etruskische Küste vor Populonia getrieben wurden. Während Regulus mit seinen Schülern Felix und Cerbonius – dieser wurde später Bischof von Populonia und Patron von Massa Marittima – hier Halt machte, durchwanderte Clemens zusammen mit Justus und Octavianus die weiten Täler von Cornia und Cecina, bis sie in die Nähe von Volterra gelangten. Die Legende berichtet nun, daß das antike Velathri von Barbaren belagert wurde, die in kriegerischem Zorn das Land verwüsteten und die Stadt mehr und mehr mit Soldaten umzingelten. Dank der Stärke der mächtigen Mauern, die die Etrusker im 4. Jh. v. Chr. errichtet hatten, hielt die Stadt der Belagerung aber unermüdlich stand. Die Heiligen gelangten ins Innere der Stadt, als die Volterraner nunmehr fast völlig zermürbt waren und die Kapitulation kurz bevorstand, und widmeten sich unverzüglich der Verteidigung vor den Angreifern und der Betreuung der Belagerten. Octavianus erreichte durch Gebete die Erlösung der Stadt, während Justus und Clemens mit dem wenigen Mehl, das noch in Volterra vorhanden war, Brot backten und es von den Mauern der Stadt verteilten. Die belagernden Barbaren aber, die sich plötzlich von den Volterranern versorgt sahen, während sie doch geglaubt hatten, durch das Aushungern die Kapitulation fast erreicht zu haben, zogen in der Überzeugung des vermeintlich innerhalb der Mauern vorhandenen Reichtums an Nahrung wütend davon und verließen die Stadt für immer.

Justus wurde nun Bischof von Volterra, unterstützt durch seinen Bruder Clemens, einen Priester. Octavianus dagegen beschloß, sein Dasein als Eremit zu beenden und zog sich deshalb in die Tiefe eines Waldes bei Volterra zurück, wo er sich als Zuflucht die Höhlung einer jahrhundertealten Ulme wählte. Eines Tages hielt eine Meute von Hunden vor der Ulme inne und rief mit ihrem lauten Gebell den Jäger herbei, der den auf Knien gestorbenen Octavianus in jener Ulme vorfand. Der fromme Eremit erlangte große Berühmtheit: Andächtige Menschenmengen liefen herbei, und sofort errichtete man eine kleine Kirche, um den Körper des Heiligen aufzubewahren. Im Jahre 820 plante Bischof Andreas, die sterbliche Hülle des Octavianus in die Stadt transportieren zu lassen. Bei der Überführung liefen Klerus und Volk zusammen, als die geheiligten Überreste auf den Schultern der Priester in die Stadt getragen wurden. Aber da geschah es auf einem Stück des Weges mitten auf dem Land, daß die Sonne sich verdunkelte und der Regen sich in Strömen ergoß: Der Körper des Heiligen wurde dadurch so schwer, daß keine Schulter ihn mehr zu halten vermochte und der Zug zerstreut und verängstigt zum Stillstand kam. Damals gelobte Bischof Andreas, in der Kathedrale ein Domkapitel zu Ehren des Heiligen einzurichten, worauf das Gewitter sogleich aufhörte und der Körper, nun wieder ganz leicht geworden, freudig in die Stadt gebracht und in der Kathedrale bestattet wurde.

Wie so oft besitzen Legenden einen gewissen Wahrheitsgehalt: In diesem Fall ist es wahrscheinlich, daß Justus und Clemens, abgesehen von ihrer vermuteten afrikanischen Herkunft, zwei einflußreiche Mitglieder des Volterraner Klerus waren, ersterer sogar ausgezeichnet mit der Bischofswürde. Beide hatten sich offenbar dem Kampf gegen die arianische Häresie verpflichtet und zugleich um die bürgerliche Freiheit verdient gemacht. Zudem gibt es seit Ende des 5. Jhs. n. Chr. sichere Hinweise für die Existenz einer Volterraner Diözese, deren Ausdehnung jener des römischen Municipium entsprach. Es fehlt allerdings auch nicht an weniger erbauli-

114

115

chen Berichten wie beispielsweise jenem bezüglich des Bischofs Eucharistius, der von Papst Gelasius I. wegen Verschwendung des Kirchenvermögens abgesetzt wurde, oder dem über seinen Nachfolger Elpidius, der sich, kaum gewählt, beeilte, dem ungläubigen Theoderich seine Ehrerbietung zu bezeugen.

Auf den Kult der Heiligen Justus und Clemens verweisen schließlich auch Bauinitiativen von einem gewissen Ausmaß aus der Zeit nach der «dunklen» Periode, die dem Fall des Imperiums folgte. So findet sich im Chor der renovierten Kirche San Giusto eine gemauerte Altarmensa mit einer Inschrift, die besagt, daß zur Zeit des Langobardenkönigs Kunibert und des Bischofs Gaudentius, also gegen Ende des 7. Jhs., der Verwalter Alahis dem hl. Justus eine Kirche oder Kapelle weihte, der möglicherweise eine weitere zu Ehren des hl. Clemens angegliedert war: Um diese herum scheint sich außerhalb der Stadtgrenze – bezogen auf die römische Siedlung – eine Ortschaft gebildet zu haben, die den Namen «San Giusto» trug. Bischof Gunfred ließ diese beiden kleinen Kirchen wiederaufbauen und errichtete auf dem nahen Monte Nibbio die erste Benediktiner-Abtei, genannt «San Giusto al Botro». Sie wurde wahrscheinlich im 12. Jh. erneuert, in der 2. Hälfte des 16. Jhs. erweitert, doch seit der Mitte des 19. Jhs. wegen der Bedrohung durch die vorrückenden Erdrutsche der Steilhänge (*balze*), die bereits die Kirche der Heiligen Justus und Clemens und die sie umgebenden Häuser verschluckt hatten, verlassen.

Das erste Volterraner Bauwerk, über das wir präzise Angaben haben, ist die Kathedrale, die am 20. Mai 1120 durch Papst Calixtus II. eingeweiht wurde: Sie entstand in der Zeit der größten Ausdehnung der bischöflichen Macht und bevor sich jener Konflikt mit der aufkommenden Kommune entwickelte, der in Volterra eine Intensität und Dramatik erreichte, die in der Geschichte der anderen toskanischen Städte wohl kaum ihresgleichen finden.

Bischöfliche und weltliche Macht

Es sei auch erwähnt, daß das von den Franken ins Leben gerufene Grafentum (man weiß aus dem Jahre 990 von einem Grafen von Volterra – *comes vulturrentis* – namens Tedice di Gherardo della Gherardesca) in seiner fortschreitenden Feudalisierung dazu neigte, sich von der zentralen Autorität zu befreien, so daß diese ihrerseits Unterstützung bei den niederen Herren und vor allem bei den Bischöfen suchte, deren nicht erbliches Amt ja keine Möglichkeit zur Ausbildung von Familiendynastien bot. Zwischen dem 9. und dem 11. Jh. vollzog sich zunehmend eine politische und administrative Spaltung zwischen Stadt und Land: Während letzteres mit den typisch feudalen Einrichtungen und Gepflogenheiten unter der Herrschaft

***Abb. 114** Portal des Baptisterium, Ende des 13. Jhs. (Photo A. Suzuki)*

***Abb. 115** Fassade der romanischen Kirche San Michele Archangelo (13. Jh.). (Photo A. Suzuki)*

***Abb. 116** Spätromanische Kreuzabnahme in polychromem Holz von 1228 im Dom. (Photo F. Fiaschi)*

***Abb. 117** Hauptschiff des Doms mit vergoldeter Holzdecke (Ende des 16. Jhs.). (Photo F. Fiaschi)*

der Grafen verblieb, setzte sich in der Stadt immer mehr die Autorität der Bischöfe durch, um deren Freundschaft die karolingischen, sächsischen und fränkischen Kaiser durch die Bewillung von Privilegien und Immunitäten jeglicher Art buhlten, nicht zuletzt, um sie zur Überwachung der Grafen einzusetzen. Auch bevor die Bischöfe von Volterra formell die Grafenwürde erlangten, übten sie *de facto* vor allem mittels ihrer *vicecomites* die Macht aus, während sich ihre Gerichtsgewalt auf Grund von Landverkäufen und -schenkungen mitsamt den dazugehörigen Rechten seitens der gräflichen Familien an die Kirche immer weiter von der Stadt auf das Umland ausdehnte.

Die Figur des Bischofs – ein Graf «auf Kosten der Frommen und vollends auf irdische Belange bedacht» – erscheint seit der 1. Hälfte des 12. Jhs. klar umrissen in der Gestalt von Rogerius, jenem Bischof, unter dem die Kathedrale geweiht wurde. Er war eine Persönlichkeit, die eine gewisse Unabhängigkeit vom Kaiser und sogar vom Heiligen Stuhl besaß, und deren politische Autorität und richterliche Gewalt auf einem ungemein starken ökonomischen Fundament ruhte, das sich neben dem Bestand an Ländereien auf den Renditen der umliegenden Silberminen und dem Besitz von Salinen bei Volterra gründete, aus denen man noch heute Salz gewinnt und die den größten und meist umkämpften Bodenschatz des Gebietes darstellten.

In der Zwischenzeit aber bildete sich eine andere, noch junge Macht als Widerpart zum kirchlichen Despotismus heraus, nämlich jene der Kommune, die in Volterra wahrscheinlich gegen Mitte des 12. Jhs. ihren Anfang durch den Zusammenschluß mächtiger, verwandtschaftlich verbundener Familien nahm, die sich in der Stadt niedergelassen hatten, aber auch Beziehungen zu den Lehnsherren der Umgebung besaßen. Diese Familien, wahre Sippschaften und unduldsam gegenüber den feudalen Rechten, auf die die Bischöfe Anspruch erhoben, begannen, jene Amtspersonen wie Richter, Notare, Steuereintreiber usw., die sich in der bürokratischen Organisation der Kirche gebildet hatten, dazu später auch Händler und Handwerker, die im Gebiet der Stadtmauern tätig waren, an sich zu binden. Alle diese Personen und sozialen Gruppen – es wäre noch zu früh, von wirklichen Klassen zu sprechen – organisierten sich mit dem Ziel der Wahrung ihrer gemeinsamen Interessen unter einer unabhängigen Führung, und sie wählten Konsuln und Podestà (Stadtvögte), auf deren Dekrete auch der Landadel mit seinen Vasallen, Schutzbefohlenen, Dienern und Pächtern den Treueeid schwor. Dies alles geschah, als die kirchliche Macht in Volterra durch die adlige und feudale Abstammung der Bischöfe gestärkt wurde – so kamen etwa über ein Jahrhundert lang die Bischöfe von Volterra, mit Ausnahme des sanftmütigen Ugo dei Saladini, der ebenfalls ein Landadliger war, allesamt aus einer gräflichen Familie, den Pannocchieschi, die nicht nur auf Volterraner Gebiet ausgedehnte Güter besaßen, sondern auch in der Umgebung von Pisa, Siena und Massa Marittima.

Die Kathedrale

Parallel zur intensiven und außergewöhnlichen Entwicklung des bürgerlichen Bauwesens trat in Volterra eine religiöse Architektur hervor, die – wenn sie auch zunächst keine wesentlich originelle und eigenständige Richtung besaß – sich in zahlreichen Bauwerken von komplexer stilistischer Art und bemerkenswerter künstlerischer Qualität niederschlug, allen voran die Kathedrale, deren Einweihung – wie schon erwähnt – am 20. Mai 1120 stattfand. Die Kathedrale wird von einem riesigen dreischiffigen Gebäudekorpus à zehn Jochen gebildet, mit einem Querschiff und einer halbkreisförmigen Apsis, die Ende des 14. Jhs. durch die heutige rechtwinklige Tribüne ersetzt wurde. Einige verbliebene Abschnitte der ältesten Außenverkleidung am Querhaus und entlang der linken Seitenwand weisen in den kleinen Blendbögen mit alternierend eingelassenen Oculi und Rhomben und den darüberliegenden Bogenreihen über Lisenen deutlich Pisaner Merkmale auf. Die Gestaltung der Rahmen und der Lünetten unter den Doppelbögen erinnert hingegen an die groben Muster vorromanischer Zeit, die sich, wahrscheinlich pisanischen Ur-

116

117

sprungs, auf dem Gebiet von Volterra im Laufe des 11. Jhs. verbreitet hatten.

Laut Vasari wurde der Dom von Volterra im Jahre 1254 von Nicola Pisano vergrößert. Diese Nachricht entbehrt in jeder Hinsicht einer Grundlage, wohingegen wahr ist, daß um die Mitte des 13. Jhs. das Äußere der Kirche verändert und die ursprüngliche Fassade aus dem 12. Jh. erneuert wurde; sie war bereits damals mit drei Blendbögen über Lisenen gestaltet – ein Motiv, das sich auch an anderen romanischen Kirchen der Valdera (Pieve di Chianni) wiederfindet. In diese Blendbögen wurde Mitte des 13. Jhs. ein schönes Marmorportal mit einer Lünette eingelassen, die mit einer geometrischen, an aristokratische Pisaner Muster erinnernden Einlegearbeit gestaltet ist (Abb. 112), während ein hohes Giebelfeld mit einer kleinen Blendgalerie ebenfalls lombardisch-pisanischer Inspiration angebracht wurde. Diese Renovierungsarbeiten haben trotz des größeren Reichtums und der Kostbarkeit der dekorativen Einkleidung einen gewissen stilistischen Bruch bewirkt. Dies zeigt sich in der offensichtlichen Zurückhaltung, mit der einige architektonische Partien wie z. B. die bekrönende Blendgalerie, die den zu groß geratenen kreisförmigen Oculus der Fassade überlappt und in der Wirkung beeinträchtigt, in einen Organismus eingefügt wurden, der für eine gelungenere Assimilierung dieser Partien einer weitaus radikaleren Erneuerung bedurft hätte (vgl. Abb. 105). Trotz allem präsentiert sich die Fassade der Kathedrale als einzigartiger und gefälliger Kompromiß zwischen der klaren und etwas rauhen Schlichtheit der romanischen Landpfarreien (*Pieve*) und der Tendenz hin zu jenem raffinierten und typisch «hauptstädtischen» Geschmack, der sich mit einer ganz anders gefaßten formalen und kompositionellen Strenge in den größeren Bauwerken von Pisa und Lucca durchgesetzt hatte. Ursprünglich wurde die Domfassade an der linken Seite von einem Glockenturm flankiert, in den man durch das Innere des Domes selbst gelangte. Als er einzustürzen drohte, riß man ihn ab und errichtete 1493 an derselben Seite einen neuen – allerdings jenseits der Kapelle der Jungfrau Maria (vgl. Abb. 105). Von schlichter Gestalt erhebt er sich auf quadratischem Grundriß mit unterschiedlich hohen Absätzen, die durch Biforien belebt sind. So hoch er mit seinen 43 m jetzt auch ist, soll er doch, angeblich aus Sicherheitsgründen, nach dem Einsturz durch das Erdbeben 1846 in der Höhe verringert worden sein.

Im Verlauf des 12. Jhs. wurde die Kathedrale mit hervorragenden Skulpturen ausgestattet. Diese wurden vielleicht von einer kleinen Bildhauerwerkstatt unter Leitung des Meisters Biduino geschaffen, der es gelang, sich von dem flachen Dekorativismus der vorangegangenen Kunstströmung abzusetzen und eine ausgeprägte Plastizität zu realisieren. Diese lokale Werkstatt führte die Kanzel für den Dom aus, die um 1584 umgearbeitet und restauriert wurde (Abb. 118). Der Kanzelkorb ist rechteckig, wobei sich die Reliefs der Stirnseite mit den Darstellungen der Verkündigung und der Heimsuchung, des Opfers Isaaks und dem Letzten Abendmahl unmittelbar von jenen ableiten, die der Meister Guglielmo zwischen 1153 und 1162 für die erste Domkanzel in Pisa gestaltet hatte, und die später in die Kathedrale von Cagliari transferiert wurden. Im Verlauf des 13. Jhs. zeigt sich der Pisaner Einfluß in Volterra außer in der geometrischen Einlegearbeit der Lünette über dem Domportal in den eleganten rechteckigen Elementen der Chorschranke und des alten Hauptaltars der Kathedrale; sechs dieser Elemente befinden sich jetzt im Museo di Arte Sacra (Abb. 120), während acht Exemplare in das Antependium des Incontri-Denkmals in der Kathedrale eingefügt wurden. Die beiden Spiralsäulen mit den aufwendig gearbeiteten Kapitellen, die im Presbyterium nunmehr als Stützen für die beiden kandelabertragenden Engel des Mino da Fiesole dienen, waren ursprünglich Teil dieses Raumkomplexes oder gehörten zum Chor, der sich vor dem Hochaltar zu Füßen des Presbyteriums erhob und den die Berichte der frühesten Pastoralbesuche als «Ornatus sedibus et pulpitibus pulcherrimis» bezeichnen; im Zuge der 1584 erfolgten Restaurierungen wurde er zerstört.

Während der Episkopate der Pannocchieschi und der Ubertini wurde der Dom mit kostbaren Kunstschätzen ausgestattet. Auf das Jahr 1228 ist beispielsweise die grandiose Holzfigurengruppe der «Kreuzabnahme» zurückzuführen (Abb. 116). Mit diesem Werk bringen Kunsthistoriker eine Pergamenturkunde des Bischofs Pagano in Zusammenhang, der in Anbetracht der enormen Kosten, die das Kapitel zu tragen hatte, einen außerordentlichen Sündenablaß von 40 Tagen denjenigen gewährte, die durch Spenden halfen, die Ausgaben zu begleichen.

Im 14. Jh. informieren uns zahlreiche Testamente und die Pastoralbesuche der Bischöfe Cavalcanti und Neroni über das Vorhandensein vieler Fresken. Es läßt sich leicht vorstellen, daß der gesamte Kirchenraum ausgeschmückt war und über den Altären, deren genaue Zahl sich nur schwer feststellen läßt, kostbare Tafelbilder hingen, die in der Mehrheit von sienesischen Meistern ausgeführt worden waren. Das 15. Jh. stellt den Höhepunkt des Kunstschaffens für die Kathedrale dar, vor allem hinsichtlich der Quantität und Qualität der für den Gottesdienst geschaffenen sakralen Objekte. Man denke nur an das aus Silber und vergoldetem Kupfer angefertigte Reliquiar für den Schädel des hl. Octavianus, das Antonio del Pollaiolo schuf, oder an die zahlreichen Kelche, Reliquiare, Monstranzen und Kreuze. Leider sind sie bei den beiden großen Plünderungen, die die Sakristei über sich ergehen lassen mußte – die erste im Jahre 1472 durch den Herzog von Urbino und die zweite 1530 durch Francesco Ferrucci – größtenteils verlorengegangen. Immerhin sind noch sprechende Zeugnisse erhalten wie die Tafelbilder des Luca Signorelli und Bartolomeo della Porta, ferner das große Polyptychon von Taddeo di Bartolo, die Barbiella zugesprochene Holzskulptur der Maria mit Kind, die Gruppe des Verkündigungsengels mit der Jungfrau von Francesco Valdambrino, das von Mino da Fiesole ausgeführte Ziborium und das Taufbecken Sansovinos.

Die sienesischen Holzbildhauerwerkstätten realisierten gegen Ende des 14. und in den ersten Jahren des 15. Jhs. das neue Chorgestühl hinter dem Hauptaltar mit erlesenen Schnitzereien und aufwendigen Einlegearbeiten und außerdem die schlichten Schränke in der Sakristei, während Benozzo Gozzoli den Tabernakelraum mit Fresken des Zuges der Heiligen Drei Könige ausschmückte und so einen prächtigen Hintergrund für die Statuengruppe Andrea della Robbias schuf, die dort aufgestellt wurde (Abb. 119).

In der 2. Hälfte des 16. Jhs. wurde das Innere der Kathedrale einem radikalen Umbau unterworfen, in dessen Verlauf zwischen 1580 und 1584 der romanische Kirchenbau in ein Gebäude im Stil der Spätrenaissance verwandelt wurde, mit dem Ziel, die Kirche den neuen, aus dem Konzil von Trient hervorgegangenen liturgischen und funktionalen Anforderungen anzupassen (Abb. 117). Damals wurden die Steinsäulen durch Giovampaolo Rossetti mit Stuck aus Ziegelstaub verkleidet, die Kapitelle durch Leonardo Ricciarelli weggemeißelt und aus Gips neu gestaltet sowie eine prächtige Kassettendecke eingezogen: Sie zeigt ein wunderbares Zusammenspiel geometrischer, dekorativer und floraler Elemente mit Heiligenfiguren. Die Decke wurde von dem Volterraner Francesco Capriani entworfen, von Jacopo Pa-

***Abb. 118** Kanzel von 1584 unter Wiederverwendung von Reliefs und Skulpturen der Pisaner Schule aus dem späten 12. und frühen 13. Jh. im Dom von Volterra. (Photo F. Fiaschi)*

volini aus Castelfiorentino geschnitzt und von Fulvio Tucci aus San Gimignano bemalt und vergoldet. Außerdem hat man, nachdem der Bau der jetzigen Kapellen entlang der Seitenschiffe zum Abschluß gebracht war, den Hauptaltar vergrößert, die alte Chorschranke entfernt, die romanischen Einzelbogenfenster für den Bau der beiden Orgeln zu Seiten des Altars geschlossen und dafür an der Stirnseite die noch heute vorhandenen rechteckigen Fenster eingelassen, die mit bunter Verglasung die Wappen der Auftraggeber zeigen. Im Querschiff ließ Bischof Serguidi die Sakramentskapelle, die auch unter der Bezeichnung «Cappella dei miracoli del Signore» bekannt ist, ausführen. Sie ist mit Stukkaturen Leonardo Ricciarellis und Gemälden von Santi di Tito und Giovanni Balducci ausgeschmückt. Im gegenüberliegenden Teil des Querhauses fügte der großherzogliche Admiral Marchese Jacopo Inghirami eine weitere Kapelle zu Ehren des Apostels Paulus an, die er mit kostbarsten Marmorsorten auskleiden ließ und zu deren Bau und Ausgestaltung Bartolomeo Pieroni, Giovanni Caccini, Giovanni da San Giovanni, Domenico Zampieri, genannt Domenichino sowie Matteo Rosselli und Francesco Curradi gerufen wurden. Schließlich errichtete man zu Ehren des großen Kardinals Borromeo, der treibenden Kraft in der katholischen Reform, an der Seitenwand der Kathedrale noch eine weitere Kapelle, in der man ein Gemälde von Jacopo Chimenti, genannt «l'Empoli», anbrachte, das den hl. Karl im Gebet zeigt. Unterdessen wurden auch die Kapellen der Seitenschiffe mit Werken von Niccolò Cercignani (Beiname «Pomarancio»), Giovanni Battista Naldini, Francesco Curradi, Francesco Cungi aus San Sepolcro und Cosimo Daddi ausgestattet.

Im 19. Jh., d. h. in den Jahren 1842–1843, erfolgten in der Kathedrale weitere Umbaumaßnahmen und Restaurierungsarbeiten, die von dem aus Volterra stammenden Ingenieur Aristodemo Solaini beaufsichtigt wurden. Die einsturzgefährdeten Decken der Seitenschiffe wurden abgenommen und durch die jetzigen Gewölbe ersetzt, während die Wappen, die ursprünglich die Kassetten zierten, von dem Florentiner Gori entlang der Seitenwände des Mittelschiffs, wo sie heute noch zu sehen sind, neu gemalt wurden. Darüberhinaus bemalte Gori innerhalb eines Monats alle Wände der Kirche mit vorgetäuschtem grau-weißem Bossenwerk. Der gesamte Fußboden wurde in weißem und grauem Marmor verlegt; zudem übermalte der Tiroler Martinetti den aus dem 16. Jh. stammenden fingierten Marmor der Säulen mit Imitationen von rosafarbenem Granit. Das Presbyterium wurde nach einem Entwurf von Aristodemo Solaini und auf Kosten von Bischof Incontri gebaut.

Im Zuge der letzten Restaurierungen, die in den Jahren zwischen 1934 und 1936 unter Leitung der Soprintendenza di Siena ausgeführt wurden, erhielt das Querhaus seine gotische Gestalt zurück, auch wenn diese nicht den ursprünglichen Zustand darstellt. Die Orgeln aus dem 16. Jh. wurden abgerissen, das Mauerwerk mit Lagen von Tuffstein neu gestaltet, und allein aus Gründen der Symmetrie öffnete man an der Stelle einer jahrhundertealten Tür, die auf die Piazza dei Priori führte und seit 1443 dokumentiert ist, eine pseudogotische Kapelle. 1988 schuf Mino Rosi im Auftrag des Rotary Club von Volterra die Rosette mit der Darstellung der Marienkrönung. Im Jahre 1998 hat der Rotary Club auch die Fassade mit den Bildern der Heiligen Octavianus und Hugo in den beiden seitlichen Oculi vervollständigen lassen.

119

Das Museo di Arte Sacra

Aus der Kathedrale tretend und sich rechts haltend findet man sich vor der Loggia des Bischofspalastes und dem Eingang zum Museo di Arte Sacra. Das Museum hat seinen Sitz in einigen Räumlichkeiten des alten Pfarrhauses – dem jetzigen Bischofspalast –, wobei sich der Eingang in der heutigen Via Roma neben dem Campanile aus dem 15. Jh. befindet. Wie schon zu Anfang des Jahrhunderts von Corrado Ricci als Wunsch geäußert, wurde am 20. Dezember 1932 das Museum dank des Domherrn Maurizio Cavallini, der die Sammlung der Stücke und ihre Aufstellung besorgte, eröffnet. Die Ausstellung zeigt Werke, die aus der Kathedrale und zu einem kleinen Teil aus Kirchen der Diözese

Abb. 119 Krippengruppe (16. Jh.) vor den Fresken von Benozzo Gozzoli (um 1480) im Dom. (Photo F. Fiaschi)

Abb. 120 Römischer Sarkophag und mittelalterliche Reliefs. Museo di Arte Sacra. (Photo F. Fiaschi)

120

stammen. Die Hauptbedeutung des Museums liegt darin, daß es neben einigen Gemälden, Holz- und Tonskulpturen sowie religiösem Wandschmuck die einzigen Marmorskulpturen bewahrt, die noch von den großen, während des 14. Jhs. in der Kathedrale errichteten Denkmälern verblieben sind.

Unter dem Bogengang des Bischofspalastes sind einige Säulen aus dem 11. Jh. aufgereiht. Neben der Treppe befindet sich der Architrav der Kirche San Lorenzo a Montalbano, der ins 10. Jh. datierbar ist. Der Marmorfries mit den Engelsdarstellungen ist ein Werk von Mino da Fiesole. Elf Dreipaßbögen und zwei Marmorsäulen, wahrscheinlich aus dem alten Kreuzgang der Abtei von San Giusto, tragen die Porträts der Äbte, Engelsdarstellungen und Inschriften aus dem 14. Jh.

Der erste Saal beherbergt hölzerne Fragmente, die sich von der Dekoration der im 19. Jh. abgenommenen Kassettendecke der Seitenschiffe des Doms erhalten haben. Die geschnitzten Figuren sind Arbeiten des Bildhauers Jacopo Pavolini, der gemeinsam mit dem Architekten Francesco Capriani Ende des 16. Jhs. die Decke der Kathedrale gestaltet hatte. Der pisanische Einfluß des 13. Jhs. zeigt sich in den eleganten Rechteckelementen der Chorschranke und des alten Hauptaltares der Kathedrale, von denen hier sechs mit den Abgüssen der anderen acht versammelt sind, die in Form eines Antependiums unter dem Incontri-Denkmal angebracht sind.

Die bedeutendsten und bekanntesten Stücke unter den Marmorarbeiten des 14. Jhs. sind die sieben Relieftafeln, die Episoden aus dem Leben der Heiligen Octavianus und Victor illustrieren: Vier Szenen zeigen den Prozeß und das Martyrium des hl. Victor, während die anderen drei Szenen mit der Geschichte des Octavianus verbunden sind. Venturini war der erste, der die sieben Reliefs in Verbindung mit dem Tarlati-Kenotaph in Arezzo Agostino di Giovanni und Agnolo di Ventura zuschrieb. Neben diesen gehören die vier runden, in Flachrelief ausgeführten Medaillons mit den Büsten der Heiligen Justus, Clemens, Octavianus und Victor zu den ältesten Marmorarbeiten im Museum, wobei man als Schöpfer dieser Medaillons den großen Tino da Camaino vermutet. Der spätkaiserzeitliche römische Sarkophag markiert den frühesten Fall einer Wiederverwendung von Antiken. Er wurde im Jahre 1037 als Begräbnisstätte des Bischofs Goffredo benutzt. Der Grabstein mit dem Bildnis des Kriegers Michele Pigi Bonaguidi aus Volterra mit Rüstung und Schwert wurde 1378 geschaffen und beschließt die Auswahl der Werke in diesem Saal (Abb. 120).

Der nächste Saal bewahrt ein Giovanni d'Agostino zugeschriebenes Werk einer sitzenden Madonna mit Kind, flankiert von zwei stehenden Engeln, die ihr die beiden knienden, in ihrer Physiognomie genau charakterisierten Auftraggeber anempfehlen. Aus der Lünette des Portals von San Michele stammt die andere sitzende Madonna mit Kind; sie dokumentiert die starke Produktivität sienesischer Bildhauer in Volterra während der 1. Hälfte des 14. Jhs. Bemerkenswert ist das auf eine

121

122

kreuzförmige Tafel gemalte Kruzifix eines Künstlers aus dem Kreis um Giunta Pisano. Die an der Wand stehende «Pala di Villamagna» ist ein Werk Rosso Fiorentinos. Er malte sie 1521, also im selben Jahr wie die berühmtere «Kreuzabnahme», die sich heute in der Pinacoteca Civica befindet. Die thronende Madonna, 1545 von Daniele Ricciarelli geschaffen, gilt als ein Werk von herausragender Bedeutung.

In den Vitrinen ist unter den verschiedenen Objekten wie Lederetuis, Kreuzen, Reliquiaren, Weihrauchkesseln und -schiffchen die Reliquienbüste des hl. Octavianus aus getriebenem Silber und vergoldetem Kupfer hervorzuheben. Die Kommune von Volterra überreichte dieses Stück im Jahre 1534 der Sakristei des Domes, nachdem sie den Kopf auf dem von Andrea Pollaiolo gearbeiteten kupfernen Rumpf durch einen Florentiner Goldschmied in Silber hatte erneuern lassen. Dem gleichen Goldschmied schreibt man das prächtige doppelseitige Silberkreuz zu, das in ziselierter Zeichnung Blätter und Eicheln, dazu zwölf emaillierte Figuren in Vierpaßelementen zeigt; es wurde von Mario Maffei am 15. August 1535 als Ersatz für ein ähnliches Werk gestiftet, das Ferrucci 1530 geraubt hatte. Eine silberne Reliquienbüste des heiligen Märtyrers Victor aus den Anfängen des 15. Jhs. wird von Ricci dem Goldschmied Antonio da Volterra zugeschrieben, doch die Überlieferung will, daß sie von Papst Calixtus II. im Jahre 1120 gestiftet wurde (Abb. 122). Die Basis mit den kleinen Löwen ist eine Arbeit aus dem 13. Jh. und wurde von den sienesischen Meistern Ugolino di Vieri und Viva di Lando geschaffen. Bei einem vergoldeten Kupferkästchen mit eingelegten falschen Steinen, das zu einem Reliquiar für einen Kopf der Santi Innocenti umgewandelt wurde, handelt es sich um die Stiftung einer Kaiserin des Heiligen Römischen Reiches an Bischof Antinori (amtierte 1568–1576 in Volterra), wobei das Werk Wenzel Jamnitzer zugeschrieben wird. Das Alabasterziborium von 1575 und das Weihwasserbecken aus Marmor und Alabaster von 1567 sind zwei bemerkenswerte Arbeiten. Sie dokumentieren die Wiederaufnahme des Alabasterhandwerks, das nach dem Mittelalter unterbrochen war und nunmehr in den Brüdern Rossetti und den Spenditori neue Meister gefunden hatte.

Neben den in den Vitrinen des dritten Saales ausgestellten Silbergerätschaften ist das vergoldete Bronzekruzifix zu erwähnen, das Giambologna im Auftrag des Admirals Inghirami für die Domkapelle San Paolo geschaffen hat.

Die Sammlung dieses kleinen, aber interessanten Museums schließt mit einer Reihe von Paramenten des 15. und 19. Jhs. In der Mitte des Saales sind zwei Choralbücher aus Pergament mit gregorianischer Notation und sehr beachtlichen Miniaturen des Ordensbruders Agostino von 1299 ausgestellt. Sechs Choralbücher, bekannt als «Soderini», mit Miniaturen auf der ersten Seite, wurden zwischen 1508 und 1510 von Antonio Zeno, dem Propst der Kathedrale, zu Ehren des aus Volterra stammenden Bischofs und späteren Kardinals Francesco Soderini und seines Neffen Giuliano gestiftet.

Übersetzung aus dem Italienischen
von Victoria Lorini

***Abb. 121** Polychrome Terrakottabüste des Papstes Linus von Giovanni della Robbia. Museo di Arte Sacra. (Photo F. Fiaschi)*

***Abb. 122** Vergoldete Reliquiarbüste des heiligen Victor (Anfang des 15. Jhs.). Museo di Arte Sacra. (Photo F. Fiaschi)*

Franco Lessi

Kunstschätze in Volterra

Der Palazzo Minucci-Solaini und die Pinakothek

Der Palazzo Minucci-Solaini

Im 15. Jh. erreichte in Volterra der erbitterte Streit zwischen städtischem Konservativismus und aufsteigendem kaufmännischem Adel mit der Belagerung und Plünderung der Stadt im Jahre 1472 durch Federico da Montefeltro seinen Höhepunkt. Dies bedeutete – innenpolitisch gesehen – den Sieg der mächtigen, mit Florenz verbündeten Partei, für die der enge Bereich innerhalb der mittelalterlichen Stadtmauer schlecht geeignet war. Begünstigt durch den militärischen Sieg der Republik Florenz, zog die neue Formensprache der Renaissance in die Stadt ein, wo sie eine präzise Entsprechung in der Architektur fand, und auch ohne tiefgreifende Veränderungen der *forma urbis* mit sich zu bringen, veränderte sie deren Gefüge und äußeres Bild.

Es ist also kein Zufall, daß der erste Stein dieser Veränderung gerade von der Familie der Minucci gelegt wurde, die politisch mit Florenz verbunden war und durch Verwandtschaft mit den vornehmsten Geschlechtern der Umgebung wie den Inghirami, Incontri, Maffei, Riccobaldi, Lisci, Guidi, Contugi, Orlandi, den Herren von Sassetta, Rosselmini und Brunacci von Pisa, den Antinori, Mandragoni, Bardi und Grafen von Vernio. Überdies entfalteten einige der Familienmitglieder in der Heimat und im Ausland Aktivitäten auf höchster Ebene im kirchlichen, zivilen und militärischen Bereich. Um so weniger erstaunt, daß Giovanni Rondinelli im Jahre 1579, nachdem eine Normalisierung erfolgt und weitgehend gefestigt war, in seiner Schilderung an Don Francesco dei Medici den Palazzo Minucci und den Palazzo Maffei als erwähnenswerte Gebäude aufzählt: «Was prächtige Wohnstätten betrifft, so wüßte ich in der Stadt keine anderen zu nennen als den Palazzo der Maffei und den der Minucci, da die anderen mittelmäßig sind.»

Der Palazzo Minucci verrät tatsächlich auf den ersten Blick eine enge Verwandtschaft mit den Florentiner Adelsbauten des späten 15. Jhs., da er sich in all seinen Struktur- und Formelementen angeglichen an die zeitgenössischen Florentiner Paläste zeigt, vom quadratischen Modul bis hin zu den Kreuz- und Tonnengewölben für die Verbindungsräume, von der Verwendung

123

Abb. 123 Innenhof des Palazzo Minucci-Solaini (15.–16. Jh.), Sitz der Pinakothek. (Photo F. Fiaschi)

des Putzes und der *pietra serena* bis hin zur Ausschmückung nach dem Vorbild der Antike (Abb. 123). Während die lokale Geschichtsschreibung den Bau Antonio da Sangallo d. Ä. zuschreibt, dem die Verkleidung der «Vendita» auf der Piazza dei Priori zu verdanken ist, tendieren die neuesten stilistischen Untersuchungen dahin, ihn dem Baccio d'Agnolo und vor allem dem Cronaca zuzuweisen, dem Architekten des Palazzo Horne in Florenz. Dieser ist als identisch mit unserem Palazzo anzusehen, mit Ausnahme einer Stufe im unteren Teil der Fassade. Die Inschrift «Benedictus Minutius» auf dem Eingangsportal zum Garten vom Hof aus könnte die Datierung des Gebäudes, das sich hinter Türmen und in der Nähe von mittelalterlichen Häusern erhebt, um die Wende vom 15. zum 16. Jh. bestätigen. In der Tat wird der Palast, der in der zentralen Via dei Sarti gelegen ist, auf der linken Seite vom Komplex der mittelalterlichen Türme der Minucci flankiert, während sich auf der Rückseite der Zier- oder Nutzgarten befindet, und zwar in direkter Verbindung mit dem Innenhof des Palastes. So vervollständigt sich der Palazzo auch historisch gesehen mit dem Garten und den Türmen und löst in origineller Weise die Aufgabe der Einführung und Integration der neuen Palasttypologie in das vorher bestehende Gefüge. Darüber hinaus strebt der Palast mit seinem Hof, seinem Garten, den Kellern, seiner neuen Form und seinem neuen Stil im Gegensatz zu den kleinen, untereinander so ähnlichen Palästen mit Bossenwerk aus dem 14. und 15. Jh. danach, die Präsenz einer «Familie» im sozialen Kontext der Stadt hervorzuheben, aber auch die Eigenständigkeit einiger Familien der Volterraner Gesellschaft, die mit Florenz verbunden waren, zum Ausdruck zu bringen.

Anfang des 19. Jhs., nachdem der Zweig der Volterraner Minucci ausgestorben war, wurde der Palast von Sebastiano Solaini erworben. Dessen Nachfahren teilten mit der Zeit das Besitztum auf, indem sie es an Privatleute verkauften, die das Gebäude in einzelne bürgerliche Wohnungen umwandelten. Infolgedessen wurden die gewölbten Räume, die Salons und Säle mit ihren hölzernern, geschnitzten und vielfarbig bemalten Kassettendecken durch Zwischenwände getrennt; das gleiche Schicksal wurde dem Innenhof zuteil, wo die Bögen zugemauert wurden, um hier Alabasterwerkstätten einzurichten, und auch der Altan, die obere Loggia, wurde geschlossen, durch Zwischenwände getrennt und in die Appartements eingegliedert. Durch solche Änderungen erlitt der monumentale Komplex beachtliche Minderungen und Verluste.

Die Entstehung der Pinakothek

Commendatore Ezio Solaini, Direktor des Museums und der Biblioteca Guarnacci, der Besitzer von einem Drittel des Palastes war, verfügte testamentarisch die Schenkung seines Besitztums an den Staat nach seinem Tode, der am 7. Februar 1942 eintrat, zum Zwecke städtischer kultureller Aktivitäten. Dadurch wurde in den 80er Jahren des 20. Jhs. die Überführung der Pinakothek, die im Jahre 1905 von Corrado Ricci eingerichtet worden war, aus dem Palazzo dei Priori an ihren heutigen Ort im Palazzo Minucci-Solaini ermöglicht. Die Pinakothek von Volterra ist also heute im Palazzo Minucci-Solaini untergebracht, und zwar im Haus desjenigen Mannes, der sich mehr als jeder andere nach Corrado Ricci dafür eingesetzt hatte, daß das Museum im fernen Jahre 1905 das Licht der Welt erblickte.

Infolge des Testamentes von Solaini und dank der eifrigen Bemühungen der Gemeindeverbände um den Erwerb des ganzen Gebäudes kam das Ministerium zu dem Beschluß, die übrigen Teile des Palastes zu kaufen, mit seiner vollständigen Restaurierung zu beginnen und als Sitz der Gemeindebibliothek, der Biblioteca Guarnacci sowie des Städtischen Historischen Archivs zu bestimmen: das Erdgeschoß und den ersten Stock für die Gemeindebibliothek und die Biblioteca Guarnacci sowie für das Städtische Historische Archiv, den zweiten Stock für die Pinakothek «um so die Bilder in Ordnung zu bringen, die sich derzeit zu ihrem offensichtlichen Nachteil in einem Saal der Gemeindeverwaltung von Volterra befinden». Es ist an dieser Stelle nicht angebracht, die komplizierten Modalitäten des Erwerbs der verschiedenen Eigentumsanteile des Palazzo Minucci-Solaini für den öffentlichen Besitz im Detail wiederzugeben. Es mag genügen zu berichten, daß der ganze Palast Staatseigentum wurde und von der Finanzbehörde am 15. September 1960 für die notwendigen Restaurierungsarbeiten der Soprintendenza ai Monumenti e Gallerie di Pisa übergeben wurde, d. h. 28 Jahre nach dem Tode des Rechtsanwalts Ezio Solaini. Der monumentale Komplex war daher Gegenstand umfangreicher Sanierungsarbeiten, statischer Festigung, struktureller Neubildung von Teilen, die beträchtlich abgenutzt oder abgetragen waren, sowie von zahlreichen und schwierigen Eingriffen wie der Wiederherstellung der Deckengewölbe und der kunsthistorisch fundierten Restaurierung beachtlicher Teile des ursprünglichen plastischen und gemalten Dekors. Nach beendeter Restaurierung wurde der Palazzo Minucci-Solaini der Stadt am 8. August 1980 präsentiert: in jenen Jahren wurde der Palast ausschließlich zum Sitz der Städtischen Pinakothek bestimmt, da sich einige der örtlichen Beschlüsse geändert hatten.

Die Pinakothek von Volterra hat in den über 70 Jahren zwischen ihrer Einrichtung durch Ricci und der Überführung der ganzen Sammlung in den Palazzo Minucci-Solaini (1982) keine nennenswerten Umbildungen erfahren. In begrenzte Räume gezwungen und zu einer manchmal schwierigen Gemeinschaft mit den Tätigkeiten und Bedürfnissen der Stadtverwaltung genötigt, ist sie dennoch in Bekanntheit und Ansehen gewachsen und ein unverzichtbarer Bezugspunkt für kunsthistorische Studien und den Bildungstourismus in Italien geworden. Ihre Gemälde, «wenige, aber gute» hatte Corrado Ricci gesagt, waren Gegenstand bedeutender Studien und erfuhren eine würdigende Aufnahme in berühmte Ausstellungen. Es ist angebracht, unter den Studien wenigstens die Arbeiten Enzo Carlis anzuführen, *Volterra nel Medioevo e nel Rinascimento* (1978) und den kleinen Sammlungskatalog (1980), während es stellvertretend für alle Ausstellungen genügt, an die große Florentiner Schau über das 16. Jh. in der Toskana zu erinnern (1940), die die «Kreuzabnahme» des Rosso Fiorentino zeigte (Abb. 124) und die beiden Tafelbilder des Pieter de Witte, nämlich die «Geburt Christi» und die «Beweinung». Aus jüngerer Zeit sind unter den verschiedenen Studien sowohl der Sammlungskatalog *La Pinacoteca di Volterra* (1980), herausgegeben von Antonio Paolucci, hervorzuheben als auch der von verschiedenen Gelehrten bearbeitete Katalog *Il Rosso e Volterra* (1989), der die Ausstellung *Pontormo und Rossi – Der Manierismus in der Toskana* begleitete.

Die Überführung der Sammlung an den neuen Ort hat es außerdem ermöglicht, um den ursprünglichen Kern herum Werke von großem historisch-künstlerischen Interesse zu versammeln, die Einrichtungen gehörten, welche nicht mehr in der Lage waren, eine angemessene Aufbewahrung und eine zufriedenstellende Präsentation zu gewährleisten. Es wurden außerdem die Sammlung des Conservatorio di S. Lino in S. Pietro hinzugefügt mit der bekannten hölzernen Gruppe der «Verkündigung» aus dem 15. Jh., die dem Sienesen Francesco di Domenico Valdambrino zugeschrieben wird, die aus den Spedali Riuniti

***Abb. 124** «Kreuzabnahme» des Rosso Fiorentino von 1521 in der Pinakothek. (Photo F. Fiaschi)*

von Volterra stammende Kollektion mit hölzernen Geräten und Gemälden aus dem 16. und 17. Jh. sowie die nicht archäologischen Stücke des Museo Guarnacci. Zu diesen gehören Skulpturen des 13. Jhs., ein wertvoller Münzschrank, der unter anderem sehr schöne Exemplare der Prägestätte von Volterra enthält, und eine Medaillensammlung, die Werke auch von Pisanello und Matteo de' Pastis umfaßt. So belegen und verkörpern die Werke der Ricci'schen Pinakothek zusammen mit den oben erwähnten sowohl die bedeutende Kunst der Toskana vom Mittelalter bis zum Manierismus als auch die künstlerische Geschichte Volterras, Grenzmarke zwischen untereinander verschiedenen und miteinander verflochtenen stilistischen Gebieten und somit Gegenstand philologischer Untersuchung und historischer Rekonstruktion, die so faszinierend wie schwierig sind.

124

Die «Kreuzabnahme» des Rosso Fiorentino

Zu behaupten, daß die Pinakothek in Volterra ausschließlich deshalb besucht wird, weil sie die «Kreuzabnahme» des Rosso Fiorentino aufbewahrt, würde eine Verzerrung darstellen: sicher ist allerdings, daß dieses Gemälde des Rosso einen solchen Vorrang an Beliebtheit und Bewunderung genießt, den kein anderes Kunstwerk der Volterraner Pinakothek jemals auch im entferntesten zu gefährden vermochte: weder das große Polyptychon mit der Madonna und Heiligen von Taddeo di Bartolo (ca. 1362–1422), überreich an Fialen, funkelnd von Gold und Farben, noch die hochgelobte Tafel des «Christus in der Glorie» von Domenico Ghirlandaio (1449–1494), in dem die perspektivische Darstellung einer leuchtenden und phantastischen Landschaft, wunderbare Synthese von italienischem Genie und flämischer optischer Klarheit, als Hintergrund für das geschickte architektonische Spiel der Figuren im Vordergrund fungiert, weder die herrliche «Verkündigung» von Luca Signorelli (1450–1523) mit den beiden in eine offene Architektur einbezogenen Figuren in ihrem Inneren, mit reichen Lichteffekten flämischen Stils und mit einer Landschaft reich an Gebäuden und von außergewöhnlichen Farbeffekten entzündet (Abb. 125), noch die Tafeln der «Beweinung» und der «Anbetung der Hirten», die Pieter de Witte mit großartiger Originalität ausführte, ohne im geringsten von gelehrtem Zitat und akademischer Achtung zurückzutreten (Abb. 126), noch das Gemälde mit der Madonna und Heiligen von Baldassare Franceschini, in dem sich die Merkmale der Bologneser Schule der Caracci mit reichen Licht- und Farbeffekten manifestieren. Im Gegenteil, zusammen mit der Bronzefigur der «Ombra della Sera» im Museo Guarnacci, erscheint die «Kreuzabnahme» heute als Sinnbild Volterras und ist einer der Hauptgründe für das gebildete italienische und ausländische Publikum für eine Reise in diese alte toskanische Stadt.

Die «Kreuzabnahme» ist zweifellos das Werk des Rosso, das den größten Anklang in der Kritik gefunden hat, so sehr, um einstimmig als das Meisterwerk des Künstlers angesehen zu werden (vgl. Abb. 124). In der Tat hat sich die Kritik seit Vasari bis in unsere Tage immer wieder bemüht, die Bedeutung dieses außergewöhnlichen Werkes zu erklären und zu interpretieren, mal die mitreißende formale Neuheit hervorhebend, dann nach Zeichen einer gequälten Spiritualität forschend, mal Berührungspunkte und Divergenzen mit Michelangelo, Lippi, Del Sarto und Pontormo unterstreichend, dann in der «Kreuzabnahme» des Rosso ikonographische Motive mittelalterlicher Herkunft erkennend, mal die nicht vollendete Ausführung des Werkes geltend machend, als ob der Künstler die Tafel aus irgendeinem obskuren und unverständlichen Grund unvollendet gelassen hätte (Becherucci, 1944; Barocchi, 1950; Briganti, 1961; Freedberg, 1988). In Wirklichkeit ist die «Kreuzabnahme» in Volterra vollkommen abgeschlossen auf uns gekommen; der Eindruck, daß die Tafel nicht fertiggestellt sei, beruht auf der Tatsache, daß Rosso in der Ausführung des Werkes bewußt die Technik des *non finito* gebrauchte und die rohe Sichtbarkeit des Entwurfs auf der Leinwand gegenüber einem sorgfältigen Auftrag der Malschicht und der Farbe bevorzugte, vielleicht um die Unzulänglichkeit der Kunst, die Erhabenheit des heiligen Sujets vollendet wiederzugeben, auszudrücken. So konnte die Malerei als strafbarer formaler Perfektionismus angesichts des schrecklichen Todes Christi erscheinen (Burresi, Caleca, 1981; Ciardi, 1987–1994; Paolucci, 1999). Es ist besonders eindrucksvoll, daß die

125

126

«Kreuzabnahme» in Volterra, die unter dem Einfluß verschiedener Künstler hervorgebracht wurde, einem jungen Mann von 26 Jahren verdankt wird, über dessen Ausbildung uns nur das Zeugnis Vasaris bleibt: «Rosso zeichnete in seiner Jugend an dem Karton des Michelangelo, und wollte mit wenigen Künstlern *stare all'arte*, da er eine gewisse gegensätzliche Meinung zu deren Stil hatte.»

Auf den ersten Blick scheint das populäre Thema der «Kreuzabnahme» nicht mit der gefestigten Tradition zu brechen; man braucht aber nicht allzu weit in der Zeit zurückgehen, etwa bis zu der hölzernen «Kreuzabnahme» aus dem 13. Jh. im Dom von Volterra (Abb. 116), die nicht nur wegen des kompositorischen Aspekts eine Anregung gegeben hätte, sondern auch und vor allem wegen der Hölzernheit und Eckigkeit der Figuren. Der unmittelbarste Bezugspunkt wird vielmehr von dem Altarbild der «Kreuzabnahme» gebildet, das von Filippino Lippi im Jahre 1501 ausgeführt und von Perugino vollendet wurde. Von diesem Prototyp stammt das Motiv der beiden nebeneinander stehenden Leitern, wenn auch die Komposition dort weniger dramatisch erscheint: die Männer, die sich um den Körper Christi bemühen, bewahren den milden Ausdruck und die gemessenen Gesten, die die Tradition des Evangeliums diesen frommen Anwesenden zuweist. In dem Gemälde des Rosso hingegen ähneln sie heulenden und entfesselten Teufeln, die sich auf den Treppen bewegen wie Akrobaten auf ihren Geräten (Argan, 1968). Der Körper Christi auf dem Bild von Lippi und Perugino ist von konventioneller Schönheit und ein eindeutiges Zitat der «Pietà» des Michelangelo in der Peterskirche in Rom. In der Interpretation des Rosso nimmt er die Schwere und gleichzeitig die Schlaffheit der Glieder eines Toten sowie die blaßbläuliche Farbe einer Leiche in einem Totenhaus an. Aber die Zitate nach Michelangelo erschöpfen sich nicht hierin: die Figur mit Lendenschurz auf der Leiter nimmt exakt eine nackte Figur auf, die ganz im Vordergrund auf dem Karton für die «Schlacht von Cascina» dargestellt ist, während der weinende hl. Johannes mit roten Haaren, der dem Richtplatz den Rücken zuwendet und mit den Händen das Gesicht bedeckt, so daß er wie ein negiertes Selbstporträt erscheint, die gleiche Haltung zeigt wie die aus dem Paradies vertriebene Eva im Deckengewölbe der Sixtinischen Kapelle, ohne den Adam Masaccios in der Szene der Vertreibung aus dem Paradies in der Brancacci-Kapelle in Santa Maria del Carmine in Florenz zu vergessen.

Die «Kreuzabnahme» in Volterra, mit ihren grellen und harten Tönen, den meisterhaften Brüchen in den Farben (Leoni-Zanobini, 1986), mit der Besessenheit von Ecken, Kanten, Facettierungen wie einer Art von «kubistischem Gewaltakt», kann daher als das charakteristischste Werk des Rosso Fiorentino angesehen werden, eine wahrhaft avanguardistische Leistung im 16. Jh., beinahe eine exemplarische *summa* jener antiklassischen Tendenzen, die sich in den formalen Komponenten der *Maniera Moderna* finden.

Übersetzung aus dem Italienischen von Manuela Dreßen

Abb. 125 «Verkündigung» des Luca Signorelli von 1491 in der Pinakothek. (Photo F. Fiaschi)

Abb. 126 «Anbetung der Hirten» des Flamen Pieter de Witte (1548–1612) in der Pinakothek. (Photo F. Fiaschi)

Diedrich Praeckel

Erkundung einer alten Stadt – Volterra

Es begann mit der Frage, warum die Piazza dei Priori, Volterras zentraler Platz, von der Bevölkerung so wenig akzeptiert wird. Einmal in der Woche, während des Markttages, ist er voller Leben, ansonsten ist er Parkplatz (Abb. 127). Die Passanten überqueren ihn eilig, wenn sie zur Post, zur Bank oder zu den anliegenden Behörden wollen.

Von einem deutsch-italienischen Freundeskreis des Centro Interculturale Villa Palagione in Volterra wird der Fachbereich Architektur und Städtebau der Universität Siegen eingeladen, vor Ort Ideen zu entwickeln, wie der Platz aufgewertet werden könnte. Nach vorbereitenden Studien italienischer Plätze machen wir uns 1994 in Volterra an die Arbeit. Es ist eine willkommene Chance, sich mit dem Platz, aber auch mit dieser geschichtsträchtigen Stadt zu beschäftigen. Seitdem finden jedes Jahr Entwurfsseminare in Volterra statt. Die Beschäftigung mit einem einzelnen Platz ist nur sinnvoll unter Beachtung des städtebaulichen Zusammenhanges, seiner gesellschaftlichen Rolle innerhalb der gewachsenen Stadtstruktur. Wie ist diese beschaffen, wie ist sie enstanden, was macht das Besondere, die Einmaligkeit dieser Stadt aus?

Die Stadt liegt auf einem Höhenrücken, der die Landschaft dominiert, in strategisch günstiger Lage, geschützt durch massive Mauern, welche die Natur ausgrenzen und die kompakte Bebauung des *centro storico* umschließen, die nicht mehr Fläche einnimmt als die zwischen Kapitol und Kolosseum in Rom, ideale Dimensionen für eine Fußgängerstadt (Abb. 128). Die 3000 Jahre alte Stadt – die Architektur über Jahrhunderte vom gleichen Stein geprägt – ist ein Abbild ihrer bewegten Geschichte. Ihre stadtbauliche Struktur ist immer noch von dem antiken Straßenkreuz geprägt. Dort, an der Kreuzung der Via G. Mateotti und Via A. Gramsci, nicht auf der Piazza dei Priori, treffen sich noch

127

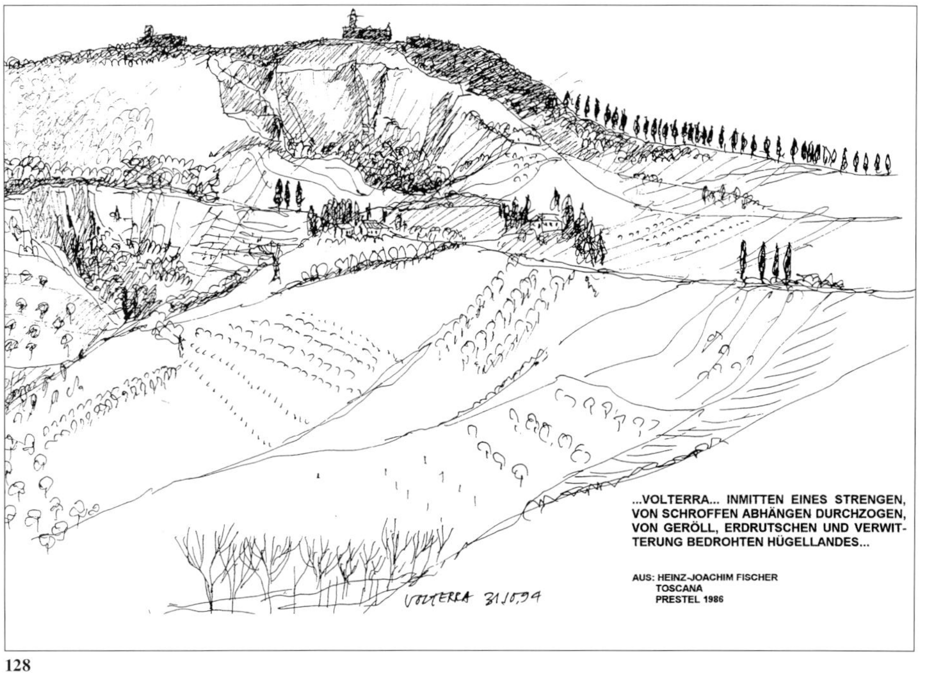

128

***Abb. 127** Markttag auf der Piazza dei Priori.*

***Abb. 128** Höhenlage Volterras, westlicher Bereich. Die Abtei der Kamaldulenser und die Kirche S. Giusto oberhalb der Balze.*

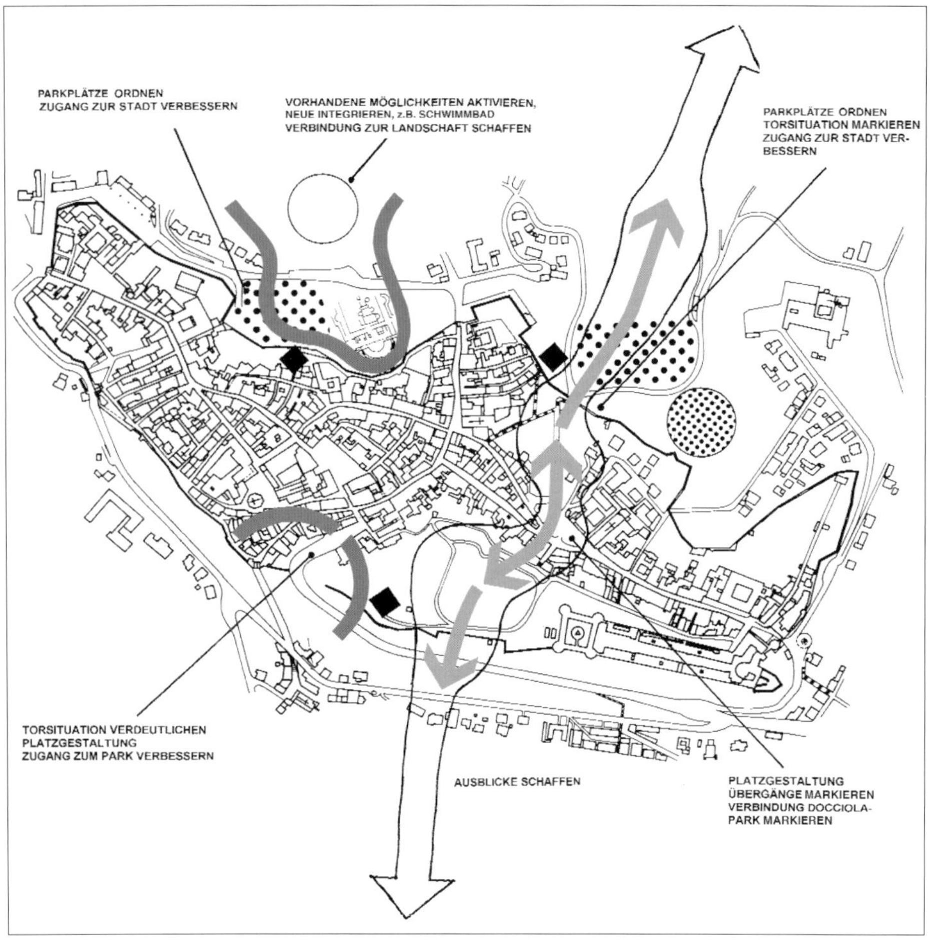

129

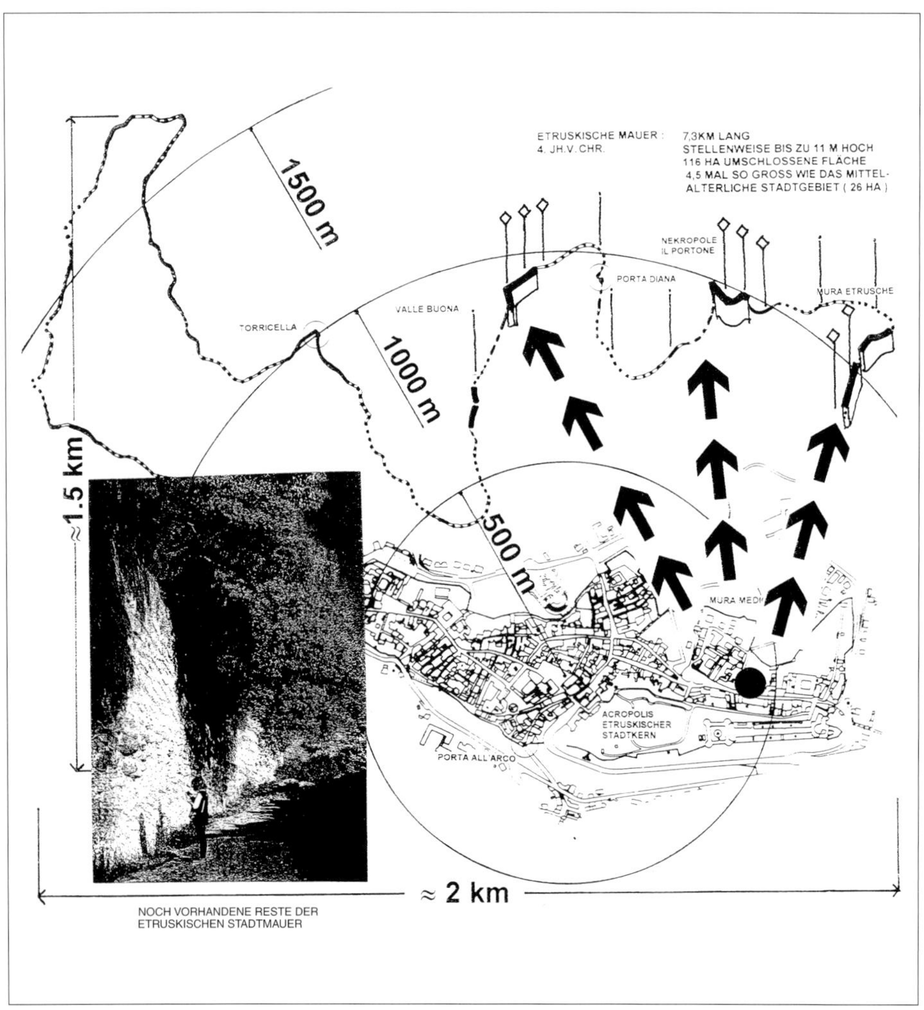

130

heute vorzugsweise die Einheimischen. Das *centro storico* erscheint als Archetypus der Stadt schlechthin. Die in Jahrhunderten genutzte, umgebaute und nach den unterschiedlichen zivilisatorischen Ansprüchen veränderte Stadt ist trotz ihrer Abschürfungen und Ungleichheiten immer noch als eindrucksvolle Einheit erlebbar.

Heute sind allerdings auch die Folgen der wirtschaftlichen Schwäche erkennbar. Das traditionelle Handwerk der Bearbeitung des Alabasters geht zurück, bei der Auflösung der psychiatrischen Anstalten verloren viele Volterraner ihre Arbeit. Es mangelt an neuen Arbeitsplätzen, da infolge der abseitigen Lage der Stadt und ihrer ungünstigen Verkehrsanbindung der Anreiz zu Investitionen fehlt. Die Kernbevölkerung ist überaltert, die Jugend zieht fort. Volterra hat gerade wegen seiner Lage aber auch gute Zukunftschancen. Innovative Konzepte sind vonnöten.

Man kann sich mit dieser Stadt nicht ernsthaft beschäftigen, ohne über das Wesen der europäischen Stadt überhaupt nachzudenken, und man wird Volterras Zukunft nicht angemessen begleiten können, ohne von ihrer Vergangenheit zu lernen: ein ideales Betätigungsfeld für angehende Stadtplaner und Architekten.

Genaue Kenntnis und einfühlsame Beachtung des *genius loci* sind unabdingbar. Intensive Studienaufenthalte zur Bestandsaufnahme historischer Bauwerke, Erkundung des Stadtbildes, Ortsbildanalysen, Studien im Stadtarchiv, Gespräche mit der Bevölkerung, Vorstellung und Diskussion der Studien, Entwicklungskonzepte, Entwurfsseminare und Vortragsreihen sind durchgeführt worden und werden in den nächsten Jahren weiter verfolgt (Abb. 129). Für geeignete Arbeitsräume hat Volterra den Torre Toscano, einen mittelalterlichen Geschlechterturm inmitten des *centro storico* zur Verfügung gestellt und entsprechend eingerichtet.

Die etruskische Stadt Velathri, in ihrer Blütezeit Mitglied des alten Zwölfer-Bundes verschiedener etruskischer Städte, war annähernd fünfmal größer als das heutige historische Stadtzentrum. Ihre nördliche Stadtmauer ist an einigen Stellen in der

Abb. 129 ***Städtebauliche Hauptziele.***

Abb. 130 ***Vorschlag zur Kenntlichmachung von Resten der etruskischen Stadtmauer.***

Abb. 131 ***Bebaute Flächen des «centro storico».***

Abb. 132 ***Öffentliche Flächen des «centro storico».***

freien Landschaft noch in ihrer eindrucksvollen Monumentalität erhalten. Um diesen Eindruck bewußt zu machen und vor allem den Besuchern zu verdeutlichen, wird der Vorschlag gemacht, die abgelegenen Mauerteile, u. a. die Porta Diana, so zu akzentuieren, daß sie von der Innenstadt, z. B. von der obersten Ebene des Museo Guarnacci, als Bestandteil des antiken Mauerringes erkennbar werden (Abb. 130). Mehrere Studienarbeiten beschäftigen sich mit der notwendigen Erweiterung des Museums, andere mit dem Entwurf eines Neubaues, in welchem die Objekte besser präsentiert werden könnten.

Das Geflecht der unterschiedlichen Verkehrswege, der Plätze, der Freiflächen und Innenräume öffentlicher Bauten werden im Gegensatz zu den bebauten und nicht zugänglichen Bereichen ermittelt und in der von Giovanni Battista Nolli im 18. Jh. für die Stadt Rom entwickelten Darstellungsweise dokumentiert (Abb. 131. 132). Dadurch wird es möglich, sowohl die aus dem Zusammenwirken von öffentlichen und privaten Bereichen resultierenden stadttypischen Eigenheiten als auch störende Maßstabsbrüche in der städtebaulichen und architektonischen Textur kenntlich zu machen.

In seiner Flexibilität ist der öffentliche Raum Volterras den unterschiedlichen Ansprüchen vieler Jahrhunderte gerecht geworden. Auch die Allgegenwart des motorisierten Verkehrs muß nicht die Zerstörung der gewachsenen Struktur zur Folge haben. Anlieferung, öffentlicher Nahverkehr und Anliegerverkehr sind durch die vier Stadttore sowie durch zwangsläufig bestimmte Einbahnstraßen bereits fest geregelt. Innerhalb der Stadtmauer gibt es keine Parkflächen. Auch auf der Piazza dei Priori stehen inzwischen keine Autos mehr. Heute kann nur vor den Mauern geparkt werden. Da die Parkplätze bis zu 30 m tiefer liegen, werden z. B. an der Porta Docciola als Verbindung zum inneren Stadtbereich, der bisher über alte, sehr schöne, aber beschwerliche Treppen erreichbar ist, sowie auch am römischen Theater zusätzliche Aufzugsanlagen vorgeschlagen: transparente, einladende Aufzugstürme an Stellen, wo man sonst eher massive, geschlossene Verteidigungstürme erwarten würde (Abb. 133). Der Kontrast von leichten Stahl- und Glaskonstruktionen zum schweren Stein ist eine Reverenz der Gegenwart an die Vergangenheit des von seinen ursprünglichen Funktionen befreiten Gemäuers. Die kurzen Entfernungen im *centro storico* erlauben im gesamten Bereich, einschließlich des zentralen Platzes, eine durchgehende Fußgängerzone, eine Innenstadt ohne Ampeln.

Die Mauern selbst und vor allem die wuchtigen Toranlagen der etruskischen Epoche – Porta all'Arco – und des Mittelalters – Porta Docciola, Porta Fiorentina, Porta Marcoli und Porta S. Francesco – werden vermessen und zum ersten Mal genau aufgezeichnet. Die Untersuchungen der Universität Siegen werden in diesem Punkt von Architekturstudenten aus Pisa ergänzt. Parallel dazu vermessen und dokumentieren diese auch die Überreste der etruskisch-römischen Akropolis im Parco Archeologico Enrico Fiumi (Abb. 134. 135).

Die größte Herausforderung ist das Angebot der Stadt Volterra, als zukünftigen Sitz des geplanten «Laboratorio Universitario Europeo Volterra» (LUEV) den Poggio alle Croci zur Verfügung zu stellen. LUEV ist 1995 von Vertretern der Universitäten Siegen, und Pisa, der Bauakademie Maastricht, der Stadt Volterra, der Provinz Pisa und der Region Toskana, des Centro Interculturale Villa Palagione sowie des Europa-Abgeordneten R. Barzanti gegründet worden.

Auf dem Poggio alle Croci, in unmittelbarer Nähe des Stadtzentrums auf einer Bergkuppe, inmitten eines dichten Baumbestandes, befindet sich ein Teilkomplex der ehemaligen psychiatrischen Anstalten von Volterra, die 1978 im Rahmen der Psychiatriereform aufgelöst wurden. Seit über 20 Jahren stehen diese Gebäude, in

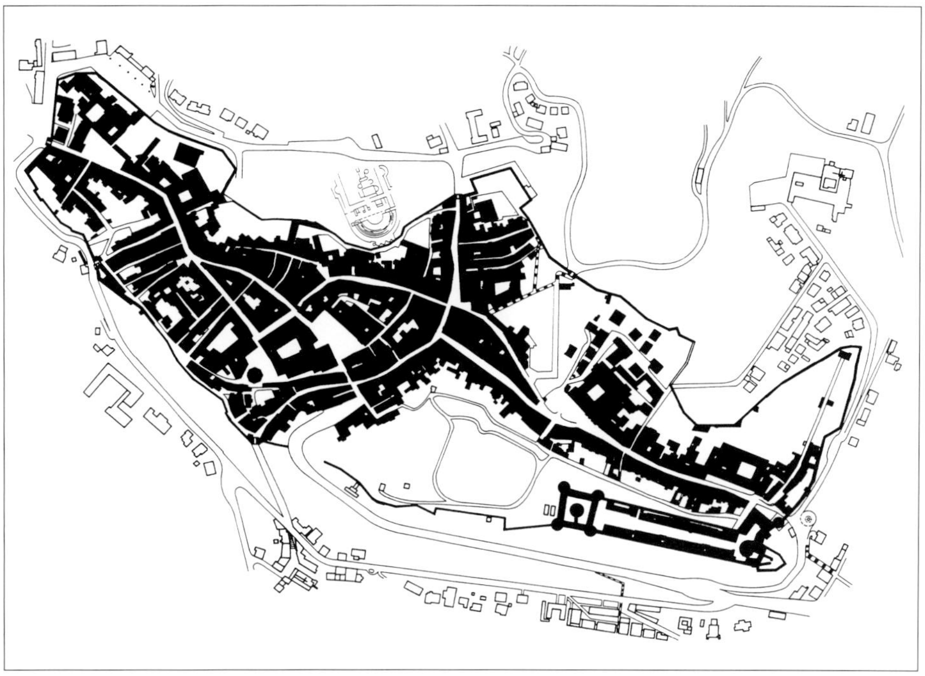

131

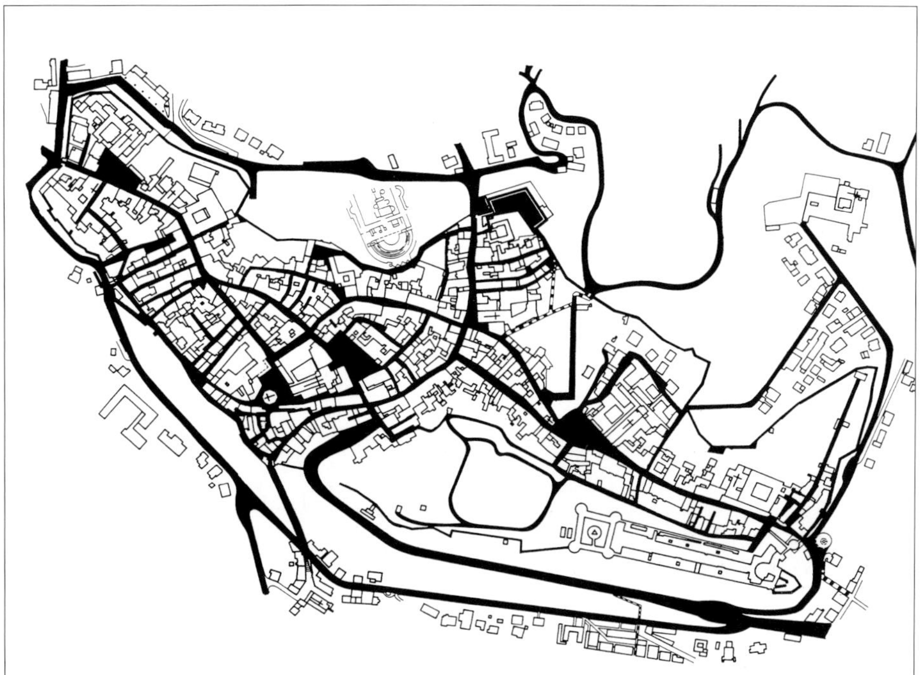

132

denen einmal bis zu 4500 Kranke lebten, leer. Noch heute vermitteln sie eine bedrückende Atmosphäre und verlangen geradezu nach einer zukunftsorientierten Nutzung, wie sie mit LUEV geplant ist: ein mit kreativem Leben erfülltes Zentrum der Begegnung, Bildung und Wissenschaft als «Starter»-Projekt zur Ankurbelung der städtebaulichen Entwicklung des Poggio alle Croci, zum wirtschaftlichen Aufschwung Volterras, zur

133

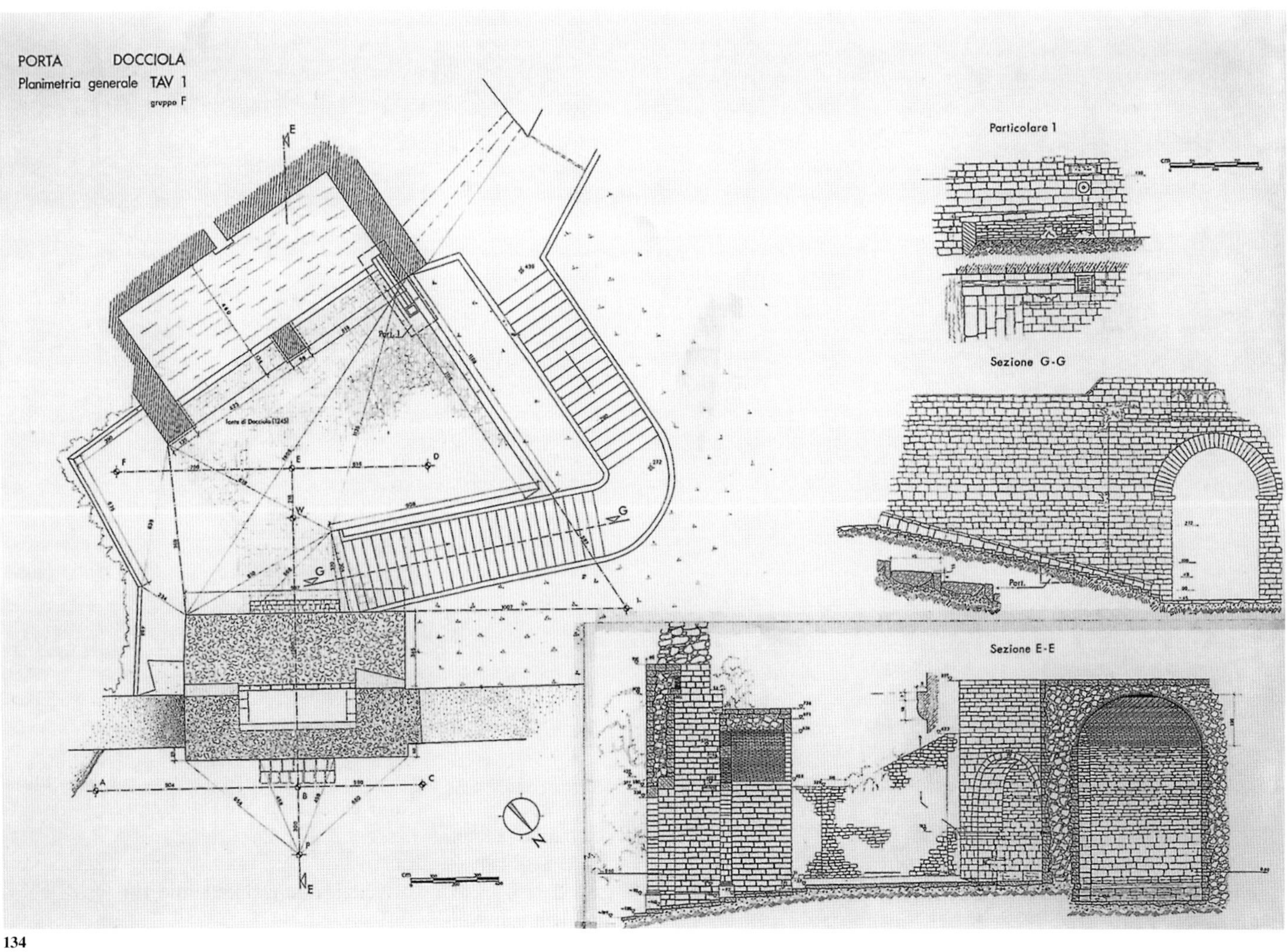

134

Abb. 133 ***Aufzugsanlage an der Porta Docciola.***

Abb. 134 ***Grundriß und Schnitt der Porta Docciola (Studentengruppe, Leitung Prof. Costantino Caciagli, aus «Quaderno 1996/97», Univ. Pisa).***

Abb. 135 ***Ausgrabung des etruskischen Tempels auf der Akropolis. Oben rechts sieht man den Bothros US 732, in der Mitte ein eingegrabenes Gefäß. (Studentengruppe, Leitung: Prof. Dr. Marisa Bonamici, aus «Quaderno 1996/97», Univ. Pisa).***

Abb. 136 ***«Centro storico» und Poggio alle Croci (überarbeitete Skizze aus LUEV-Prospekt 1998, Studentengruppen, Leitung: Professoren Dr. Hilde Schröteler-von Brandt, Bernd Borghoff, Arne Kuckei).***

135

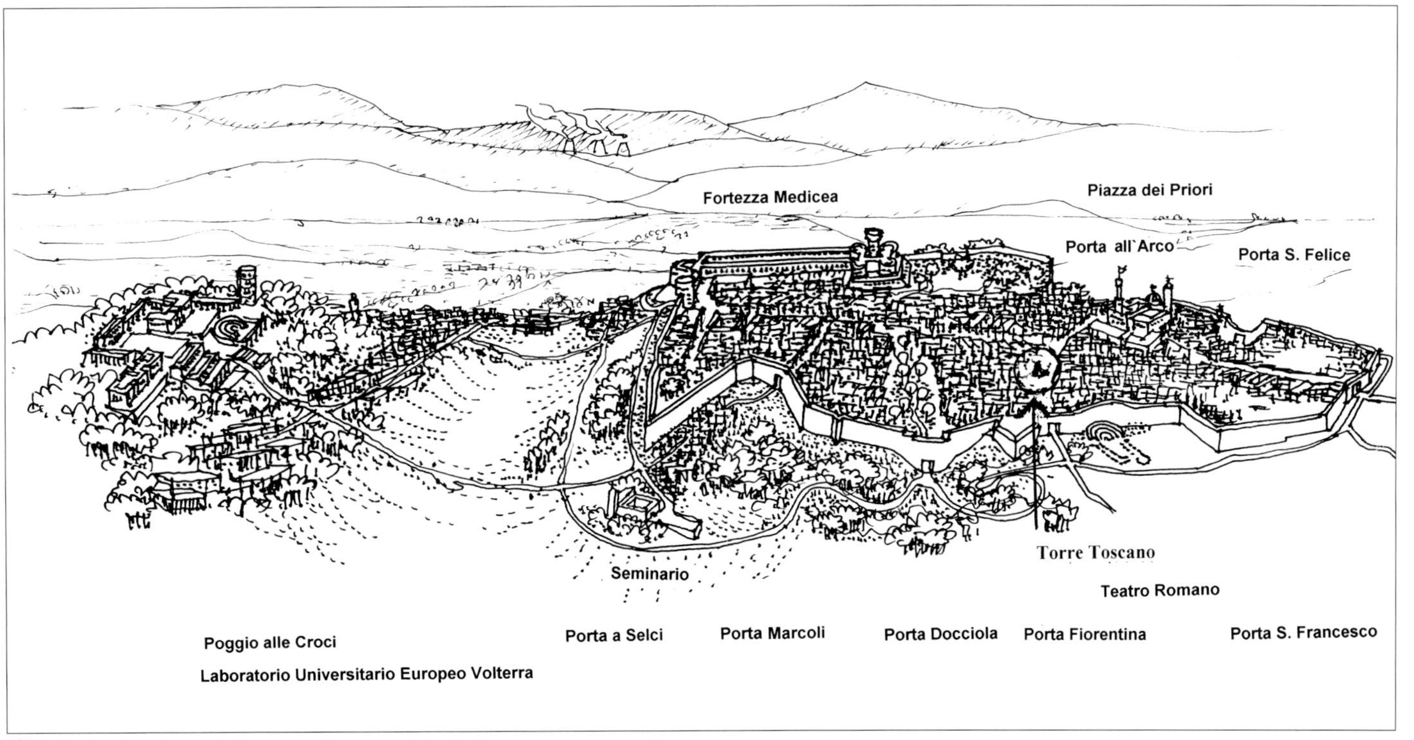

136

Stabilisierung der gesamten Region (Abb. 136). Die Nutzung als universitäre Bildungseinrichtung hat folgende Vorteile:

Die Bausubstanz ist ausreichend für sämtliche universitären Nutzungen, es ist Platz für ca. 200 Studenten in der Anfangsphase, und es bestehen Erweiterungsmöglichkeiten für über 500 Studenten.

Die Umnutzung der Gebäude ist unproblematisch. Seminar- und Vorlesungsräume können integriert werden. Sie werden auch für die Öffentlichkeit zur Verfügung stehen. Unterkünfte für Studenten und Dozenten, Mensa, Bibliothek, Sportanlagen, Werkstätten und Ateliers können auch von der in Entstehung begriffenen «Weiterbildungsakademie für Denkmalspflege und Restauration» benutzt werden.

137

Es entstehen die notwendigen infrastrukturellen Folgeeinrichtungen und vor allem auch neue Arbeitsplätze. Die am Fuß des Poggio alle Croci bestehende Splittersiedlung wird durch einen Campus voller studentischen Lebens aufgewertet. Das historische Zentrum ist von LUEV in nur 15 Minuten zu Fuß erreichbar, eine für die Integration geradezu ideale Entfernung. Zwischen Saline di Volterra im Cecinatal und Volterra und Poggio alle Croci existiert noch eine seinerzeit aufgegebene Eisenbahntrasse, die sich zur Wiederbenutzung anbietet. Das ganze Projekt LUEV kann entsprechend einer langfristigen inhaltlichen und finanziellen Konzeption stufenweise aufgebaut und als europäisches Pilotprojekt unter Mitwirkung der Studenten bearbeitet werden. Die Um- und Ausbauarbeiten an den zur Verfügung stehenden Gebäuden können im Rahmen der erforderlichen Praxissemester als «Didaktische Baustelle» dienen. Für die Jahre 1998–2000 standen Mittel aus dem Vigoni-Programm zur Verfügung. Durch den seit 1998 bestehenden Verein der Freunde und Förderer des «Laboratorio Universitario Europeo Volterra» e. V. kann hoffentlich mit weiterer finanzieller Unterstützung gerechnet werden. Erste Studien, Entwurfskonzepte und Arbeitsmodelle liegen bereits vor. Verhandlungen und Gespräche sind im Gange. Inzwischen sind auch Studenten von der Bauhaus-Universität Weimar und von Oxford-Brookes in LUEV integriert.

Die Stadt Volterra ist sich bewußt, daß sie Unterstützung benötigt. Vor kurzem konnte die Einrichtung einer großen Müllhalde unweit der Stadt, die nur einige wenige Arbeitsplätze versprochen hat, durch Bürgerproteste verhindert werden. Das von der Region vorgeschlagene Deponie-Projekt zeigt in aller Deutlichkeit, wie niedrig Volterra als möglicher Standort für Gewerbe, Bildungseinrichtungen o. ä. rangiert. Daher sind auch Bemühungen, den Tourismus zu verstärken, sicherlich eine Möglichkeit, um die wirtschaftliche Situation der Stadt zu verbessern. Die negativen Erscheinungen eines ungezügelten Tourismus allerdings erleben die Volterraner bereits in nächster Nähe. Ein gezielter «Qualitäts»-Tourismus und der längerfristige Aufenthalt von Studenten in Volterra könnten dagegen helfen, daß Volterra nicht zu einer Art Disneyland wird, Befürchtungen, die angesichts solcher Tendenzen auch in Italien in der lokalen Presse bereits geäußert worden sind. Es gibt seit kurzem eine Bestrebung, Volterra zusammen mit Lucca in die Schutzliste der UNESCO als Weltkulturerbe aufzunehmen, eine großartige Initiative, die dazu beitragen kann, das authentische «centro storico» auch in der Zukunft lebendig zu erhalten. Darin sehen wir zusammen mit der Realisierung des Laboratorio Universitario Europeo Volterra die beste Überlebenschance der alten Stadt und die Entwicklung zu einer jungen europäischen Stadt (Abb. 137).

***Abb. 137** Vision «centro storico»: Mauerring mit Aufzugsanlagen.*

Burkhard Brunn

Maßkleid für die Spröde oder: Volterra am Scheideweg

Ein Zukunftsentwurf

Die Touring-Reisebusse biegen nach San Gimignano ab. Meist fällt den Touristen sofort der Vergleich mit Manhattan ein, und die merkwürdigen Türme werden schon vom Bus aus ins Video gezogen. San Gimignano ist eine der wenigen Städte, in der die im Mittelalter bis ins niederländische Utrecht hinauf verbreiteten Geschlechtertürme noch so gut erhalten sind. Eine mittelalterliche Stadtansicht von Lucca zeigt rund 25 solcher Türme. Das Städtchen hat es geschafft. Es vermarktet sich als Perle der Toskana. Boutiquen, Keramikläden und die mit Hilfe der UNESCO restaurierten Häuser geben der noch in den 1970er Jahren hinfällig anmutenden Hügelstadt den Charme Schweizer Saturiertheit. Liebhaber venezianischer Morbidität finden es hier zu säuberlich. Aber wer kann im Ernst etwas dagegen haben, daß es den Einwohnern nun besser geht? Doch sind es überhaupt noch die ehemaligen Bewohner? Wenige. Sie leben eher am Rande der Stadt und vermieten ihre Wohnungen im Zentrum an Feriengäste. Wo würden sie hier noch bekommen können, was man zum täglichen Leben so braucht?

Ein paar Kilometer weiter in die Berge hinauf wird der Ausblick weiter und großartiger. Hinter den kulissenartig gestaffelten Silhouetten karger Hügel glänzt manchmal das Meer. Dort oben liegt Volterra, die mauerumschlossene «Stadt des Windes und des Steins» (Gabriele d'Annunzio) (Abb. 138). Der erste Eindruck, von San Gimignano her kommend, ist die vorspringende und langhingezogene Fortezza, welche die Häuser verdeckt. Die abschreckende Wirkung der gewaltigen Festungsanlage galt nicht nur dem äußeren Feind. Die Medici hatten den riesigen Bau als Zwingburg angelegt, um den aufständischen Volterranern das Kreuz zu brechen. Es ging um die Rechte auf Alaun, ein schwefelsaures Salz, das die Florentiner Tuchherren – der *popolo grasso* – für die Färberei und Weißgerberei benötigten. Die Niederwerfung ließen sie 1472 durch jenen berühmten Federico da Montefeltro besorgen, der sich in Urbino einen Musterstaat errichtet hatte, zu dessen Verschönerung er Volterras Kirchen plünderte. Piero della Francescas Gemälde in den Uffizien zeigt das merkwürdige Profil des kunstliebenden Condottiere, der sich die Nasenwurzel hatte herausschneiden lassen, um mit dem linken noch verbliebenen Auge auch die Feinde auf der rechten Seite erkennen zu können. Die Fortezza, in welche die Medici dann ihre politischen Konkurrenten aus der Pazzi-Familie verbannten, gilt auch heute als sicheres Zuchthaus (vgl. Abb. 6). Hier saßen bis vor kurzem die Terroristen der Brigate Rosse neben den Mafiosi ein. Nein, heiter ist Volterra nicht. Keine leichtlebige, eine ernste Stadt.

138

***Abb. 138** Mittelalterliche Stadtmauer nahe der Porta all'Arco. (Photo S. Steingräber)*

139

Gefangenenwärter ist ein begehrter Arbeitsplatz, seitdem als Folge eines Reformgesetzes die fast 5000 Patienten zählenden Psychiatrischen Anstalten Ende der 1970er Jahre aufgelöst wurden. Die etwas abseits auf einem Hügel, dem Poggio alle Croci, gelegenen Gebäude verfallen. Die Anstalten waren bis dahin der größte Arbeitgeber. Der Alabaster, welcher die etruskische Stadt bekannt gemacht hatte, gab noch in jüngster Zeit 1500 Menschen Arbeit. Tempi passati: heute sind es wenige hundert (Abb. 139). Im 18. und 19. Jh. war Alabaster eine geläufige Metapher, um die zarten Schultern vornehmer Damen zu beschreiben. Der – in der Qualität des «Scaglione» von Volterra – durchscheinende Stein, aus dem im Dom einige Fenster gefertigt sind, gilt heute als altmodisch, bestenfalls nostalgisch. Alabasterschnitzer, wer will das noch werden in einer Zeit, in der schon Kinder am Computer sitzen? Die Jugend geht fort aus der etwa 12 500 Einwohner zählenden Stadt, in der viele keine Arbeit haben.

Die Idee des Bürgermeisters

Während sich das benachbarte San Gimignano herausputzte und dem Massentourismus in die Arme warf, geschah in Volterra wenig. Die traditionell von den Kommunisten verwaltete Stadt blieb wie sie war, solange die Leute Arbeit in den beiden Anstalten und den Alabasterwerkstätten hatten. Die Stadt ist im Wortsinne intakt: Vom Eisenwarenladen bis zum Schuster sind noch alle Voraussetzungen kleinstädtischen Alltags erhalten (Abb. 140). Treffpunkt der Bürger ist merkwürdigerweise die Kreuzung der Via Gramsci und der Via Giacomo Matteotti, nicht die Piazza.

Geographisch gesehen liegt Volterra in der Mitte der nordwestlichen Toskana, doch ist es über die Bergstraßen nur umständlich zu erreichen. Die Abgelegenheit und Unberührtheit in einer Landschaft, deren Herbheit sich von der kultivierten Anmut der übrigen Toskana unterscheidet, haben der verschlossenen Stadt feste Freunde geschaffen, Freunde des Spröden, die bekanntlich zu den anspruchsvolleren Liebhabern gehören, darunter eine nicht geringe Zahl Deutscher, die sich für immer um Volterra niedergelassen haben. Im Juli 1995 hatte der neue Bürgermeister die ansässigen Ausländer zum Gespräch eingeladen. Er wollte auch sie in seine Pläne einbinden. Was kann man tun, um der 3000 Jahre alten Stadt aufzuhelfen, ohne daß sie ihren Charakter verliert (Abb. 141)?

Ivo Gabellieri vom Partito Democratico della Sinistra (PDS), der reformkommunistischen Partei mit dem Emblem der grünen Eiche, hat 1995 die Kommunalwahl gegen Grüne und Berlusconis Forza Italia mit 67 Prozent der Stimmen gewonnen. Sein Konzept zur Erhaltung der Identität der Stadt gefiel den Volterranern, die Veränderungen skeptisch gegenüberstehen. «Unser größter Reichtum ist die Geschichte», sagt der Bürgermeister. Er weiß, daß Volterra heute am Scheidewege steht, und er hat das Glück, aus den Fehlern anderer Kommunen lernen zu können. Angesichts der Verheerungen, die der Massentourismus anrichtet, beschlossen die Stadtväter, es anders zu versuchen. Der Bürgermeister sieht die Überlebenschance Volterras in einem «turismo di qualità». Anstelle der Eintagstouristen, die nach dem Besuch des Etruskischen Museums zu den Bussen zurückeilen, wünscht er sich Gäste, die länger bleiben – und wiederkommen.

Europäer in Volterra

Engagierte Unterstützung erhält der Bürgermeister von der «Villa Palagione», einem Kultur- und Bildungszentrum, das Deutsche und Italiener wenige Kilometer vor Volterra gemeinsam aufgebaut haben (Abb. 142). Durch ihre Verbindung zu deutschen Volkshochschulen und mit Unterstützung des eigens gegründeten Vereins «Dialoge International» ist es den entschlossenen Europäern des Centro Interculturale gelungen, Bildungstouristen nach Volterra zu ziehen und als Stammgäste zu gewinnen. Ein alter Renaissance-Landsitz einer Nebenlinie der Medici, brombeerüberwuchert und bis zum Schafstall heruntergekommen, wurde zu Unterrichts- und Übernachtungsräumen ausgebaut und mitsamt der verspielten Fresken liebevoll restauriert. Die Sprachschüler blicken weit über das karge Hügelland. Ein Autofenster blitzt in der Sonne auf. Im Mittelalter hätte man Alarm gegeben: ein Aufblitzen in der Ferne, das wären die Lanzen und Schilde des anrückenden Feindes gewesen.

«Zweck des Bildungszentrums ist die Förderung und Pflege von internationalen, insbesondere europäischen Begegnungen der Völkerverständigung, der Jugend- und Erwachsenenbildung im interkulturellen Bereich», heißt es in der Vereinssatzung. «70 Prozent der Teilnehmer an den vom Centro angebotenen Kursen und Exkursionen kehren wieder» sagt Antonella Stillitano, die Sprecherin des Bildungszentrums. Die resolute Italienerin – eine toskanisierte Kalabresin – hat in Frankfurt studiert und spricht das Deutsche so fließend wie ihre Muttersprache. Seit einiger Zeit suchen die Leute von der Villa Palagione nach Wegen, um sich an der Gestaltung der Kommune aktiv zu beteiligen. Sie haben langjährige Erfahrung mit dem vom Bürgermeister angesteuerten «turismo di qualità» und bieten sich der Kommune als kompetente Partner an.

«Turismo di qualità»

Alte Städte wie Volterra haben eine Individualität, sagt Leonardo Benevolo, der berühmte Stadttheoretiker Italiens. Das heißt, sie sind einmalig und unverwechselbar wie ein Mensch und wie dieser sehr verletzlich. Alte Städte wie Volterra sind – in den Worten der Volkswirtschaft – «knappe Güter». Es sind Güter, die – wie etwa Wasser, Raum und Gold – nicht künstlich vermehrt werden können. Daher sind sie unersetzlich. Als steingewordene Produkte historischer Konflikte und Übereinkünfte sind solche Städte soziale Gesamtkunstwerke. In einer Industrie- und Kommunikationsgesellschaft, in der so ziemlich alles reproduzierbar und in Serie herstellbar ist, wird Einmaligkeit selten und daher kostbar. Einmaligkeit ist der Hauptbestandteil des touristischen Nutzwerts einer historischen Stadt und die Voraussetzung ihrer Vermarktung.

Der Massentourismus, eine der Formen zerstörerischer Mobilität, funktioniert nach dem ökonomischen Prinzip der Auslastung, das darauf hinausläuft, daß möglichst viele Menschen einen historischen Ort möglichst gleichzeitig konsumieren. Die dazu notwendige Infrastruktur verändert den Ort soweit, daß er nicht mehr er selber ist. Durch massenhafte Nutzung schwindet seine Identität und damit auch seine Attraktion. Wo viele gleichzeitig dasselbe genießen wollen, hilft endlich nur die Kontingentierung, wie man sie von Opernaufführungen, Rock-Festivals und Ausstellungen her kennt. Das heißt, man wird gezwungen, den Besuch einer schönen Stadt wie Volterra im voraus zu buchen. Wer kein Ticket hat, wird vor den Stadtmauern warten müssen.

Es liegt auf der Hand, daß historisch gewachsene Städte ein anderes Publikum anziehen als synthetische «Erlebniswelten». Menschen, die im Urlaub nicht «action», «events» und Betäubung suchen, sondern die arbeitsfreie Zeit dazu nutzen wollen, Land und Leute kennen zu lernen, interessieren sich eher für das Echte als für Inszenierung und bemühen sich ernstlich, mehr und Genaueres über unsere europäische Kultur zu erfahren. Zweifellos gehören zu diesen Reisenden – von der großen Gruppe der aus dem Arbeitsprozeß Ausgeschiedenen einmal abgesehen – Intellektuelle aller Schattierungen: Lehrer, Wissenschaftler, Theaterleute, Journalisten, Künstler, Studenten usw., die das, was sie an fremden Orten mehr oder weniger systematisch in Erfahrung bringen, nicht nach der Art der Ruheständler privat konsumieren, sondern in Texten, Photos, Filmen und Seminaren verarbeiten und verbreiten. Diese artikulationsstarke soziale Gruppe von Multiplikatoren und «opinion leaders», die sich von gewöhnlichen Touristen klar unterscheidet, kann das Ihrige dazu beitragen, um eine alte Stadt am Leben zu erhalten. Es ist diese Art von Leuten, die man hin und wieder in der Villa Palagione antreffen kann.

Der Anfang: das Seminar über die Piazza

Eines Tages im Herbst 1993 kam man an der kleinen Theke des «Salone», wo die Gäste sich abends einfinden, um ihren Amaro zu nehmen, auf die merkwürdige Piazza Volterras zu sprechen. Warum ist sie keine Piazza, auf der man sich trifft wie überall in den anderen italienischen Kleinstädten? Über die Gründe gab es mancherlei Vermutungen. Jemand behauptete, auf dem Platz habe einstmals der Galgen gestanden.

In Italien war die Piazza bis in die 1950er Jahre hinein Mittelpunkt der Stadt. In den 1960er Jahren wurde sie Parkplatz – auch in Volterra. Nichts zeigt den Verfall der «vita communis», der Stadtgemeinschaft, deutlicher: die Piazza, der soziale, der kommunikative Ort, Nachfahre des römischen Forums und der griechischen Agora, ist in den Dienst der Mobilität getreten. Der Ort prostituiert sich seinem Gegenteil, der Bewegung, die tendenziell alle Orte verzehrt.

Aus dem Thekengespräch ergab sich beiläufig ein Kontakt zum Fachbereich Ar-

140

Abb. 139 Blick in eine Alabasterwerkstatt. (Photo A. Suzuki)

Abb. 140 Feinkostladen in der Via Gramsci. (Photo S. Steingräber)

chitektur und Städtebau der Gesamthochschule/Universität Siegen. Die Mitarbeiter der Villa Palagione waren auf erfahrene Praktiker gestoßen, die bereit waren, professionelle Analysen und Vorschläge zu machen. Man erkannte die Chance einer interessanten praktischen Zusammenarbeit. Die Villa Palagione lud Diedrich Praeckel, damals Partner im renommierten Frankfurter Planungsbüro Speer & Partner und Professor in Siegen, dessen Mitarbeiter und zwölf Studenten ein, in ihrem kleinen Palazzo an der Flanke des Monte Voltraio über Volterras Probleme ein städtebauliches Seminar abzuhalten – im besonderen über die Eigenart und Funktion der Piazza.

Die Studenten kamen im Oktober des folgenden Jahres nicht unvorbereitet. Um Kriterien zur Lösung des Ausgangsproblems zu gewinnen, hatten sie Plätze anderer Städte Italiens studiert und in einheitlicher Darstellung und gleichem Maßstab gezeichnet: Plätze in Florenz, Rom, Siena, Bergamo, Pienza, Verona, San Gimignano dienten zum Vergleich. Um über die problematische Piazza dei Priori ein Urteil zu gewinnen, wollte man die Stadtstruktur untersuchen. Alle Plätze Volterras sollten zu verschiedenen Tageszeiten beobachtet werden. Bald sahen die Volterraner überall Studenten mit Zeichenblöcken und Photoapparaten sitzen. Das Programm dieser behutsamen Annäherung wurde in zehn Tagen intensiver Arbeit in die Tat umgesetzt. Die Kommune hatte für die praktischen Arbeiten die ebenerdige, verglaste Loggia des bischöflichen Palastes zur Verfügung gestellt, der direkt an der Piazza dei Priori liegt. Unter den Augen von Einheimischen und Touristen baute die Studiengruppe ihre Modelle und arbeitete Veränderungsvorschläge aus, bei denen es sich selbstverständlich nur um sehr vorsichtige Eingriffe handeln konnte.

Leonardo Benevolo sagt, wir verdanken unsere Vorstellung, daß eine Stadt ein individuelles Gebilde mit eigenem Leben sei und ein geographischer und sozialer Ort, an dem sich unsere Erfahrung bildet, der im Mittelalter gewachsenen Urbanität. Diese Feststellung wurde in einem einleitenden Seminarvortrag dahingehend interpretiert, daß Städte wie Volterra ihre Identität als unverwechselbare einzigartige Orte sozialer Erfahrung zu verteidigen haben: gegen den Trend nivellierender Standardisierungen und den Einbruch der Geschwindigkeit in die Stadt. Es geht, so die These, um die Verteidigung des Raumes gegen die Zeit. Der Automobilismus, der das Aussehen unserer Städte maßgeblich prägt, hat auch in Volterra das soziale Leben, soweit es sich auf der Piazza noch regte, zerstört.

«Die Piazza dei Priori ist in einer Woche autofrei», wird der Bürgermeister später der Siegener Projektgruppe verkünden. Die Parkplätze würden vor die Stadtmauer verlegt. Tatsächlich wurde der Zugang zur Piazza bald durch Pfosten versperrt, deren einen der Bürgermeister durch Knopfdruck vom Rathaus aus in den Boden versenken kann. Gabellieri, der mit der Parole «Der Bürgermeister für die Bürger» gegen die Forza Italia angetreten war, die sich eine Schnellstraße wünscht, um Volterra aus dem Abseits zu holen, möchte für sein Konzept «turismo di qualità» nur das vorhandene Straßennetz ausgebessert haben. Die italienischen Kommunisten waren übrigens überall die ersten, die den Autoverkehr aus dem *centro storico* hinausdrängten, während der damalige Stadtrat von Venedig noch den skandalösen Plan verfolgte, die Wasserstadt für den Massentourismus mit einer U-Bahn durch die Lagune erreichbar zu machen. Was ihre Städte anging, waren die Kommunisten konservativ im wörtlichen Sinne. Ihre Stadtplanung etwa in Bologna oder Siena gilt in ganz Europa als vorbildlich.

Die Präsentation der studentischen Bestandsaufnahme wurde zu einem unerwartet großen Erfolg, einem richtigen Fest. Wohl 500 Volterraner begutachteten die ausgestellten Vorschläge mit großem Wohlwollen. Aber auch kritisch: so kommentierte eine alte Volterranerin den harmlosen Eingriff, die malerisch in den Ort hinaufführende, lange Docciola-Treppe mit Oleanderbüschen zu schmücken, mit den bitteren Worten: «Hier waren nie Blumen, hier sollen auch keine Blumen sein!» Man erkennt, daß selbst kleinste Veränderungen für die Einwohner, die sich mit ihrer Stadt identifizieren, sehr problematisch sein können. «Es geht darum, daß wir unsere Identität bewahren», sagte der Bürgermeister. Daß die Studenten auf der Piazza in der Mitte der Stadt über die Piazza arbeiten konnten, daß ihre Untersuchungsergebnisse genau dort von den Volterranern begutachtet wurden, daß genau in der Mitte der Stadt zum Abschluß ein Fest gefeiert wurde, belegt die Möglichkeit eines produktiven Kontakts zwischen Einheimischen und Fremden, und es wurde dabei offensichtlich, daß auch Volterras Piazza als soziale Mitte der Stadt auf neue Weise lebendig gemacht werden kann.

Die Reise des Bürgermeisters nach Siegen

Würde es gelingen, den Kontakt zwischen Volterra und der Universität Siegen zu verankern? Als sich die Stadtväter von der Ernsthaftigkeit des Engagements der Studiengruppe und dem großen Interesse der Bevölkerung überzeugt hatten, übernahmen sie die Schirmherrschaft über das Seminar und drückten offiziell den Wunsch aus, mit der Universität Siegen weiter zusammenzuarbeiten. Man begann vorsichtig von einer «Sommerakademie» in Volterra zu träumen. Es wurden Pläne geschmiedet: Warum sollte man nicht auch Seminare für Archäologen, Kunsthistoriker, Stadtsoziologen und Studenten des sog. Dritten Lebensalters veranstalten? Wie könnte der nächste Schritt dazu aussehen? Da luden die tatkräftigen Mitarbeiter der Villa Palagione den Volterraner Bürgermeister und seinen Stadtplaner kurzerhand nach Deutschland, speziell nach Siegen, zu einem weiteren Gespräch ein.

Als der Kleinbus mit den Volterranern sich durch die engen Tore des Oberen Schlosses zwängt, winken die Siegener Herren schon von weitem freundlich durch den ortsüblichen Regen: der Bürgermeister höchst selbst, der Pro-Rektor, der Chef des Akademischen Auslandsdienstes, die Professoren des Fachbereichs Architektur und Stadtplanung, die Studenten und die Presse. Der kleinen Rede des Bürgermeisters der Stadt Siegen (unter anderem über Bergbau und Kartoffeln) folgt eine kleine Rede des Bürgermeisters von Volterra (unter anderem über Salz und Alabaster). Geschenke werden ausgetauscht: Fotobände über die beiden Städte. Und Signor Gabellieri überreicht eine kleine Skulptur, nämlich einen Bronzeabguß der etruskischen Figur eines langen dünnen Mannes, «Ombra della sera» genannt und an Figuren von A. Giacometti erinnernd, das heimliche Wahrzeichen der Stadt. In den «Ordine dei Dignitari dell' Ombra della Sera» – den Orden der Würdenträger des Abendschattens – aufgenommen zu werden, ist eine der Würden, die Volterra zu vergeben hat. Schließlich präsentiert Professor Praeckel die von den Studenten fertiggestellte Dokumentation ihres Studienaufenthaltes *Progetto 1995 Volterra*. Die Volterraner sind offensichtlich beeindruckt. Sie merken, daß es den Siegenern ernst ist. Die wollen in Volterra tatsächlich etwas bewegen. Und die Visionen beginnen konkreter zu werden.

Der mit «Euro-Töpfen» erfahrene Chef des universitären Auslandsamtes erklärt, daß das Projekt «Sommerakademie» durchaus Chancen habe, aus drei EU-Programmen Finanzierungshilfen zu beanspruchen: zum einen aus dem Wirtschaftsför-

Abb. 141 Via Porta all'Arco mit Turm des Palazzo dei Priori. (Photo S. Steingräber)

derungsprogramm für benachteiligte Regionen, nach dessen Richtlinien Volterra unter die Kategorie «bedingt förderungswürdig» falle (aus diesem Fond werden z. B. Stadtkernsanierungen gefördert); zum zweiten aus dem 4. Europäischen Förderungsprogramm für Forschung (in einem der zahlreichen Unterprogramme ist auch die Substanzerhaltung von Baudenkmälern vorgesehen); zum dritten aus dem Studentenaustauschprogramm namens «Sokrates» (nach dessen Zielvorstellungen 10 % der Studenten im europäischen Ausland studieren sollen). Doch größere Mittel zum Beispiel aus dem Wirtschaftsförderungsprogramm gebe es nur dann, wenn zur Begründung des Antrags schon etwas Handfestes vorzuweisen, wenn ein praktischer Anfang zu belegen sei. Da sorgt der Bürgermeister von Volterra für eine Überraschung: er stellt dem Projekt die Räumlichkeiten der ehemaligen Psychiatrie in Aussicht, große Gebäude auf relativ weitläufigem Gelände in schönster Lage. Dies gibt dem Projekt eine neue Dimension. Irgendjemand läßt das Wort «Internationale Universität Volterra» fallen. Die Utopie wird anspruchsvoller. Die Siegener Professoren bieten ihrerseits die Bearbeitung der Baupläne an. Kostenlos selbstverständlich, wie übrigens die ganze Initiative bisher von den beteiligten Personen selbst finanziert wird.

LUEV – Laboratorio Universitario Europeo Volterra

Innerhalb des langfristig angelegten Konzepts «turismo di qualità» spielt die geplante Gründung einer Europäischen Universität Volterra eine herausragende Rolle. Die Stadt, die ihre Jugend nicht halten kann, durch junge Menschen aus dem europäischen Ausland zu beleben, ist eine bemerkenswerte Strategie. Bürgermeister Gabellieri: «Unsere jungen Leute gehen fort. Da müssen wir uns notgedrungen andere holen. Ist es nicht schön, daß sie dort für eine Zukunft lernen und arbeiten werden, wo einst kranke Menschen ohne Hoffnung untergebracht waren?» Die Studenten werden in Volterra arbeiten, wohnen, konsumieren und Italienisch lernen. Es wird sich die Infrastruktur einer Universität herausbilden. Damit werden auch die so dringend benötigten neuen Arbeitsplätze entstehen. Die Internationalität wird der Kleinstadt ein gewisses Maß an Urbanität verleihen. Volterra stünde damit in einer großen Tradition, denn neben dem Handel waren es die Universitätsgründungen, die Städte wie Padua, Bologna oder Leiden schon im Mittelalter in Kontakt mit Fremden brachten. Benevolo nennt solche Städte «kleine, aber weltoffene Gebilde.»

Der Aufbau der Universität kann Finanzierungshilfen aus diversen Förderungsprogrammen der EU unter der Voraussetzung beanspruchen, daß sich wenigstens drei Universitäten aus verschiedenen Ländern Europas zu diesem Projekt zusammenschließen. Das ist inzwischen geschehen. Die Vertreter der Universitäten Siegen, Pisa und der Academie van Bouwkunst Maastricht haben gemeinsam mit den Vertretern der Kommune Volterra, der Provinz Pisa, der Region Toskana, dem Europaabgeordneten Roberto Barzanti und dem Centro Interculturale Villa Palagione am 16. Dezember 1995 eine Absichtserklärung unterzeichnet. Anschließend lud der Bürgermeister zu einem schönen Essen ein. In der Urkunde ist festgelegt, daß die geplante Universität den Charakter einer Werkstatt haben soll. Das Projekt heißt darum LUEV. Das bedeutet: die Universität wird praxisorientiert sein. Ihre vordringliche Aufgabe ist die Erforschung, Erhaltung und Entwicklung der Stadt Volterra und ihrer Region. Bei allen wissenschaftlichen Unternehmungen sollen Volterra und seine Umgebung Bezugspunkt bleiben. Damit ist klargestellt, daß die universitäre Werkstatt eine Gründung zum Wohle der Stadt ist.

Volterra hat mittlerweile die Torre Toscano, den Stumpf eines Geschlechterturms in der Stadtmitte, als provisorischen Sitz des Laboratoriums zur Verfügung gestellt. Er ist bereits von mehreren einander ablösenden Studentengruppen aus Siegen im Rahmen eines Praktikums renoviert worden. Die Stadt hat den geräumigen Turm mit allen Apparaturen ausgerüstet, die zum modernen Arbeiten notwendig sind. Eine Studentengruppe aus Pisa, die sich mit Denkmalpflege befaßt, hat bereits dort gearbeitet. Eine schöne Tafel «Laboratorio Universitario Europeo» weist darauf hin, wo man sich befindet: hier hat die Vision ihren Sitz. Hier werden die Daten über die Anlagen der ehemaligen Psychiatrie auf dem Poggio alle Croci bearbeitet. Von hier aus wird man einst auf den Poggio umziehen, wenn es gelingt, die Gebäude aus den EU-Förderungsprogrammen zu sanieren. Jeder weiß: es braucht dazu einen langen Atem.

Professor Praeckel von der Universität Siegen fuhr am 29. 6. 1996 nach Weimar, um interessierte Professoren und den Rektor der Bauhausuniversität zu gewinnen. Inzwischen bestehen Arbeitskontakte zur Oxford Brookes University. Am 28. und 29. 4. 1997 wurde auf Initiative der Universität Siegen in Volterra eine internationale Konferenz zum Thema «Umgang mit einer alten Stadt» abgehalten. Vor über hundert Studierenden sprachen 25 Referenten der Universitäten Pisa, Siegen, Maastricht, Weimar und Oxford-Brookes. Die Ergebnisse der Seminare und Praktika wurden ausgestellt. Die Universitäten Siegen und Pisa haben einen Kooperationsvertrag abgeschlossen. Ein gleicher Vertrag besteht seit Mai 1998 auch zwischen Pisa und der Bauhausuniversität Weimar. Das nach einem italienischen Stifter benannte Vigoni-Programm, das Stipendien für den Austausch von Studenten und Dozenten zwischen italienischen und ausländischen Universitäten vorsieht, unterstützt die Universitäten Siegen und Pisa ab 1998–2000 mit ca. 10 000 DM jährlich. Voraussetzung für die Vergabe waren die konkreten Fortschritte beim Aufbau von LUEV. Es werden die ersten Schritte zur Untersuchung des Geländes und der Gebäude auf dem Poggio alle Croci unternommen. Die beiden Partneruniversitäten Pisa und Siegen haben eine Aufgabenteilung vereinbart: Pisa wird die bibliographischen Unterlagen und Dokumente auswerten, Siegen sondiert die bauliche Struktur der ehemaligen Anstaltsgebäude, die städtebauliche Verflechtung mit der Altstadt und die Eignung als zukünftiger Standort des LUEV. Vom 16.–22. Mai 1998 beteiligten sich in einem Workshop in Volterra Hochschullehrer aus Maastricht, Aachen und Düsseldorf, um die Nutzungmöglichkeiten des Gebäudes «Maragliano», des kleinsten der Anstaltsgebäude, zu untersuchen. Es stellte sich heraus, daß die Bausubstanz besonders im Bereich des Daches so große Mängel aufweist, daß Sicherheitsmaßnahmen notwendig sind. Das Gebäude «Maragliano» soll *in nuce* bereits alle Funktionen der zukünftigen Universität aufweisen, d. h. Arbeitsräume für verschiedene Fachbereiche, einfache Wohn-, Koch- und Eßmöglichkeiten, Sanitäreinrichtungen, eine Werkstatt und einen Lagerraum. Die neueren Untersuchungen der Pisaner haben auf dem Gelände mehrere Gräber nachgewiesen, so daß bei der Neuplanung mit erheblichen Einschränkungen zu rechnen ist.

Die Organisation von LUEV und Hoffnungen

Die Gründung von LUEV ist Hauptbestandteil des Konzepts «turismo di qualità», mit der Absicht, die Identität Volterras lebendig zu erhalten und auf Basis der Forschung weiterzuentwickeln. Tatsächlich schafft sich Volterra mit dem «laboratorio» ein eigenes und originelles Instrument zur Stadtentwicklung. Die Werkstatt soll transnational sein, d. h. sie will Studenten und Dozenten aus anderen europäischen Ländern nach Volterra ziehen.

142

Die Werkstatt verbindet Theorie und Praxis. Sie arbeitet interdisziplinär und bezieht auch nichtuniversitäre Bildungseinrichtungen mit ein. Die Werkstatt wird schrittweise aus Einzelprojekten aufgebaut, die miteinander koordiniert werden sollen. Diese Vorgehensweise ist sehr flexibel und erlaubt es, relativ schnell zu – wenn auch kleinen – praktischen Ergebnissen und Erfolgen zu kommen, die den weiteren Aufbau stabilisieren werden. Anders gesagt: man muß aus der Not eine Tugend machen. Auf dem gegenwärtigen Organisationsniveau besteht der Zusammenhang des Projekts aus mehreren, voneinander unabhängigen, auf Volterra und den Aufbau der LUEV bezogenen Konferenzen, Seminaren und Praktika der beteiligten Universitäten. Die vertragliche Vernetzung zwischen den verschiedenen Universitäten ist ein Schritt, um das Projekt auf eine höhere Organisationsstufe zu heben. Probleme ergeben sich aus der unsicheren Finanzierung. Denn Kontinuität und Zusammenhalt dieses zunächst lockeren Organisationszusammenhangs wären vermutlich erst über die Ernennung eines Projektmanagers/-managerin gewährleistet, der/die Verhandlungen mit den Behörden auch vor Ort führen könnte. In Deutschland ist ein Förderverein gegründet worden. «Der Verein verfolgt den Zweck, Wissenschaft, Forschung und Ausbildung auf europäischer Ebene zu fördern», heißt es in der Satzung. Hierzu sollen der Aufbau von LUEV gefördert und im Rahmen des internationalen Studentenaustausches wissenschaftliche Veranstaltungen, Studien und Forschungsvorhaben am Ort der Partneruniversitäten durchgeführt werden. Zur weiteren Stabilisierung des langfristigen Projekts wurde die Gründung eines Periodikums erwogen, einer kleinen Zeitung, welche über den Fortgang berichtet und zugleich eine Öffentlichkeit herstellt, die Diskussion und Kritik ermöglicht. Schließlich wurde über die Idee einer jährlich stattfindenden Tagung in Volterra gesprochen, die das Projekt auch über die Fachkreise hinaus bekannt machen könnte, sofern es gelänge, renommierte Wissenschaftler zu projektspezifischen Vorträgen einzuladen, die vom Förderverein finanziert würden, falls dieser genügend Mitglieder für die Idee gewinnen wird. Es entspricht der Idee des «turismo di qualità», anstelle der üblichen, auf ein Massenpublikum zielenden Festivals eine Tagung einzurichten. Hier befindet man sich nun wieder auf dem wolkigen Boden der Visionen. Doch hat nicht die Zusammenarbeit von fünf europäischen Universitäten in einem Gespräch über Volterras Piazza an der Theke begonnen? Alle großen Dinge haben kleine Anfänge. Die Gründung von LUEV beweist, daß auch im Zeitalter der großen und machtvollen Systeme privates und uneigennütziges Engagement Wirkungen haben kann.

***Abb. 142** Villa Palagione unterhalb des Monte Voltraio. (Photo Villa Palagione)*

ORDINE DEI DIGNITARI DELL'OMBRA DELLA SERA

Würdenträger der «Ombra della Sera»

Gründer und Förderer

Ledo Filippi
Piero Fiumi
Auro Gasperini
Leonardo Guerrieri
Sergio Martellacci
Brunello Porretti
Franco Porretti

Ordensträger

Anne-Marie Adam (Frankreich)
Luciana Aigner Foresti
Piero Airaghi
Ryuzo Akiyama (Japan)
Romeo Anconetani
Fulvio Apollonio
Giorgio Batini
Michele Baretta
Francesca Benvenuti
Enzo Biagi
Corrado Biggi
Horst Blanck (Deutschland)
Tristano Bolelli
Flaminio Bollini
Marisa Bonamici
Giampaolo Bonechi
Larissa Bonfante (USA)
Claudio Bonvecchio
Jan Bouzek (Tschechien)
Giorgio Bräutigam
Gianfranco Calligarich
Giovannangelo Camporeale
Gianfranco Cappelletti
Claudia Cardinale
Enzo Carli
Nino Castelnuovo
Francesco Cetti Serbelloni
Luciano Chiti
Cesare Ciano
Leo Codacci
Giovanni Colonna
Franco Cristaldi
Mauro Cristofani
Gastone de Anna
Mario de Marco
Carlo de Simone
Hansgeorg Dickmann (Deutschland)
Clara Falcone
Johannes Felbermeyer (Deutschland)
Arnaldo Forni
Bettina von Freytag (Deutschland)
Roberto Gaggini
Deborah Gimelson (USA)
Ugo Graioni
Jean Gran Aymerich (Spanien)
Roger Grenier (Frankreich)
Enrico Guagnini
Friedrich-Wilhelm von Hase (Deutschland)
Sybille E. Haynes (Großbritannien)
Huberta Heres (Deutschland)
Jacques Heurgon (Frankreich)
Ursula Höckmann (Deutschland)
Mauro Innocenti
Ines Jucker (Schweiz)
Giuseppe Isozio
Ingrid Krauskopf (Deutschland)
Paolo Levi
Alberto Lori
Carlo Lulli
Guglielmo Maetzke
Alta Macadam (Großbritannien)
Margareth Mac Knight (Großbritannien)
Adriano Maggiani
Tarquinio Maiorino
Mauro Mancini
Roberto Massolo
Attilio Mazza
L. Bouke van der Meer (Niederlande)
Angelo Montonati
Sabatino Moscati
Roberto Nappi
Luciana Negrini
Daria Nicolodi
Marjatta Nielsen (Dänemark)
Ave Ninchi
Ermanno Olmi
Ritz Ortolani
Françoise-Hélène Pairault (Frankreich)
Massimo Pallottino
Geno Pampaloni
Rinaldo Panetta
Roberto Peracchio
Francesco Pestellini
Joseph Ambros Pfiffig (Österreich)
Kyle M. Phillips jr. (USA)
Giuliano Pinto
Luigi Pittaluga
Dietrich Präckel (Deutschland)
Friedhelm Prayon (Deutschland)
Mario Procopio
Nivalco Provenzale
Mauro Pucciarelli
Claudio Ragaini
Renzo Ragazzi
Riccardo Ricas Castagnedi
Emeline H. Richardson (USA)
Poul Jørgen Riis (Dänemark)
Helmut Rix (Deutschland)
Piera Rolandi
Franz Rutzen (Deutschland)
Massimo Serato
Erika Simon (Deutschland)
Francesco Sisinni
Samuel Sondak (USA)
Stephan Steingräber (Deutschland)
Jànos Gyorgy Szilagyi (Ungarn)
Jean-Paul Marc Thuillier (Frankreich)
Mario Torelli
Dario Treves
Otto-Wilhelm von Vacano (Deutschland)
Fernando Vallerini
Luigi Veronelli
Cornelia Weber-Lehmann (Deutschland)
Sergio Zavoli

Glossar

Ad ansa
henkelförmig

Aes grave
älteste gegossene italische Bronzemünzen des 3. Jhs. v. Chr.

Alae
(Gebäude)flügel

Apodyterium
Umkleideraum in römischen Thermen

Archaisch
griechische Kunst- und Kulturepoche v. a. des 6. Jhs. v. Chr.

Spätarchaisch
Ende des 6./Anfang des 5. Jhs. v. Chr.

Aryballos
kleines kugeliges griechisches Salbgefäß

Attaliden
Pergamenisches Herrschergeschlecht

Balteus
Faltenzug der römischen Toga

Balze
Landschaft charakterisiert durch starke Erosion

Bona Dea
römische Göttin

Borgo
kleiner italienischer Ort(skern)

Bucchero
charakteristische etruskische schwarze Keramik des 7. und 6. Jhs. v. Chr.

Caesarische Zeit
bis 44 v. Chr. (Tod Caesars)

Caldarium
Warmwasserraum in römischen Thermen

Cappuccinagrab
vorwiegend römische Grabform für Körperbestattung mit dreiecksförmig aufgestellten Dachziegeln

Capsa
zylinderförmiges Gefäß für Buchrollen

Cassonegrab
Steinkistengrab für Körperbestattungen

Cavea
Zuschauerhalbrund im römischen Theater

Cella
Hauptraum des Tempels

Cippus
Grabzeichen, meist in Stein

Contrada
mittelalterliches Stadtviertel

Dädalisch
früharchaischer griechischer Kunststil des 7. Jhs. v. Chr., benannt nach Dädalus aus Kreta

Dolium
großes Tongefäß

Dromos
Korridor, Zugang zum Grab

Euripos
Kanal, Graben

Exedra
(meist knapp halbrunde) Architekturnische

Faszie
architektonischer profilierter Horizontalstreifen/band

Fossagrab
sargförmig ausgeschachtetes Grab für Körperbestattungen

Frigidarium
Kaltwasserraum in römischen Thermen

Gentilizgrab
Grab eines Adelsgeschlechts für mehrere Bestattungen und Generationen

Glutäen
Gesäß

Hellenistisch
griechische Kultur- und Kunstperiode (Ende des 4. bis 1. Jhs. v. Chr.)

Himation
griechischer Mantel

Hippodamisches Prinzip
orthogonaler regelmäßiger (Stadt)plan

Hypogäum
unterirdisches Kammergrab

Impasto
charakteristische etruskische Keramik aus meist bräunlichem, grob geschlämmtem Ton (v. a. 8.–7. Jh. v. Chr.)

Koroplast
Tonbildner

Kottabos
Bronzeständer für Spiel (Schleudern von Wein) beim Symposion

Kyma
griechischer architektonischer Schmuckfries

Laconicum
Schwitzraum in römischen Thermen

Lasa
etruskische weibliche Gottheit

Neolithisch
Jungsteinzeit bis Ende des 3. Jts. v. Chr. in Mittelitalien

Oculus
Rundfenster

«Ombra della Sera»
Abendschatten

Oppidum
vorrömische und römische befestigte Siedlung

Opus caementicium
römisches Mörtelmauerwerk

Opus quadratum
regelmäßiges Steinquadermauerwerk

Opus sectile
marmoreingelegter Fußboden

Orchestra
halbrunde Fläche vor der Bühne im römischen Theater

Orientalizzante
stark von orientalischen Einflüssen geprägte Kultur- und Kunstperiode in Etrurien (Ende des 8. bis Anfang des 6. Jhs. v. Chr.)

Panhoplie
volle Kriegerrüstung (mit Panzer, Helm etc.)

Parascaenia
seitliche Abschlüsse der Bühne am römischen Theaterbau

Parodoi
seitliche, überwölbte Zugänge zur Orchestra beim antiken Theater

Patera
(Spende)Schale

Phiale
Schale

Poculum
mittelitalische Gefäßgattung der 1. Hälfte des 3. Jhs. v. Chr. mit Schwarzfirnis und polychromer Bemalung

Polygonalmauerwerk
aus vieleckigen, aber sauber gefugten Steinen

Polyptychon
mehrteiliges Flügelbild

Porticus
römische Säulenhalle

Pozzograb
brunnenförmig ausgeschachtetes Grab, meist für Brandbestattungen

Praecinctio
Stützmauer der ansteigenden Sitzstufen des antiken Theaters

Praefurnia
Heizanlagen in römischen Thermen

Pulpitum
Podest der Bühne

Pyxis
griechisches Gefäß mit Deckel

Ripostiglio
Hort

Rudus
Schicht unter dem Paviment

Sacellum
kleines Heiligtum oder Tempelchen

Scaenae frons
Schaufassade des Bühnengebäudes beim antiken Theater

Scalaria
Treppen

Sinus
Faltenpartie der römischen Toga

Strigilis
griechisches Bronzegerät für Athleten zum Abschaben von Staub und Öl

Sylphiden
leichte weibliche Luftgeister

Temenos
Heiligtumsbezirk/umfassung

Tholosgrab
Rundgrab mit Pseudokuppel

Tepidarium
Lauwasserraum in römischen Thermen

Terminus antequem non / terminus postquem
Zeitpunkt, nach dem etwas zu datieren ist

Tinia
etruskischer Hauptgott

Toga fusa
weite römische Toga

Toga restricta
enge römische Toga

Togata effigies sine tunica
Togakleidung ohne Tunika darunter

Tomba a pozzetto / Pozzograb
für die Villanovazeit/Früheisenzeit typisches, in den Boden getieftes rundes Schachtgrab mit Urne

Tomba a cista litica con ziro / Tomba a cassetta con ziro
in den Boden eingetieftes Brandgrab mit Steinverkleidung und einem großen Tongefäß zur Aufnahme der Grabausstattung

Tomba a ziro con ossuario
in den Boden eigetieftes Brandgrab mit großem Tongefäß und Urne

Tomba a ziro senza ossuario
in den Boden eingetieftes Brandgrab mit großem Tongefäß ohne Urne

Tomba con dolio e cinerario
in den Boden eingetieftes Brandgrab mit großem Tongefäß und Urne

Torques
gedrehter Halsreifen

Toreut
Bronzebildner

Tribunalia
für Honoratioren reservierte Zuschauerplätze über den Parodoi

Tumuletto
kleiner Grabhügel

Tumulo / Tumulus
Grabhügel

Umbo
Faltenteil der römischen Toga

Velarium
über Theater und Amphitheater gespanntes Sonnensegel

Versurae
Seiteneingänge des römischen Theaters

Vestibulum
Vorraum

Villanovazeit
früheisenzeitliche Kulturperiode (9.–8. Jh. v. Chr.) in Etrurien und einigen anderen Teilen Italiens, benannt nach dem Fundort Villanova bei Bologna

Wiry style
flexibler, leicht verformbarer Stil

Zimelie
Kostbarkeit

Zirogefäß
großes Tongefäß für Brandurne und Beigaben

Zwölfstädtebund
etruskische Föderation der zwölf wichtigsten Städte mit zentralem Heiligtum, dem sog. Fanum Voltumnae

Anhang

AUSGEWÄHLTE LITERATUR

Allgemeine Führer und Übersichtswerke

A. Cinci, *Guida di Volterra* (1885).
P. Ferrini, *Volterra. Guida monografica* (2001).
L. Lagorio, *Il Dizionario di Volterra* (1997).
L. Lagorio, *Il lungo cammino di Volterra. Storia di una città millenaria dalle antiche legende ad oggi* (1999).
V. Piasta, *Volterra kennenlernen* (1987).
F. Porretti, *Volterra magica e misteriosa* (1992).
F. Porretti, *Volterra segreta* (1995).
E. Solaini, *Sommario della storia e guida del Museo di Volterra* (1927).

Volterra in etruskischer und römischer Zeit

L'acropoli di Volterra. Nascita e sviluppo di una città. Casa Torre Minucci 15 luglio – 15 agosto 1981 (1981).
Volterra 88, un progetto. Convegno sui beni culturali e ambientali della città (1988).
Aspetti della cultura di Volterra etrusca fra l'età del ferro e l'età ellenistica e contributi della ricerca antropologica alla conoscenza del popolo etrusco. Atti del XIX Convegno di studi etruschi ed italici. Volterra 15–19 ottobre 1995 (1997).
G. Biegel (Hrsg.), *Volterra und die Etrusker. Archäologische Kostbarkeiten aus dem Museo Guarnacci in Volterra.* Begleitheft einer Ausstellung im Museum für Ur- und Frühgeschichte der Stadt Freiburg (1985).
M. Bonamici (Hrsg.), *Volterra. L'acropoli e il suo santuario. Scavi 1987–1995* (2002).
H. Brunn / G. Körte, *I Rilievi delle urne etrusche.* 3 Bde. (1870–1916).
G. Cateni / F. Fiaschi, *Le urne di Volterra e l'artigianato artistico degli Etruschi* (1984).
G. Cateni (Hrsg.), *Volterra. Museo Guarnacci* (1988) = *Volterra. Guarnacci Museum* (1991).
G. Cateni / C. Corvo / P. Inghirami, *Il teatro romano di Volterra* (1993).
G. Cateni, *Urne volterrane 2. Il Museo Guarnacci 2* (1986) (*Corpus delle urne etrusche di età ellenistica*, 2).
G. Cateni, *Volterra. Museo Guarnacci* 1 (1995) (*Corpus speculorum Etruscorum. Italia*, 3).
G. Cateni, *Volterra*, in: *Enciclopedia dell'arte antica classica e orientale. Secondo supplemento 1971–1994* (1997) 1061–1064 (mit reicher Bibliographie).
G. Cateni, *Volterra, la tomba del Guerriero di Poggio alle Croci – contributi allo studio del villanoviano a Volterra* (1998).
G. Cateni (Hrsg.), *Ombre della Sera. Bronzetti allungati di età ellenistica.* Catalogo della Mostra a Volterra, Museo Guarnacci (1999).
L. Consortini, *Importanza e monumenti di Volterra romana* (1926).
L. Consortini, *Le necropoli etrusche di Volterra e le tombe dei sec. V e IV a.C.* (1933).
L. Consortini, *Volterra nell'antichità* (1940).
M. Cristofani, *Volterra. Scavi 1969–1971, NSc Suppl.* (1973) 13 ff.
M. Cristofani / M. Martelli / E. Fiumi / A. Maggiani / A. Talocchini, *Urne volterrane 1. I complessi tombali* (1975) (*Corpus delle urne etrusche di età ellenistica*, 1).
M. Cristofani / E. Fiumi / I. Brunetti, *Urne volterrane 2. Il Museo Guarnacci*, 1 (1977) (*Corpus delle urne etrusche di età ellenistica*, 2).
G. Dennis, *The Cities and Cemeteries of Etruria* (1848); deutsche Übersetzung: *Die Städte und Begräbnisplätze Etruriens* (Nachdruck 1973) 454–554.
Die Etrusker. Volterra. Kunst, Kultur, Geschichte. Archäologische Kostbarkeiten aus dem Museum Guarnacci, Volterra. Ausstellung Bergisches Museum Schloß Burg an der Wupper (1986).
E. Fiumi, *Volterra*, in: *Enciclopedia dell'arte antica classica e orientale*, VII (1966) 1198–1202 (mit reicher Bibliographie).
E. Fiumi, *Volterra. Gli scavi degli anni 1960–1965 nell'area della necropoli di Badia. NSc* 26 (1972) 52–136.
E. Fiumi, *Volterra etrusca e romana* (1976).
E. Fiumi, *Volterra. Il Museo etrusco e i monumenti antichi* (1976).
E. Fiumi, *Storia e sviluppo del Museo Guarnacci di Volterra* (1977).
C. Gambetti, *I coperchi di urne con figurazioni femminili nel Museo Archeologico di Volterra* (1974).
A. F. Gori, *Museum etruscum* I–III (1737–1743).
C. Laviosa, *Guida alle stele arcaiche e al materiale volterrano* (1962).
C. Laviosa (Hrsg.), *Scultura tardo-etrusca di Volterra. Mostra La Strozzina – Palazzo Strozzi, Firenze 1964* (1964).
A. Maggiani (Hrsg.), *Artigianato artistico. L'Etruria settentrionale interna in età ellenistica.* Katalog der Ausstellungen in Volterra, Museo Guarnacci – Chiusi, Museo archeologico (1985).
L. Manino, *Le urne volterrane nel quadro della diffusione dell'arte e della cultura ellenistica* (1977).
M. Martelli / M. Cristofani (Hrsg.), *Caratteri dell'ellenismo nelle urne etrusche.* Atti dell'incontro di studi, Università di Siena, 28–30 aprile 1976 (1977).
B. Michelotti / A. Maggiani / M. Cristofani, *Volterra. Scavi 1969–1971. NSc* 27 (1973) 7–290.
M. Montagna Pasquinucci, *Le kelebai volterrane* (1968).
M. Montagna Pasquinucci, *La ceramica a vernice nera del Museo Guarnacci di Volterra. MEFRA* 84 (1972) 269–498.
M. Munzi / N. Terrenato, u. a., *Volterra. Il teatro e le terme. Gli edifici, lo scavo, la topografia* (2000).
M. Nielsen, *The lid sculptures of volaterran cinerary urns, Acta Inst. Romani Finlandiae* V (1975) 263–404.
F. H. Pairault, *Recherches sur quelques séries d'urnes de Volterra à représentation mytologique* (1972).
G. Ronzitti Orsolini, *Il mito dei Sette a Tebe nelle urne volterrane* (1971).
L. Ruggieri Buzzaglia, *Pubblico Museo e Biblioteca Guarnacci in Volterra* (1877).
S. Steingräber, *Etrurien. Städte, Heiligtümer, Nekropolen* (1981) 93 ff.

Volterra in Mittelalter und Neuzeit

Il Rosso e Volterra (1989).
Custodie di Santità. Reliquie e reliquiari a Volterra (1995).
Un itinerario nella pittura medievale attraverso le valli dell'Era, del Cecina e del Cornia (1996).
Luca Signorelli a Volterra. Il restauro dell'annunciazione (1998).
Pittura medievale nella diocesi di Volterra. Immagini e culto (1999).
Chiese di Volterra (2000).
A. Augenti (Hrsg.), *Otto der Große und Europa. Volterra von Otto I. bis zur Stadtrepublik.* Ausstellung Volterra, Palazzo Minucci Solaini (2001).
M. Burresi / A. Caleca, *Monumenti dell'arte a Volterra* (1981).
E. Carli, *Volterra nel Medioevo e nel Rinascimento* (1978).
F. Lessi, *La Pinacoteca di Volterra* (1986).
F. Lessi, *Palazzo Minucci-Solaini. La nuova sede della Pinacoteca* (1989).
F. Lessi, *Lungo la via volterrana* (2000).
I. Luperini, *Disegnare l'alabastro* (1999).
A. Paolucci, *La Pinacoteca di Volterra* (1986).
A. Tosi, *Il segno delle Balze. Artisti e viaggiatori tra XIV e XIX secolo* (1997).
A. Tosi, *Volterra Novecento* (1998).

SPEZIELLE LITERATUR

«I vecchi sposi»
Marjatta Nielsen

Zur Volterraner Ehepaarurne

G. Cateni, *Volterra. Museo Guarnacci* (1988) 62 Taf. 24.
M. Nielsen, *Portrait of a Marriage: The old Etruscan Couple from Volterra*, in: *Acta Hyperborea* 4 (1992) 89–141 (mit weiteren Literaturangaben).
Die Etrusker und Europa. Ausstellungskatalog Berlin (1993) 152 Nr. 225.

Zu Terrakottaurnen aus Volterra

G. Cateni, *La produzione in terracotta a Volterra*, in: A. Maggiani (Hrsg.), *Artigianato artistico in Etruria.* Catalogo mostra Volterra/Chiusi 1985 (1985) 96–99.

Zum Fund der Ehepaarurne

E. Fiumi, *La collezione di urne del Museo Guarnacci nel XVIII e XIX secolo*, in: M. Cristofani (Hrsg.), *Urne Volterrane*, 2. *Il Museo Guarnacci* 1 (1977) 10–11 (mit Hinweisen zu den Dokumenten).

Zum Pupaini-Grab und zu Giorgis Funden von 1743

L. B. van der Meer, *The Etruscan Urns from Volterra in the Rijksmuseum van Oudheden at Leiden, OudhMeded* 56 (1975) 75–77, 121–123. Sethre Pupaini's Urnendeckel und Urne (Inv. Nr. H III E) 85–86 Urne Nr. 1; 107–108 Deckel Nr. 1.

Zu etruskischen Studien und Ausgrabungen im 18. Jh.

M. Cristofani, *La scoperta degli Etruschi. Archeologia e antiquaria nell'700* (1983) besonders 64–75 über Volterra u. 98–103 über Mario Guarnacci.

Zu etruskischen Ehepaaren allgemein

L. Bonfante, *Etruscan couples and their aristocratic society*, in: H. P. Foley (Hrsg.), *Reflections of Women in Antiquity* (1981) 323–343.
L. Bonfante, *Etruscan Sexuality and Funerary Art*, in: N. B. Kampen (Hrsg.), *Sexuality in ancient art* (1996) 155–169.
M. Cristofani, *Statue-cinerario chiusine di età classica* (1975).
M. Nielsen, *Portrait of a marriage. The old Etruscan couple from Volterra*, in: *Acta Hyperborea* 4 (1992) 89–141.

Zu etruskischen Familiengräbern

M. Nielsen, *Women and Family in a Changing Society: A Quantitative Approach to Late Etruscan Burials*, in: *AnalRom* 17–18 (1988–1989) 53–98.
M. Nielsen, *La donna e la famiglia nella tarda società etrusca*, in: A. Rallo (Hrsg.), *Le Donne in Etruria* (1989) 121–145.

Zur Darstellung alter Menschen in der hellenistischen Genre-Plastik

R. Garland, *The Eye of the Beholder. Deformity and Disability in the Graeco-Roman World* (1995).
N. Himmelmann, *Über Hirtengenre in der antiken Kunst*, in: *Abhandlungen der Rheinisch-Westfälischen Akademie der Wissenschaften* 65 (1980).

S. Pfisterer-Haas, *Darstellungen alter Frauen in der griechischen Kunst* (1989).
H. Wrede, *Matronen im Kult des Dionysos*, in: *RM* 98 (1991) 163–188 Taf. 39–48.
P. Zanker, *Die trunkene Alte. Das Lachen der Verhöhnten* (1989).

Zur hellenistischen Plastik generell
B. Andreae, *Die Schönheit des Realismus. Auftraggeber, Schöpfer, Betrachter hellenistischer Plastik* (1998).

Zu den Sarkophagen aus Cerveteri
M.-F. Briguet, *Le sarcophage des Époux de Cerveteri du Musée du Louvre* (1988).

Zum gefälschten Sarkophag in London
Die Etrusker und Europa. Ausstellungskatalog Berlin (1993) 336, 432–433, 438, Abb. S. 348.

Die Schilderung von der Entdeckung des Villa Giulia-Sarkophags basiert auf dem Briefwechsel zwischen Wolfgang Helbig und Carl Jacobsen, der heute in den Archiven der Ny Carlsberg Glyptotek aufbewahrt wird. Siehe dazu M. Moltesen, *Wolfgang Helbig. Brygger Jacobsens agent i Rom 1887–1914* (1987).

Zu technischen Aspekten etruskischer Terrakottaplastik
L. G. Becker / S. Nunberg, *The Worcester Art Museum Cinerary Urn and the Production of Large-Scale Etruscan Ceramic Sculpture*, in: R. A. Rushfield / M. W. Ballard (Hrsg.), *The Materials, Technology and Art of Conservation. Studies in honor of Lawrence J. Majewski on the occasion of his 80th birthday, February 10, 1999* (1999) 65–79.

Zur Thermolumineszenz-Datierung
M. J. Aitken, *Thermoluminescence Dating* (1985).

ANMERKUNGEN

Das antike Volterra – Geschichte und Topographie, Monumente und Kunst

Stephan Steingräber

1 Servius, *Aen.* 10, 172.
2 Dion. *v. Hal.* 3, 51.
3 Livius 10, 12.
4 Livius 23, 45.
5 Cicero, *dom.* 30, 79; *Caecin.* 7,18; *Att.* 1, 19; *fam.* 13, 4–5.
6 Strabon 5, 223.

ANMERKUNGEN UND ABGEKÜRZT ZITIERTE LITERATUR

Das vorgeschichtliche und archaische Volterra (10. bis frühes 5. Jh. v. Chr.)

Friedrich-Wilhelm von Hase

Verzeichnis der abgekürzt zitierten Literatur

Andrén 1967: A. Andrén, *Marmora Etruriae*, in: W. H. Schuchardt (Hrsg.), *AntPl* VII (1967) 29–31.
Atti Volterra 1995 (1997): *Aspetti della cultura di Volterra etrusca fra l'età del ferro e l'età ellenistica e contributi della ricerca antropologica alla conoscenza del popolo etrusco. Atti del XIX Convegno di Studi etruschi ed italici*, Volterra 15–19 ottobre 1995 (1997) 5–596.
Balty 1961: J. Ch. Balty, *Un centre de production de bronzes figurés de l'Etrurie septentrionale (deuxième moitié du VIIe. – première moitié du VIe. s. av. J.C.): Volterra ou Arezzo?*, in: *BInstHistBelgeRome* 33 (1961) 5–65.
Banti 1965: L. Banti, *Die Welt der Etrusker* (1965).
Bartoloni 1984: G. Bartoloni, *Riti funerari dell'aristocrazia in Etruria e nel Lazio. L'esempio di Veio. Opus* 3,1 (1984) 13–28.
Bartoloni 1989: G. Bartoloni, *La cultura villanoviana. All'inizio della storia etrusca* (1989) 11–224.
Bartoloni 1989a: G. Bartoloni, *Marriage, sale and gift. A proposito di alcuni corredi femminili dalle necropoli Populoniesi della prima età del ferro*, in: Rallo 1989, 35 ff.
Bartoloni / Berardinetti / Drago / De Santis 1994: G. Bartoloni / A. Berardinetti / L. Drago / A. De Santis, *Veio tra IX e VI sec. a. C.: primi risultati sull'analisi comparata delle necropoli veienti. ACl* 46 (1994) 1–46.
Bianchi Bandinelli / Giuliano 1973: R. Bianchi Bandinelli / A. Giuliano, *Etruschi e Italici prima del dominio di Roma* (1973) 1–436.
Bodechtel 1972: J. Bodechetel, *Bemerkungen zur Übersichtskarte der Erzlagerstätten in der Toskana, RM* 79 (1972) 162–165.
Bonamici, in: *Atti Volterra 1995* (1997): M. Bonamici, *Santuario dell'Acropoli: Relitti di un tempio tardo-arcaico*, in: *Atti volterra 1995* (1997) 237–252.
Bonamici, in: Zanini 1997: M. Bonamici, *Volterra – Acropoli*, in: Zanini 1997, 160–163, Abb. 101–103.
Bonamici, in: Cateni 1998: M. Bonamici, *Materiali dell'età del Ferro dall'Acropoli*, in: Cateni 1998, 48–52, Abb. 1–9.
Bonamici 2002: M. Bonamici u. a., *Volterra. L'Acropoli e il suo Santuario (Scavi 1987–1995)* (2002).
Camporeale 1984: G. Camporeale, *La Caccia in Etruria* (1984) 9–204.
Camporeale 2000: G. Camporeale, *Gli Etruschi. Storia e civiltà* (2000) V–XXXVI; 3–603.
Carafa 1994: P. Carafa, *Organizzazione territoriale e sfruttamento delle risorse economiche nel territorio volterrano tra l'orientalizzante recente e l'età ellenistica. StEtr* 59, 1993 (1994) 109–118.
Catacchio Negroni 1987: N. Catacchio Negroni, *La fase di transizione bronzo-ferro in Etruria alla luce degli scavi di Tarquinia*, in: M. Bonghi Jovino / Cr. Chiaramonte Treré (Hrsg.), *Tarquinia: Ricerche, Scavi e Prospettive. Atti del Convegno internazionale di Studi*, Milano 24–25 Giugno 1986 (1987) 219–232.
Cateni 1979: G. Cateni, *La necropoli villanoviana delle Ripaie a Volterra*, in: *L'Etruria Mineraria. Atti del XII convegno di studi Etruschi e Italici*, Firenze-Populonia-Piombino 16–20 giugno 1979 (1981) 193–198.
Cateni 1983: G. Cateni, *Volterra: la tomba di Gesseri*, in: M. Cristofani / M. Martelli, *L'oro degli Etruschi* (1983) 120–122, Abb. 68–74; 273–274.
Cateni 1989: G. Cateni, *Museo Guarnacci di Volterra* (1989) 7–104.
Cateni, in: *Atti Volterra 1995* (1997): G. Cateni, *Volterra dalla prima età del ferro al V secolo a.C. Appunti di topografia urbana. Il Villanoviano* I, in: *Atti Volterra 1995* (1997) 43–56.
Cateni 1997: G. Cateni, in: *EAA Secondo Suppl.* 1971–1994 V (1997) 1061–1064.
Cateni, in: Zanini 1997: G. Cateni, *Volterra – Ripaie*, in: Zanini 1997, 159, Abb. 100.
Cateni 1998: G. Cateni (Hrsg.), *Volterra. La Tomba del Guerriero di Poggio alle Croci* (1998) 9–64.
Chierici 1876: G. Chierici, *Oggetti arcaici in ipogei di Volterra. BPI* II (1876) 149–157.
Colonna 1977: G. Colonna, *Nome Gentilizio e Società, StEtr* 45 (1977) 175–192.
Cristofani 1973: M. Cristofani, *Scavi sull'acropoli 1969–1971, NSc* 27 (1973) Suppl. 13, 13–288.
Cristofani 1978: M. Cristofani, *L'arte degli Etruschi. Produzione e consumo* (1978) VII–XXIII, 3–227.
Cristofani 1979: M. Cristofani, *La «testa Lorenzini» e la scultura tardo-arcaica in Etrurira settentrionale, StEtr* 47 (1979) 85–92.
D'Agostino 1999: B. D'Agostino, *I principi dell' Italia centro-tirrenica in epoca orientalizzante*, in: P. Ruby (Hrsg.), *Les princes de la protohistoire et l'émergence de l'état. Actes de la table ronde organisée par le Centre Jean Bérard et l'École française de Rome*, Naples, 27–29 octobre 1994 (1999) 81–88.
Delpino 1979: F. Delpino, *Aspetti e problemi della prima età del ferro nell' Etruria settentrionale*, in: *L'Etruria Mineraria, Atti del XII convegno di studi Etruschi e Italici*, Firenze-Populonia-Piombino 16–20 giugno 1979 (1981) 265–298.
Delpino, in: Zanini 1997: F. Delpino, *La metallurgia*, in: Zanini 1997, 23–27, Abb. 5–7.
Dennis 1852: G. Dennis, *Die Städte und Begräbnisplätze Etruriens* (1852, Reprint 1973) I–LXII; 1–743.
von Duhn 1924: F. von Duhn, *Italische Gräberkunde*, Erster Teil (1924) 1–688.
EAA: *Enciclopedia dell'arte antica e orientale.*
Enking / Radke 1961: R. Enking / G. Radke, *RE* IX A1 (1961) 721–739, s. v. Volaterrae.
Fiumi 1947: E. Fiumi, *Ricerche storiche sulle mura di Volterra. RassVolter* 18 (1947) 25–93.
Fiumi 1961: E. Fiumi, *La «facies» arcaica del territorio volterrano, StEtr* 29 (1961) 253–292.
Fiumi 1966: E. Fiumi, *Volterra*, in: *EAA* VII (1966) 1198–1202.
Fiumi 1972: E. Fiumi, *Volterra – Gli Scavi degli anni 1960–1965 nell'area della necropoli di Badia. NSc* (1972) 52–136.
Fiumi 1976: E. Fiumi, *Volterra – Etrusca e Romana* (1976) 3–102.
Ghirardini 1898: G. Ghirardini, *La necropoli primitiva di Volterra. MonAnt* VIII (1898) 101–215.
von Hase 1969: F.-W. von Hase, *Die Trensen der Früheisenzeit in Italien. PBF* XVI, 1 (1969) 1–63.
von Hase 1971: F.-W. von Hase, *Gürtelschließen des 7. und 6. Jahrhunderts v. Chr. in Mittelitalien. JdI* 86 (1971) 1–59.
von Hase 1988: F.-W. von Hase, *Früheisenzeitliche Kammhelme aus Italien*, in: *Antike Helme. Sammlung Lipperheide und andere Bestände des Antikenmuseums Berlin* (1988) 195–211.
von Hase 1995: F.-W. von Hase, *Ägäische, griechische und vorderorientalische Einflüsse auf das tyrrhenische Mittelitalien*, in: *Beiträge zur Urnenfelderzeit nördlich und südlich der Alpen. Römisch-Germanisches Zentralmuseum, Monographien* Bd. 35 (1995) 239–286.
von Hase 1997: *Présences étrusques et italiques dans les sanctuaires grecs* (VIIIe–VIIe siècle av. J.-C.), in: F. Gaultier / D. Briquel (Hrsg.), *Les Étrusques, les plus religieux des hommes. État de la recherche sur la religion étrusque. Actes du colloque international Paris 1992*, XII *Rencontre de l'École du Louvre* (1997) 293–323.
Jockenhövel 1974: A. Jockenhövel, *Ein reichverziertes Protovillanova-Rasiermesser. Ein Beitrag zum urnenfelderzeitlichen Symbolgut. PBF* XX,1 (1974) 81–88.
Katalog Venedig 2000: M. Torelli (Hrsg.), *Gli Etruschi.* Ausstellungskatalog Venedig 2000 (2000) 11–671
Levi 1928: D. Levi, *Volterra. L'inizio degli scavi sul piano di Castello. NSc* (1928) 34–46.
Maggiani 1991: A. Maggiani, *Un nuovo bronzetto del tipo «swordsman» da Volterra. ACl* 43 (1991) 985–999.
Maggiani, in: *Atti Volterra 1995* (1997): A. Maggiani, *Volterra dalla prima età del ferro al V secolo a.C. Appunti di topografia urbana. Dal Villanoviano II all'età tardo arcaica*, in: *Atti Volterra 1995* (1997) 57–92.
Maggiani, in: Cateni 1998: A. Maggiani, *Volterra e il suo territorio nell'età del ferro* (IX–VII sec. a.C.), in: Cateni 1998, 53–59.
Marzi, in: *Atti Volterra 1995* (1997): M. G. Marzi, *La Collezione Galluzzi di Volterra*, in: *Atti Volterra 1995* (1997) 347–377.
Marzoli 1988: D. Marzoli, *Doppelfeldflasche und Waffen aus einem frühetruskischen Kriegergrab. JbBadWürt* 25 (1988) 7–15.
Marzoli 1989: D. Marzoli, *Bronzefeldflaschen in Italien. PBF* II,4 (1989) 1–93.
Marzoli 1993/94: D. Marzoli, *Eine Gruppe von früheisenzeitlichen Kriegergräbern in Etrurien. MAnthrWien* 123/124 (1993/1994) 175–183.
Massa Pairault 1991: F. H. Pairault, *La stele di avile tite da Raffaele il volterrano ai nostri giorni. MEFRA* 103/2 (1991) 499–528.
Mingazzini 1934: P. Mingazzini, *La tomba a tholos di Casaglia. StEtr.* 8 (1934) 58–75.
Minto 1930: A. Minto, *Le scoperte archeologiche nell'agro volterrano dal 1897 al 1899 (da appunti manuscritti di Gherardo Ghirardini). StEtr* 4 (1930) 9–57.
Minto 1930a: A. Minto, *La tomba a camera di Casal Maritimo. StEtr* 4 (1930) 58–68.
Minto 1937: A. Minto, *Le stele archaiche volterrane. Scritti in onore di B. Nogara* (1937) 305–315.
Minto 1943: A. Minto, *Populonia* (1943) 5–366.
Naso 2000: A. Naso, *Le aristocrazie etrusche in periodo orientalizzante: Cultura, economia, relazioni*, in: M. Torelli (Hrsg.), *Gli Etruschi.* Ausstellungskatalog Venedig (2000) 173–193.

PALLOTTINO 1990: M. PALLOTTINO, *Etruscologia* (7 1990) XIII–XX; 3–564.
PARE 1992: C. F. E. PARE, *Wagons and Wagon-Graves of the Early Iron Age in Central Europe* (1992) 1–382.
PERONI 1980: R. PERONI (Hrsg.), *Il bronzo finale in Italia* (1980) 5–165.
PRAYON 1975: F. PRAYON, *Frühetruskische Grab- und Hausarchitektur. RM Ergh.* 22 (1975) 5–197.
RALLO 1989: A. RALLO (Hrsg.), *Le donne in Etruria* (1989) 7–261.
RE: *Paulys Realencyclopädie der classischen Altertumswissenschaft.*
RICHARDSON 1983: E. RICHARDSON, *Etruscan Votive Bronzes – Geometric, Orientalizing and Archaic* (1983) Textbd. VII–XXVI, 3–390 u. Tafelbd. V–XV, Taf. 1–263.
RIDGWAY 1992: D. RIDGWAY, *The First Western Greeks* (1992) XI–XIX; 3–180.
ROMUALDI 1989–1990: A. ROMUALDI, *I luoghi di culto e i depositi votivi nell'Etruria settentrionale in epoca arcaica: considerazioni sulla tipologia e sul significato delle offerte votive*, in: *Atti del convegno internazionale ANATHEMA: Regime delle offerte e vita dei santuari nel mediterraneo antico, 15–18 giugno 1989. ScAnt* 3–4 (1989–1990) 619–649.
SPRENGER / BARTOLONI 1977: M. SPRENGER / G. BARTOLONI, *Die Etrusker. Kunst und Geschichte* (1977) 7–183.
STARY 1981: P. F. STARY, *Zur eisenzeitlichen Bewaffnung und Kampfesweise in Etrurien. Marburger Studien zur Vor- und Frühgeschichte*, Bd. 3 (1981) V–X, 1–498. Beil. 1–9; Tab. 1–12; Verbreitungskarten 1–53; Taf. 1–75.
STEINGRÄBER 1981: S. STEINGRÄBER, *Etrurien. Städte, Heiligtümer, Nekropolen* (1981) 7–603.
TORELLI 1997: M. TORELLI, *«Domisida, lanifica, univita.» Il trono di Verucchio e il ruolo e l'imagine della donna tra arcaismo e repubblica*, in: M. TORELLI, *Il rango, il rito e l'imagine. Alle origini della rappresentazione storica romana* (1997) 52 ff.
VIEGI 1954: G. VIEGI, *Le fibule dell'antico fondo del Museo Guarnacci di Volterra. StEtr* 23 (1954) 417–433.
ZANINI 1997: A. ZANINI (Hrsg.), *Dal Bronzo al Ferro. Il secondo millennio a. C. nella Toscana centro-occidentale.* Ausstellungskatalog Livorno 1997 (1997) 1–228.

Zeitschriften und Reihen

ACl: *Archeologia classica.*
BInstHistBelgeRome: *Bulletin de l'Institut Historique Belge de Rome.*
MAnthrWien: *Mitteilungen der Anthropologischen Gesellschaft in Wien.*
Opus: *Opus. Rivista internazionale per la storia economica e sociale dell'antichità. International journal for social & economic history of antiquity.*
RassVolter: *Rassegna Volterrana.*
RM: *Mitteilungen des Deutschen Archäologischen Instituts. Römische Abteilung.*
RMErgh.: *Mitteilungen des Deutschen Archäologischen Instituts. Römische Abteilung, Ergänzungsheft.*
ScAnt: *Scienze dell'Antichità. Storia Archeologia Antropologia.*

Anmerkungen

* *Mariae Aurorae uxori ex stirpe Italica carissimae.*

1 An historischen Quellen, in denen in der einen oder anderen Weise auf Volterra Bezug genommen wird, wären hier zu erwähnen: SERVIUS, *Aen.* 10,172; DION. *v. Hal.* 3,51; LIVIUS 10,12 und 28,45,15; CICERO, *dom.* 79; *Caecin.* 7, 18; *Att.* 1,19; *fam.* 13,4 u. 5; STRABON 5,223. An zusammenfassender Literatur sei hier nur genannt: G. DENNIS, *Die Städte und Begräbnisplätze Etruriens* (1852; Reprint 1973), 454 ff.; ENKING / RADKE 1961, 721–739, s. v. Volterra; L. BANTI, *Die Welt der Etrusker* (1965) 91–95; E. FIUMI, *Volterra etrusca e romana* (1976) 3–102; E. FIUMI 1966, 1198–1202, s. v. Volterra; M. CRISTOFANI, *L'arte degli Etruschi. Produzione e consumo* (1978), passim.; S. STEINGRÄBER, *Etrurien. Städte, Heiligtümer, Nekropolen* (1981) 93–109; G. BARTOLONI, *La cultura villanoviana. All'inizio della storia etrusca* (1989) passim; M. PALLOTTINO, *Etruscologia* (1990) 130 ff., 288 ff., u. passim. Neuere Forschungsergebnisse werden behandelt in: *Aspetti della cultura di Volterra Etrusca fra l'età del ferro e l'età ellenistica e contributi della ricerca antropologica alla conoscenza del popolo etrusco, Atti del XIX convegno di studi etruschi ed italici.* Volterra 15–19 ottobre 1995 (1997) 5–596; G. CATENI, in: *EAA, Suppl.* Bd. V (1997) 1061–1064, s. v. Volterra; G. CAMPOREALE, *Gli Etruschi. Storia e civiltà* (2000) 370–378 u. passim.

2 Zur Geländeerosion im Bereich der Balze vgl. GHIRARDINI 1898, 117 ff., Abb. 4–5; VON DUHN 1924, 289 ff.; FIUMI 1961, 254, 274; FIUMI 1972, 52 ff., Abb. 1–2; STEINGRÄBER 1981, 93, Abb. 32.

3 Zu den unkontrollierten Grabungen im 18. und 19. Jh., die den Grundstock zahlreicher lokaler Sammlungen bildeten, vgl. FIUMI 1961, 263 ff.; vgl. auch DENNIS 1852, 464 ff.; 472 u. passim.; FIUMI 1961, 253 ff.; CAMPOREALE 371 ff.

4 Vgl. Zum frühen Forschungsstand vgl. VON DUHN 1924, 288 ff. mit Lit.

5 Die Tomba Manetti aus der Badia Montebradoni-Nekropole enthielt an Beigaben: Zwei Bronzetrensen in Pferdchenform (Typ Volterra); Bronzetasse mit hochgezogenem Henkel; bronzenes Tüllenbeil mit Netzverzierung; fünf bronzene Phaleren; bronzener Lanzenschuh; Rasiermesser; Bronzearmringe; aufgewickelter Bronzedraht; zwei flache, durchlochte Bronzescheiben; bronzener Stimulus; Radanhänger. Vgl. hierzu CHIERICI 1876, 149 ff., Taf. 5; VON HASE 1969, 12, Nr. 37–38; 42, Abb. 2; Taf. 4, 37–38; MAGGIANI, in: *Atti Volterra 1995* (1997) 59 mit Anm. 5; CATENI 1998, 35 ff., Abb. 20–20; Taf. 6–7.

6 Zur Bedeutung der Entdeckungen des Jahres 1885 für die Erforschung des früheisenzeitlichen Volterras vgl. GHIRARDINI 1898, 101.

7 Die Tomba Badia enthielt folgende Beigaben: neun bronzene Navicellafibeln; vier bronzene Drahtbügelfibeln mit Bernstein- und Knochenbesatz; zwölf Bronzeblechknöpfe; vier Goldblechscheiben; weitere Goldblechfragmente; sechs Bronzeblechperlen, teilweise mit Öse; ein Bronzestab mit profilierter Spitze sowie konischem Fuß; eine Feldflasche aus verziertem Bronzeblech; ein Bronzespieß mit Kette; Fragmente aus Bronze, Eisen und Knochen. Vgl. GHIRARDINI 1898, 101 ff., Abb. 1–3; FIUMI 1976, 36, Abb. 23; MARZOLI 1989, 17, Abb. 4b; 36, Nr. 16; 47 f.; 55; 64, Taf. 19 mit Lit.; MAGGIANI, in: *Atti Volterra* 1995 (1997), 59 mit Anm. 6; CATENI 1998, 13; 40 ff., Abb. 21–23; Taf. 8–10; CATENI, in: *Katalog Venedig* (2000) 540 ff., Nr. 1–26, Abb. 1–3; 18; 21.

8 Zu den frühen Grabungen in der Guerruccia-Nekropole vgl. GHIRARDINI 1898, 132 ff. sowie MINTO 1930a, 16 ff.

9 Zur früheisenzeitlichen Ripaie-Nekropole vgl. CATENI 1979, 193 ff.; CATENI, in: *Atti Volterra 1995* (1997) 44 ff.; CATENI, in: ZANINI 1997, 181 ff.

10 Zu den Siedlungsgrabungen vom Piano di Castello vgl. BONAMICI, in: ZANINI 1997, 160 ff. sowie ferner BONAMICI, in: CATENI 1998, 48 ff. mit Lit.

11 Zur Tomba del Guerriero vgl. CATENI 1998, 17 ff., Abb. 1–17 u. Taf. 1–5. – Vgl. auch CATENI, in: *Katalog Venedig*, 539 ff., Nr. 12–17, Abb. 1–4; 6–9; 11; vgl. auch a. O. die Abb. S. 65.
Zur Zuordnung einiger der herausragenden Beigaben: Nach Südetrurien verweisen v. a. der Kammhelm und die Bronzefeldflasche, vgl. zu den entsprechenden Kammhelmfunden dieses als Variante III klassifizierbaren Typus, der bisher nur in Südetrurien bekannt war, VON HASE 1988, 199, Abb. 3,1; Abb. 5,1. Zur Verbreitung dieser Kammhelmgruppe vgl. die Verbreitungskarte a. O. S. 203, Abb. 6 sowie auch VON HASE 1997, 298; 306, Abb. 10. Zu einer vom Typus sehr ähnlichen Doppelfeldflasche, leider ohne Fundortangabe, die sich jetzt im Landesmuseum in Karlsruhe befindet und vermutlich südetruskischer Herkunft ist, vgl. MARZOLI 1988, 7 ff., Abb. 1a; 1b.c. Zu den südetruskischen bronzenen Feldflaschen mit vergleichbaren Pferdchenstempeln vgl. MARZOLI 1989, 41 ff., Nr. 22 (aus Vulci); Nr. 24 (aus Veji), Taf. 27, 22; Taf. 30, 24; Taf. 42, 24. Die Trense mit ihrem charakteristischen Knebel (Typ Volterra), der eine genaue Entsprechung in der Tomba Manetti hat (vgl. Anm. 32) ist dagegen in Nordetrurien zu Hause.

12 Zu den zwei protovillanovazeitlichen Lappenbeilen, Inv. Nr. 3967 u. 3968, die dem Typus Gabbro, Variante B nach Carancini angehören, vgl. PERONI 1980, 22; 23, Taf. VII, B; *Catacchio Negroni* 1987, 222 mit Anm. 7; CATENI, in: ZANINI 1997, 219, Nr. 1–2 u. Abb. 1–2. Gute photographische Abb. bei CATENI 1989, 28, Nr. 550/555, Taf. 3.

13 Zu den bisher ganz vereinzelten protovillanovazeitlichen Scherbenfunden aus dem Bereich des Piano di Castello vgl. die Hinweise durch BONAMICI, in: CATENI 1998, 50; vgl. ferner BONAMICI, in: ZANINI 1997, 160 ff., Abb. 101, 5 u. 7.

14 Zu den protovillanovazeitlichen Scherben, die unter der Füllmasse des römischen Theaters, also ohne den ursprünglichen Kontext, zutage kamen, vgl. CATENI, in: *Atti Volterra 1995* (1997) 49, Taf. I, c–e.

15 Zu den protovillanovazeitlichen Oberflächenfunden, d. h. Lesefunden, vom Fundplatz nord-westlich der Ripaie-Nekropole vgl. CATENI, in: *Atti Volterra 1995* (1997) 44 ff., Abb. 2, 3–6; CATENI, in: ZANINI 1997, 159, Abb. 100, 5–6.

16 Vgl. BONAMICI, in: CATENI 1998, 50. Vgl. auch CATENI, in: *Atti Volterra 1995* (1997) 48.

17 Zur protovillanovazeitlichen Besiedlung Volterras, die in der von anderen Städten Zentraletruriens uns bekannten Fundsituation eine Entsprechung zu finden scheint, wir können hier vor allem Veji und Tarquinia anführen: vgl. BONAMICI, in: ZANINI 1997, 160 ff., Abb. 101, 5 u.7 sowie *Catacchio Negroni* 1987, 219 ff.; vgl. zu Veji die zusammenfassenden, die Fundsituation charakterisierenden Bemerkungen bei BARTOLONI / BERARDINETTI, DRAGO / DE SANTIS 1994, 2 ff.

18 Zur protovillanovazeitlichen Besiedlung in der näheren und weiteren Umgebung Volterras vgl. *Catacchio Negroni* 1987, 222 ff. Vgl. ferner CATENI, in: *Atti Volterra 1995* (1997) 49. Eine ausführliche Zusammenstellung des archäologischen Materials findet sich bei ZANINI 1997. Vgl. auch MAGGIANI, in: CATENI 1998, 53.

19 Zum eher fließenden Übergang zwischen der Protovillanova- und der frühen Villanovastufe in Volterra vgl. besonders die Fundverhältnisse in der Ripaie-Nekropole, vgl. hierzu CATENI, in: *Atti Volterra 1995* (1997) 48 ff., Abb. 4/1 u. Abb. 4/2 sowie Taf. I,a; CATENI, in: ZANINI 1997, 159. Vgl. hierzu auch *Catacchio Negroni* 1987, 222 mit Anm. 7 und älterer Lit.

20 Zu den in die Stufe I zu datierenden früheisenzeitlichen Scherbenfunden vom Pian di Castello vgl. BONAMICI, in: CATENI 1998, 48 ff., Abb. 1–4 sowie BONAMICI, in: ZANINI 1997, 160 ff., Abb. 102, 8.9.13.

21 Zu den der Früheisenzeitstufe I angehörenden Grabfunden der Ripaie-Nekropole vgl. CATENI 1981, 194 ff., Taf. 50–52; Cateni, in Atti Volterra 1995 (1997), 52 ff., Abb. 4/1-4/2; Taf. I,a–b; CATENI, in: ZANINI 1997, 181 ff., Abb. 114–119.

22 Zum Pozzograb C: Die Grabgrube war ummauert und mit einem großen, auf der Oberseite gerundeten, also annähernd halbrunden Stein abgedeckt: vgl. CATENI 1989, 32, Taf. 8; CATENI, in: ZANINI 1997, 181, Abb. 117, 1–3. Vgl. auch CATENI 1997, 1062, Abb. 1343 sowie CATENI 1998, Abb. S. 15.

23 Vgl. JOCKENHÖVEL 1974, 81 ff.; bes. 83 ff., Taf. 19, 1.7; 20, 1–2. 4–5; 21, 4.

24 Zu der 1969 geborgenen, sehr frühen bikonischen Villanovaurne, zu deren Dekor noch für die Protovillanovazeit typische Vogelprotomen gehören, vgl. CATENI, in: *Atti Volterra 1995* (1997) 49 ff., Abb. 4/1 u. 4/2; Taf. Ia. sowie CATENI, in: ZANINI 1997, 182, Abb. 118a.

25 Daß die zur Ripaie-Nekropole gehörende Siedlung sich auf dem Bergplateau befand, wird von der Forschung ernsthaft in Betracht gezogen, weil inzwischen ja vom Piano di Castello auch Scherben stammen, die bereits in die Früheisenzeitstufe I zu datieren sind. Vgl. zu diesem Problem bereits CATENI 1981, 198; vgl. ferner MAGGIANI, in: CATANI 1998, 54.

26 Der Kommentar des Servius zu VERGIL, *Aeneis* X,172 lautet: «Quidam Populoniam post XII populos in Etruria constitutos populum ex insula Cor-

sica in Italiam venisse et condidisse dicunt; alii Populoniam Volateranorum coloniam tradunt, alii Volateranos Corsis eripuisse Populoniam dicunt.» Zur Interpretation des Passus bei SERVIUS, *Ad Aen.* X, 172, vgl. die zu Recht vorsichtigen Ausführungen bei MINTO 1943, 17 f., und dann noch einmal bei BALTY 1961, 29 sowie DELPINO 1979, 289 ff.; positiver in der Sache ist BARTOLONI 1989, 23 ff. Vgl. ferner CATENI, in: *Atti Volterra 1995* (1997) 54.

27 Vgl. CATENI, in: *Atti Volterra 1995* (1997) 52.

28 Vgl. GHIRARDINI 1898, 101 ff.

29 Vgl. MAGGIANI, in: *Atti Volterra 1995* (1997) 57 ff.

30 Zu den Siedlungsresten des 8. Jhs. v. Chr. auf dem Gebiet von San Felice vgl. CATENI, in: *Atti Volterra 1995* (1997) 54 f., Abb. 6–8.

31 Zum Prozeß der sozialen Differenzierung, der sich seit der 2. Hälfte des 8. Jhs. v. Chr., also der späten Eisenzeit, an Hand der Grabbeigaben wie Waffen, Pferdegeschirr und später Wagen sowie einer Bankettausstattung für das Symposion, immer deutlicher zu erkennen gibt, vgl. BARTOLONI 1984, 13 ff.; BARTOLONI 1989, 194 ff.; MARZOLI 1993/94, 175 ff.; Vgl. für dieses, sich in der frühen orientalisierenden Phase (spätes 8.–1. Hälfte 7. Jh. v. Chr.) in Etrurien, Latium und Kampanien sich noch stärker bemerkbar machenden Phänomen zusammenfassend D'AGOSTINO 1999, 81 ff.; NASO 2000, 173 ff.

32 Zu dem Trensenpaar aus der Tomba Manetti vgl. VON HASE 1969, 12, Nr. 37–38; Taf. 4, 37–38; 42, Abb. 2 A; 48, Abb. 8 B; die hier vorgelegte Verbreitungskarte des als Typ Volterra klassifizierten Knebeltypus entspricht allerdings nicht mehr dem letzten Forschungsstand. An der Vorstellung, daß dieser Knebeltypus für Nordetrurien und das Gebiet nördlich des Appennin charakteristisch ist, haben auch die Neufunde nichts geändert. Daß ein Trensenknebel des uns hier beschäftigenden Typus sogar unter den Weihungen in Olympia auftauchte, sei hier der Vollständigkeit halber wenigstens angemerkt, vgl. VON HASE 1997, 219; 313, Abb. 18, 1–2.

33 Zum Problem der Wagenbeigabe in Etrurien vgl. bereits die Beoabachtungen bei VON HASE 1969, 53 ff.; Pare 1992, 192 ff. mit den Verbreitungskarten Abb. 134 u. 135. Das Thema behandelt, den neuesten Forschungsstand berücksichtigend, G. COLONNA, in: EMILIOZZI 1997, 14 ff.

34 Zur Bedeutung des Spinnens, einer typisch weiblichen, dabei sehr angesehenen Tätigkeit in früheisenzeitlicher-etruskischer aber auch noch in römischer Zeit vgl. mit vielen Belegen TORELLI 1997, 52 ff. Vgl. für die Frühzeit BARTOLONI 1989a, 41 ff. Vgl. hierzu auch PLINIUS, *Nat. hist.* VIII, 74, 194.

35 Zur sozialen Stellung der Frau in Etrurien vgl. die verschiedenen Beiträge bei RALLO 1989; vgl. ferner D'AGOSTINO 1999, 82 ff.

36 Zur Ähnlichkeit der Grabarchitektur der Tomba di Badia mit entsprechenden Konstruktionen in Bologna vgl. CATENI 1998, 40 ff.; Abb. 21–23; Taf. 8–10.

37 Vgl. hierzu bereits die Kombinationstabelle bei VON HASE 1969, 50–51, Abb. 10–11 sowie VON HASE 1988, 210, Abb. 10. Weitere Angaben zu den Waffenkombinationen finden sich bei STARY 1981, 46 ff.; vgl. ferner BARTOLONI 1984, 13 ff., bes. 16 ff. Zu den gesellschaftlichen Verhältnissen in Veji, wie sie sich aus der Analyse der Gräberfelder im letzten Viertel des 8. Jhs. v. Chr. abzeichnen, vgl. auch BARTOLONI / BERARDINETTI / DRAGO / DE SANTIS 1994, 24 ff. Vgl. auch unsere Hinweise in Anm. 31 u. 34.

38 Vgl. RIDGWAY 1992, 125 ff.; 127 ff. Vgl. hierzu ferner die villanovazeitlichen Waffenfunde aus griechischen Heiligtümern, die ein Teil der Forschung mit guten Gründen als griechische Beutestücke von frühen kriegerischen Auseinandersetzungen zwischen Kolonialgriechen und Etruskern glaubte ansehen zu dürfen, vgl. hierzu VON HASE 1997, 298 ff., bes. 307 ff. mit Nachweisen.

39 Zur Vorstellung von verschiedenen, etwa gleichzeitig auf dem Stadtberg existierenden Siedlungen vgl. BARTOLONI 1989, 110.
Zu den Verhältnissen im früheisenzeitlichen Veji, d. h. der Verteilung der Gräberfelder um das besiedelte Plateau vgl. die instruktive Kartierung bei BARTOLONI / BERARDINETTI / DRAGO / DE SANTIS 1994, 6, Abb. 1.

40 Zum komplexen Fragenkomplex der Stadtwerdung in Etrurien mit ausführlicher Literatur vgl. VON HASE 1995, 283 ff. mit Anm. 82–87. Vgl. ferner für die Situation in Veji im 7. Jh. v. Chr. die zusammenfassenden Hinweise bei BARTOLONI / BERARDINETTI / DRAGO / DE SANTIS 1994, 29 ff., bes. 36 ff.

41 Zum vermischten Auftreten von Brand- und Körperbestattungen, und zwar im gleichen Areal der Nekropole Guerruccia vgl. MAGGIANI, in: *Atti Volterra* 1995 (1997) 71; 72, Abb. 10.

42 Zum Grab Q1 der Ripaie-Nekropole vgl. FIUMI 1976, 80 ff., Abb. 29a–c. Vgl. auch MAGGIANI, in: *Atti Volterra 1995* (1997) 77 f.

43 Zu den wenigen, durchweg bereits geplünderten Kammergräbern der Guerruccia-Nekropole in Volterra, die dem 6.–5. Jh. v. Chr. angehören, vgl. MINTO 1930, 28 ff., Abb. 1 (Lageplan der Gräber) sowie Abb. 16 ff. u. Taf. II. Zu den Kammergräbern Volterras sowie der Umgebung vgl. den wichtigen, mit einer Kartenbeilage versehenen Beitrag zur Carta Archeologica durch FIUMI 1961, 275 ff.; 289 ff., Abb. 10a–c. Vgl. ferner MAGGIANI, in: *Atti Volterra 1995* (1997) 77 ff.; 87, Abb. 19 mit Hinweis auf das archaische Kammergrab bei den Colombaie, sowie Fundlisten mit weiteren Nachweisen.

44 Zum Tholosgrab von Casal Marittimo, Loc. Poggirella (1. Hälfte 6. Jh. v. Chr.) vgl. MINTO 1930a, 58 ff., Abb. 38–40; 41–43; Taf. III–IV; BANTI 1965, 94; 96, Taf. 5; STEINGRÄBER 1981, 114, Abb. 46–47; PRAYON 1975, 53 ff., Taf. 86,8.

45 Zum Tholosgrab von Casaglia (1. Hälfte 6. Jh. v. Chr.) vgl. MINGAZZINI 1934, 59 ff., Abb. 1 ff.; Taf. 25 f.; STEINGRÄBER 1981, 115 ff., Abb. 48; PRAYON 1975, 53 ff., Taf. 86,7.

46 Zu Castellina in Chianti, Tumulo di Monte Calvario (Ende 7. Jh. v. Chr.) vgl. BANTI 1965, 95 ff., Taf. 3; STEINGRÄBER 1981, 81 ff., Abb. 27–29; PRAYON 1975, 53 ff.; 90, Abb. 19.; Taf. 86. 4–6.

47 Zu den Metallvorkommen im unmittelbaren Umland von Volterra vgl. FIUMI 1961, 283; CARAFA 1993 (1994) 113 ff.; 116 f.; Abb. 1 (Kartierung der Metallvorkommen in der Umgebung Volterras); DELPINO, in: ZANINI 1997, Abb. 5 (die hier wiedergegebene Karte nach Bodechtel 1972, 162 ff., Abb. 1.)

48 Vgl. die Hinweise in Anm. 2 sowie in Anm. 43.

49 Zu den Bronzefibeln aus dem Altbestand des Museo Guarnacci vgl. VIEGI 1954, 417–433; Vgl. zu weiteren, freilich aus gesichertem Fundverband stammenden Bronzefibeln Volterraner Herkunft zuletzt MAGGIANI, in: *Atti Volterra 1995* (1997) 62 ff.; 71 ff., vgl. Abb. 3, 4, 6, 7. Zu den Gürtelschließen aus Volterra vgl. die Fundlisten bei VON HASE 1971, 40, 44, 48; vgl. auch FIUMI 1976, 80, Nr. 1, Abb. 29b.

50 Zu den orientalisierenden Goldfunden Volterras vgl. FIUMI 1961, 268 ff., Abb. 6a–h; CATENI 1983, 120 ff., Abb. 68–74; 273 ff., Nr. 68–74.

51 Vgl. MAGGIANI, in: *Atti Volterra 1995* (1997) 74 ff., Abb. 11; sowie noch einmal MAGGIANI, in: CATENI 1998, 58 mit Verbreitungskarte auf S. 59.

52 Zu der nach allgemeiner Auffassung aktiven Rolle Volterras bei der Besiedlung des Umlandes vgl. MAGGIANI, in: *Atti Volterra 1995* (1997) 74 ff., Abb. 11 (Verbreitungskarte). Vgl. zuletzt MAGGIANI, in: CATENI 1998, 57 ff. mit Verbreitungskarte S. 59.

53 Zur archaischen Fazies im Gebiet von Volterra vgl. FIUMI 1961, 253 ff., bes. 266 ff.

54 Zu dem zu Volterra gehörenden, umliegendenden Territorium in der orientalsierenden und archaischen Zeit vgl. mit weiterer Lit. CARAFA 1993 (1994) 109 ff. mit Abb. 1.

55 Zur Mitgliedschaft Etruriens im etr. Zwölfstädtebund vgl. mit hist. Quellen PALLOTTINO 1990, 307 ff.

56 Zur archaischen Stadtmauer Volterras vgl. grundlegend FIUMI 1947, 32 ff.; FIUMI 1961, 281 sowie FIUMI 1966, 1199. Zu den älteren und jüngeren antiken Stadtbefestigungen – die mittelalterliche Stadtbefestigung ist zum Teil identisch mit der etruskischen – vgl. auch ENKING / RADKE 1961, 722 ff. Die Situation verdeutlicht der Plan unserer Abb. 19.

57 Zu den Terrakottafragmenten spätarchaischer Zeitstellung von der Akropolisgrabung vgl. BONAMICI, in: *Atti Volterra 1995* (1997) 237 ff., Abb. 1–9; Taf. IIIa.b; IVa.b; Va; VI.

58 Vgl. die ausführlichen Belege bei BONAMICI 2002.

59 Zu den figürlichen Kleinbronzen vgl. BALTY 1961, 5 ff.; MINTO 1961, 283 ff., Abb. 13a–b ff. Vgl. ferner CRISTOFANI 1978, 128 ff.; Abb. 7 (Verbreitungskarte der Volterraner Votivfigürchen der 2. Hälfte des 7. Jhs. v. Chr., die bis nach Frankreich gelangten!). Einen systematischen Katalog über die menschengestaltigen, frühen etruskischen Votivbronzen, einschließlich des Volterraner Materials, lieferte Richardson 1983 passim. Vgl. ferner CATENI 1989, Taf. 13–17; 35–38; MAGGIANI 1991, 985 ff., Abb. 1–5; MARZI, in: *Atti Volterra 1995* (1997) 349 ff., Taf. I–V. Vgl. auch CAMPOREALE 2000, 373, Taf. 70; 273; 306.

60 vgl. hierzu LEVI 1928, 43 ff., Abb. 10; MAGGIANI 1991, 990, Nr. 1.

61 Zu den frühen lokalen Heiligtümern im Stadtgebiet Volterras vgl. MAGGIANI 1991, 990 ff. mit Abb. 6 (Verbreitungskarte der Fundstellen früher Votivfigürchen, der 2. Hälfte 7. bis Ende 6. Jh. v. Chr. in Volterra und Umgebung).

62 Zu den archaischen Kultplätzen und Votivfunden in Nordetrurien vgl. ROMUALDI 1989–1990, 619 ff. mit den Verbreitungskarten Abb. 1, 2.

63 Zu den archaischen Volterraner Grabstelen vgl. MINTO 1937, 305 ff. Vgl. auch STARY 1981, Taf. 28,1–3.

64 Zur Stele des Avile Tite (H. 170 cm; Br. 70 cm) im Museo Guarnacci vgl. MINTO, 1937, 307 ff.; Taf. XLII,1.; BANTI 1965, 92; 96; Taf. 51, rechts; CRISTOFANI 1978, 140, Taf. 110; FIUMI 1976, 37, Nr. 2, Abb. 30; SPRENGER / BARTOLONI 1977, 102 ff., Nr. 67; Taf. 67; STARY 1981, Taf. 28,2; STEINGRÄBER 1981, 104 f., Abb. 40; CATENI 1989, 36 ff., Taf. 12; MASSA-PAIRAULT 1991, 499 ff., bes. 514 ff., Abb. 7, 8; *Katalog Venedig* 2000, 615, Nr. 249; CAMPOREALE 2000, 114; 147; 373 f., Taf. 78.

65 Zur bekannten Stele des Aule Feluske aus Vetulonia, die einen in Ritzzeichnung ausgeführten vornehmen Krieger, der mit einer symbolträchtigen Doppelaxt bewaffnet ist, wiedergibt, vgl. SPRENGER / BARTOLONI 1977, Abb. 24; COLONNA 1977, bes. 189–191; STARY 1981, Taf. 27,2; PALLOTTINO 1990, 315 Taf. 50.

66 Zur Stele des Larth Ninie aus der Umgebung von Fiesole vgl. STARY 1981, Taf. 29,3; CAMPOREALE 2000, 114; 147; 387; Taf. 79; *Katalog Venedig* 2000, Nr. 76.

67 Zu der in Livorno verwahrten Tuffsteinurne vgl. MAGGIANI, in: *Atti Volterra 1995* (1997) 89 ff., Taf. V–VI. Bei CAMPOREALE 1984, 83, Nr. 1; 87; 88; 91; 92, Taf. XXVIIa, der hier die Eberjagdszene behandelt, wird als Fundort noch «Vada» angeführt.

68 Zur Testa Lorenzini: vgl. ANDRÉN 1967, 29 ff., Taf. 14–16; BIANCHI BANDINELLI / GIULIANO 1973, 209 ff., Abb. 239–240; FIUMI 1976, 38, Nr. 5, Abb. 32; SPRENGER / BARTOLONI 1977, 126 Nr. 146–147, Taf. 146–147; CRISTOFANI 1978, 130; 157; Taf. 101. CRISTOFANI 1979, 85 ff., Taf. XXIII, a–b; XXVI, a.; STEINGRÄBER 1981, 105, Abb. 41; CATENI 1989, 36 ff., Taf. 20; CAMPOREALE 2000, 374, Taf. 307a u.b.

69 Vgl. BIANCHI BANDINELLI / GIULIANO 1973, 209.

70 Vgl. hierzu auch MINTO 1961, 274.

ANMERKUNGEN

Etruskische Antiken in Volterra zur Zeit der Renaissance
Giovannangelo Camporeale

1 Siehe dazu: E. FIUMI, *La collezione di urne del Museo Guarnacci nel XVIII e XIX secolo*, in: *AA. VV.*, *Urne volterrane. 2. Il Museo Guarnacci* I (1977) 9 ff.

2 E. FIUMI, in: *AA. VV.*, *Urne volterrane 2. Il Museo Guarnacci* (1977) 10.

3 Vgl. dazu M. MARTELLI, *Un passo di Ugolino Verino, una collezione, un «castellum» etrusco*, in: *Prospettiva* 15 (1978) 12 ff.

[4] G. Targioni Tozzetti, *Relazione di alcuni viaggi fatti*, in: *Toscana* III (1769) 202.
[5] *Museum Etruscum* (1737) XVI.
[6] G. Della Fina, *Le antichità a Chiusi. Un caso di «arredo urbano»* (1983).
[7] L. Alberti, *Descrittione di tutta Italia* (1550) 48.
[8] Ebd. 48.

ANMERKUNGEN

Volterra und das Instituto di Corrispondenza Archeologica
Horst Blanck

[1] Zur Geschichte des Instituto di Corrispondenza Archeologica: A. Michaelis, *Geschichte des Deutschen Archäologischen Instituts 1829–1879* (1879); G. Rodenwald, *Archäologisches Institut des Deutschen Reiches* (1929).
[2] Vgl. M. Cristofani, *La scoperta degli Etruschi. Archeologia e antiquaria nel* 700 (1983) bes. 64 ff., 94 ff. Die Geschichte des Museo Guarnacci ist skizziert von E. Fiumi, in: M. Cristofani, *Urne volterrane* 2,1 (1977) 9 ff.
[3] O. Jahn, *Eduard Gerhard. Ein Lebensbild*, in: E. Gerhard, *Gesammelte Akademische Abhandlungen und kleine Schriften*, Bd. 2 (1868) LXI f.; zur Person und zum Werk Gerhards vgl. die *Akten des Kolloquiums «Dem Archäologen Eduard Gerhard 1795–1867 zu seinem 200. Geburtstag»*, hrsg. von H. Wrede (1997) (Winckelmann-Institut der Humbold-Universität zu Berlin 2).
[4] Vgl. E. Gerhard, *Etruskische Spiegel*, Bd. 3 (1862) VII; G. Zimmer, *Eduard Gerhard und das Corpus der etruskischen Spiegel*, in: *Dem Archäologen Eduard Gerhard 1795–1867 zu seinem 200. Geburtstag* (zitiert in Anm. 3) 107 ff.
[5] Hierzu: Beiträge von C. Weber-Lehmann, in: H. Blanck / C. Weber-Lehmann, *Malerei der Etrusker in Zeichnungen des 19. Jahrhunderts*. Katalog der Ausstellung Köln (1987).
[6] Vgl. Brief G. Cincis an Gerhard vom 13. 12. 1830. Dieser wie auch die anderen hier zitierten Briefe befinden sich im Archiv des Deutschen Archäologischen Instituts in Rom. Zur Privatsammlung von G. Cinci: E. Fiumi, *Materiali volterrani nel Museo archeologico di Firenze. La Collezione Cinci*, in: *Studi Etruschi* 25 (1957) 463 ff.
[7] Der größere Teil der Zeichnungen und Pausen, die Gerhard in Volterra, aber auch anderswo in Italien, anfertigen ließ, befindet sich als sog. Gerhard'scher Apparat in den Berliner Museen (Antikensammlung), ein kleinerer Teil dagegen im Archiv des Deutschen Archäologischen Instituts in Rom.
[8] Neben freihändigem Abzeichnen und Durchpausen der Darstellungen auf etruskischen Spiegeln gab es noch die Technik des sog. *talco*. Dabei wurde der Spiegel selbst faktisch wie eine Kupferstichplatte benutzt, indem man ihn mit farbigem Puder bestäubte und so einen Abdruck auf Papier erzeugte.
[9] Der Spiegel befindet sich jetzt im Museo archeologico von Florenz: *Gerhard, Etr. Spiegel*, Taf. LXII.
[10] Brief G. Cincis an Gerhard vom 29. 2. 1832.
[11] *Bull.Inst.* (1829) 203 ff; (1830) 235 f.; (1832) 161 ff.; (1833) 35 f.
[12] E. Barni, *Francesco Inghirami. Una vita per la cultura*, in: *Rassegna Volterrana* 63–64 (1987–1988) 55 ff., zu Inghiramis Beziehungen zu Gerhard und Braun und seinen Äußerungen über Cinci: bes. 104 ff.
[13] *Nuova scoperta di alcuni toli sepolcrali edificati dagli Etruschi nell'antica necropoli di Volterra non veduti finora in Etruria, con alcune osservazioni sull'opera di M. Petit-Radel relativa alle Nuraghe di Sardegna*, in: *Ann.Inst.* (1832) 20 ff.
[14] *Notice sur les Nuraghes de la Sardaigne* (1826).
[15] E. Fiumi, *La «facies» arcaica del territori volterrano, Studi Etruschi* 29 (1961) 277 ff.
[16] *Bull.Inst.* (1831) 51 f.
[17] *Bull.Inst.* (1845) 137 f. Dem Bericht liegt zugrunde ein Brief von G. Dennis an Henzen vom August 1844.
[18] G. Q. Giglioli, *Su alcuni bronzetti etruschi. Quattro bronzetti del Kircheriano ora al Museo Nazionale di Villa Giulia*, in: *StEtr* 21 (1952/1953) 49 ff.; zum Vogel und seiner Inschrift: G. Colonna, *Santuari d'Etruria*, Katalog Ausstellung Arezzo (1985) 34, Nr. 1.17 (G. Colonna) mit weiterer Lit.
[19] *Bull.Inst.* (1857) 183 ff.
[20] A. Cinci ist auch der Verfasser einer *Guida di Volterra* (1885).
[21] *Bull.Inst.* (1860) 183 ff.; (1861) 44 ff.
[22] Vgl. S. M. Goldstein, *Pre-Roman and Early Roman Glass in The Corning Museum of Glass* (1979) 203 ff.
[23] Zur Datierung der Belegung dieses Grabes um die Mitte des 1. Jhs. v. Chr.: M. Martelli, *Definizione cronologica delle urne volterrane attraverso l'esame dei complessi tombali*, in: M. Martelli / M. Cristofani, *Carattere dell' ellenismo nelle urne etrusche* (1977) 86 ff., bes. 90 f.
[24] Vgl. hierzu die programmatische Antrittsrede Brunns in der Institutsadunanz vom 27. 2. 1857: *Bull.Inst.* (1857) 14 ff.
[25] Vgl. Anm. 4.
[26] Sowohl Braun als auch Gerhard hatten bereits in den 1840er Jahren selber den Plan eines etruskischen Urnencorpus gehegt. Braun schrieb am 30. 8. 1842 an Gerhard: «In Fiesole traf ich den alten Inghirami mit Fieber, er bot Zeichnungen und Gypsabgüsse seiner etrusca zum Kauf an. Die Zeichnungen der Todtenkisten und Spiegel habe ich an mich genommen; die Gypse von 24 Volterraner Urnen empfehle ich Ihnen», und am 15. 11. 1842 schrieb er: «Daß Sie ein Corpus der Aschenkisten vorbereiten, war mir bekannt. Mir hat sich ein solches auf Veranlassung meiner Nachforschungen über Charun unwillkürlich gebildet. Ich glaube wohl alles zu haben, was Sie besitzen, wohl aber auch etwas mehr. Wir werden darüber seiner Zeit conferieren».
[27] Brief Henzens an Gerhard vom 11. 10. 1862.
[28] Brief Brunns an Henzen vom 3. 10. 1862.
[29] *Bull.Inst.* (1862) 207 ff. Eine Nachbildung des Inghiramischen Grabes mit den Originalurnen befindet sich jetzt im Gartes des Archäologischen Museums in Florenz.
[30] Brief A. Cincis an Brunn vom 24. 7. 1863.
[31] Gemeint ist der Zeichner des Instituts Gregorio Mariani.
[32] Die Volterraner Urnen werden innerhalb des neuen Sammelwerkes *Corpus delle urne etrusche di età ellenistica* ediert; erschienen sind bislang *Urne volterrane*. 1. *I complessi tombali, a cura di* M. Cristofani u. a. (1975); 2. *Il Museo Guarnacci. Parte prima, a cura di* M. Cristofani (1977); *Parte seconda, a cura di* G. Cateni (1986).
[33] *Bull.Inst.* (1874) 229 ff.
[34] Niccolò Maffei wurde im Jahre 1877 zum korrespondierenden Mitglied des Instituts ernannt.

ANMERKUNGEN

Der Duft der Blüten
Ursula Höckmann

[1] Inv. AS 3678; 1911 durch Arndt erworben. Vollguß. Ich danke F.-W. Hamdorf für seine Hilfe beim Studium des Originals. Mein Dank gilt außerdem folgenden Museen für die Bereitstellung und Abbildungserlaubnis von Photos: Kopenhagen, National Museum (M. C. Hermannsen); London, British Museum (D. Williams); München, Staatliche Antikensammlungen und Glyptothek (G. Raatschen); Paris, Louvre (A. Pasquier).
[2] Die Figur ist bis auf den verlorenen Gegenstand in der rechten Hand und die vorauszusetzenden Gußstützen unter den Füßen vollständig erhalten. Die in der Literatur mehrfach geäußerte Vermutung, in der Vertiefung der Taille habe sich ein aus anderem Material bestehender Gürtel befunden, besteht zu Unrecht. Vgl. die Koren aus Kyrene, J. G. Pedley, *A group of early Sixth Century Korai and the Workshop on Chios*, in: *AJA* 86 (1982) 183 ff. Taf. 22,1–4.
[3] J. Sieveking, in: *MJb* 1 (1912) 72 f. Abb. 2; ders., *AA* (1913) 17 f. Abb. 2 (Aphrodite?); K. Pfister, *Die Etrusker* (1940) 96 Abb.; L. Goldscheider, *Etruscan Sculpture* (1941) Taf. 74; P. J. Riis, *Tyrrhenika* (1941) 142; M. Pallottino / H. u. I. Jucker, *Art of the Etruscans* (1955) 145 Nr. 77 Abb. 77; O. W. von Vacano, *Die Etrusker. Werden und geistige Welt* (1955) Taf. 69 (um 500 v. Chr.); *Kunst und Leben der Etrusker* (Kunsthaus Zürich 1955) Nr. 179 (um 500 v. Chr.); E. Fiumi, *La «Facies» arcaica del territorio Volterrano*, in: *StEtr* 29 (1961) 291 Abb. 16; H. Busch / G. Edelmann, *Etruskische Kunst* (1969) 119; L. Bonfante-Warren, *Roman Costumes. A Glossary and Some Etruscan Derivations. ANRW* I 4 (1973) 596 Taf. 43,8; F. Pairault-Massa, *Mélanges offerts à Jacques Heurgon* II (1976) 743 ff. 757. 769 Abb. 8 (Ende 6./Anfang 5. Jh. v. Chr.); E. Richardson, *Etruscan Votive Bronzes* (1983) 288 f. 290 Abb. 682–684 (spätarchaisch, 520–470 v. Chr.); C. Rolley, *Rezension E. Richardson*, in: *BJb* 186 (1986) 777, 778.
[4] s. L. Bonfante, *Etruscan Dress* (1975) 36 ff., 38. Zum Motiv des Gewandraffens bei der Münchner Statuette vgl. die Koren aus Didyma, Samos und Theangela: G. M. A. Richter, *Korai* (1968) Nr. 162 Abb. 516–519; B. Freyer-Schauenburg, *Bildwerke der archaischen Zeit und des Strengen Stils. Samos* XI (1974) Nr. 20. 22; G. M. A. Richter, *Archaic Greek Art* (1949) 177 Abb. 270.
[5] Zur Mitra s. H. Brandenburg, *Studien zur Mitra* (1966) 53 ff. 69 ff., dessen Ausführungen von R. Tölle-Kastenbein, *Zur Mitra in klassischer Zeit*, in: *RA* (1977) 23–36 angegriffen wurden, da sie ihrer Meinung nach eine Haube und nicht ein Band bezeichne. A. Krug, *Binden in der griechischen Kunst* (1968) 139 verwendet Mitra im Sinne von Brandenburg (s. auch H. Brandenburg, *Mitra, zoster und zoma*, in: *ArchHom E* [1977] 119 ff.). Neuerdings haben D. Kurtz / J. Boardman, *Greek Vases in The J. Paul Getty Museum* 3 (1986) 50 f. 55 f. neue überzeugende Argumente für die These von Brandenburg genannt in dem Sinne, daß die eigentliche Bedeutung von Mitra eine aus einem Band gewickelte Haube sei. Dieser Gedanke, den bereits Brandenburg a. O. 9 ff. ausführt, leuchtet sehr ein. Die Mitra kommt um 470 v. Chr. außer Gebrauch. Etwas früher läßt sich bei Pindar und Bakchylides der Gebrauch von Mitra für Band, Binde nachweisen: s. J. Jüthner, *Siegerkranz und Siegerbinde*, in: *ÖJh* 1 (1898) 42 ff. Die Bezeichnung *tainia* für Binde ist erst seit dem späten 5. Jh. v. Chr. üblich: s. *LSJ* s. v. tainia. Folglich scheint der Wandel der Bedeutung von Mitra = Bandhaube zu Band, Binde in der 1. Hälfte des 5. Jhs. v. Chr. erfolgt zu sein, als dieser Kopfputz aus der Mode kam. Sehr bald hat sich dann aber *tainia* = Binde durchgesetzt.
[6] Alkman, *frg.* 1, in: D. L. Page (Hrsg.), *Poetae melici Graeci* (1962) 4, frg. 1,64 ff. (67/8); D. L. Page, *Alcman, the Parthenion* (1951) 19,64 ff. Zu Alkman s. *RE Suppl.* XI (1968) 19–29 (M. Treu).
[7] Sappho, *frg.* 98 L. P.
[8] Man geht davon aus, daß die Mitra im frühen 6. Jh. v. Chr. aus Lydien oder aus dem Orient übernommen worden ist: Brandenburg a. O. (Anm. 5) 10. 82.; Kurtz-Boardman a. O. (Anm. 5) Abb. 30.
[9] London, *BrM* 1888.6–1.520; R. M. Cook, *A list from Clazomenian pottery*, in: *BSA* 47 (1954) 127 Anm. 20; J. Boardman, *Chian and Naucratite*, in: *BSA* 51 (1956) 61 Anm. 10; E. Walter-Karydi, *Samische Gefäße des 6. Jahrhunderts v. Chr., Samos* VI 1 (1973) 70 Taf. 100, 700; A. A. Lemos, *Archaic Pottery of Chios* (1991) I 179 Anm. 137; S. 190; II Taf. 219, 1656; R. M. Cook / P. Dupont, *East Greek Pottery* (1998) 95 f. Abb. 12. 1b (um 560 v. Chr.). Das Haar ist von einer Haube bedeckt. Sabine Weber danke ich herzlich für den Hinweis auf zwei klazomenische Werke: Stangenkrater aus Limantepe mit tanzenden Frauen, s. http://klazomenai.tripod.com/resim05–20.htlm.; N. Kaltsas, *Klazomeniakes sarkophagi apo to nekrotapheio tes Akanthou*, in: *ADelt* 51–52, *Meletes* (1996–1997) 35–47 Farbtaf. 15 (Sarkophag mit Symposionszene). Vgl. Weiterhin E. Langlotz, *Studien zur nordgriechischen Kunst* (1971) 97 Taf. 22; S. 99 ff. Taf. 25,1–3.7; 26. 27,1; 28,3–5.7.
[10] s. C. M. Stibbe, *Lakonische Vasenmaler des 6. Jhs. v. Chr.* (1972) 244 Anm. 3 Taf. 58; weitere Belege bei Brandenburg a. O. (Anm. 5) und Kurtz / Boardman a. O. (Anm. 5).
[11] s. Bonfante a. O. (Anm. 4) 73 ff.; anders Richardson a. O. (Anm. 3) 32 f.

[12] s. Bonfante a. O. (Anm. 4) 76.
[13] Belege bei Brandenburg a. O. (Anm. 5) 69 ff. und Kurtz / Boardman passim.
[14] Bonfante a. O. (Anm. 4) 76 meint, die Haube der Statuette in Florenz Abb. 130–131 sei eine Frisur, bei der die Haarsträhnen mit Bändern hochgebunden seien; dies wird allein durch die deutlich ausgearbeitete Haubenkrempe widerlegt. Ähnlich A. V. Siebert, *Quellenanalytische Bemerkungen zu Haartracht und Kopfschmuck römischer Priesterinnen*, in: *Boreas* 18 (1995) 79 f.; die genaue Betrachtung der Statuetten spricht jedoch gegen diese (weitreichende) These.
[15] P. J. Riis, *Tyrrhenika* (1941) Taf. 18, 1.
[16] s. K. Dohan Morrow, *Greek Footwear and the Dating of Sculpture* (1985) 38.
[17] Einfache «Slippers» ohne ausgezogene Spitze als Schuhwerk von Frauen finden sich an griechischen Werken bereits seit dem 7. Jh. v. Chr.: s. z. B. G. M. A. Richter, *Korai* (1968) passim; Dohan Morrow a. O. (Anm. 16) 37 f.
[18] s. Bonfante a. O. (Anm. 4) 60–63. 65; Richardson a. O. (Anm. 3) 33; vgl. 93 f.; I. E. M. Edlund-Berry, *The Seated and Standing Statue Akroteria from Poggio Civitate (Murlo)* (1992) Taf. 9.
[19] vgl. Bonfante a. O. (Anm. 4) 3 f.
[20] Vgl. O. J. Brendel, *Etruscan Art* (1978) 116.
[21] U. Höckmann, *Die Bronzen aus dem Fürstengrab von Castel San Mariano* (1982) 71 ff. Taf. 39–41 (540–530 v. Chr.) hier Abb. 6, 7 = Inv. AS 7.
[22] A.-M. Adam, *Bronzes étrusques et italiques* (1984) Nr. 220 (Zone von Perugia, Ende 6. / Anfang 5. Jh. v. Chr.); M. Cristofani, *I bronzi degli Etruschi* (1985) 137 Nr. 24 (um 540/30 v. Chr., chiusinisch).
[23] M. Moltesen, *Analecta Romana* 11 (1982) 27–40; Cristofani a. O. (Anm. 22) 144 Abb. 32 (um 500–480 v. Chr., aus Stipe Villa Ruffi).
[24] M. F. Briguet, *Le Sarcophage des Epoux de Cerveteri du Musée du Louvre* (1989) 215 f.; um 520/510 v. Chr.
[25] Höckmann a. O. (Anm. 21) 116 Taf. 31 (um 520 v. Chr.).
[26] M. Sprenger / G. Bartoloni, *Die Etrusker* (1977) Taf. 75. Vgl. auch die Göttin auf dem Ostfries des Siphnierschatzhauses: P. de la Coste-Messelière, *Delphes* (1943) Taf. 76 B.
[27] Vgl. M. Bentz, *Etruskische Votivbronzen des Hellenismus* (1992) 9.
[28] H. Jucker, *Etruscan Votive Bronzes of Populonia*, in: *Art and Technology, Symposion Cambridge* (1970) 195–219, 198 Abb. 6a–c; vgl. auch Abb. 11a–c.
[29] P. Bocci Pacini, *La stipe della Fonte Veneziana ad Arezzo*, in: *StEtr* 48 (1980) 73 ff.; Cristofani a. O. (Anm. 22) 88 ff. Nr. 3.1–3.25; S. 250 ff. Das Heiligtum lag vermutlich bei einem der Stadttore; die Funde sprechen für Verehrung einer Heilgottheit: Richardson a. O. (Anm. 3) 258 ff. Taf. 174 ff. Als weitere Werke lassen sich Bronzestatuetten aus dem Chiana-Tal, aus Chiusi, Arezzo, Ravenna u. a. nennen. Ich habe diese Werke mit Orvieto-Volsinii verbunden: Höckmann a. O. (Anm. 21) 71 ff.; so auch M. Martelli, *Il «Marte» di Ravenna*, in: *Xenia* 6 (1983) 25–36. Der etwas starr oder spröde wirkende Ausdruck des Gesichtes, der durch die geringe Modellierung entsteht, erinnert an die frühen Statuetten aus Brolio: Cristofani a. O. (Anm. 22) 79–83 Abb.
[30] Fiumi a. O. (Anm. 3) Abb. 7, 8; 284 ff. Abb. 13–15; M. Cristofani, *La «testa Lorenzini» e la scultura tardoarcaica in Etruria settentrionale*, in: *StEtr* 49 (1979) 85 ff.; Cristofani a. O. (Anm. 22) 32 ff. Nr. 12. 13; A. Romualdi, in: G. Colonna (Hrsg.), *Santuari d'Etruria* (1985) 161 f.; Qu. Maule, *The Monteguragazza Style*, in: *StEtr* 54 (1986) 61 ff.; A. Romualdi, *La stipe di Bibbona nel Museo Archeologico di Firenze*, in: *Die Welt der Etrusker*, Intern. Koll. Berlin 1988 (1990) 143 ff.; A. Maggiani, *Un nuovo bronzetto del tipo «swordsman» da Volterra*, in: *ArchCl* 43 (1991) 990 ff.; vgl. auch A. Romualdi, *Luoghi di culto e depositi votivi nell'Etruria settentrionale in epoca arcaica: considerazioni sulla tipologia e sul significato delle offerte votive*, in: *Atti del Convegno internaz. «anathema» 1989. Scienze dell' antichità. Storia archeologia antropologia* 3–4 (1989–90) (1992) 649–659; N. Terrenato / A. Saggin, *Ricognizioni archeologiche nel territorio di Volterra*, in: *ArchCl* 46 (1994) 465 ff.; P. Carafa, *Organizzazione territoriale e sfruttamento delle risorse economiche nell'agro volterrano tra l'Orientalizzante e l' età ellenistica*, in: *StEtr* 59 (1999) 109 ff. Mir nicht bekannt ist die Dissertation von A. Amidei, *Bronzetti arcaici nel Museo Guarnacci* (1956–57).
[31] s. Maggiani a. O. (Anm. 30); Cristofani a. O. (Anm. 22) Nr. 14. 15 (Montalcino); P. Zamarchi Grassi, in: G. Camporeale (Hrsg.), *L'Etruria mineraria* (1985) 82–84.
[32] Carafa a. O. (Anm. 30) 110 ff. mit Karte Abb. 1; vgl. auch 109 Anm. 3 zu historischen Vorgängen im 7. Jh. v. Chr.; vgl. E. Fiumi, *I confini della diocesi del municipio e dello stato etrusco, Archivio storico italiano* (1968) 23 ff. bes. 50–60.
[33] Hellenistische Statuetten sind mehrfach auf steinernen Basen gesockelt erhalten: z. B. Bentz a. O. (Anm. 27) Taf. 5,16–17; 13,63; 14,65–66; 68–71; 15,72; 21,105; 22,107–108.
[34] s. L. A. Schneider, *Zur sozialen Bedeutung der archaischen Korenstatuen. Hamburger Beiträge zur Archäologie* 2 (1975) 23 f.
[35] Maggiani a. O. (Anm. 30) passim.
[36] Fiumi a. O. (Anm. 3) 273 Anm. 60 erwähnt, daß die beiden Statuetten Abb. 7 und 8a.b dem Museum in Volterra 1911 von dem Priester Dante Mazzinghi in Casal Marittimo geschenkt wurden. Vielleicht stammen sie aus derselben Quelle wie die Münchner Statuette, die das Museum 1911 durch Arndt erwarb?

ANMERKUNGEN

Die «Ombra della Sera»
Otto Wilhelm von Vacano (Herausgegeben von Otfried von Vacano)

* Der Aufsatz wurde im Januar 1986 abgeschlossen. Neben den üblichen werden folgende Abkürzungen verwendet:
Bonamici 1985 = M. Bonamici, *La piccola plastica*, in: A. Maggiani / M. Bonamici, *Artigianato artistico. L' Etruria settentrionale interna in età ellenistica*, Katalog Volterra (1985) 157–165.
Cristofani 1985 = M. Cristofani, *I bronzi degli Etruschi* (1985).
Fiumi 1976 = E. Fiumi, *Volterra etrusca e romana* (1976).
Zanco 1961 = O. Terrosi Zanco, *Ex-voto allungati dell' Italia centrale*, in: *StEtr* 29 (1961) 423–459.

[1] Zanco 1961, 423–459, Abb. 1–29.
[2] Zur Entstehung der gelängten Statuetten «a fettuccia» zuletzt G. Colonna, *Bronzi votivi umbro – sabellici a figura umana* I (1970) 107–109, 113, Anm. 78.
[3] Bonamici 1985, 160, 213. 155 (Farbtaf.); Fiumi 1976, 74, Abb. 160a.b; Cristofani 1985, 276, Abb. 79. Zur «stips votiva» vom Docciola-Brunnen vgl. Bonamici 1985, 157 col. 1. 158 col. 1 f. Der unten am Nordrand der Stadt gelegene Brunnen scheint als einer der vier Hauptbrunnen der Stadt schon in deren erste Ummauerung einbezogen gewesen zu sein. Ihre bemerkenswerte architektonische Fassung erhielten die «fonti della Docciola» 1244 durch einen maestro Stefano: U. Viti, *Topografia e sviluppo di Volterra etrusca, Rassegna Volterrana* 49/50 (1983/1984) 133 f., Taf. 1, Fonti Nr. 11; A. Secchi / A. Soleno Zanelli, *Volterra e il suo territorio* (1982) 394 f. Taf. 685.687. Farbtaf. 69; R. Galli, *Volterra iconografica* (1983) z. B. 82/83 Nr. 40.
[4] Bonamici 1985, 165, 219, Abb. S. 163.
[5] H. u. I. Jucker, in: *Kunst und Leben der Etrusker*, Kat. Zürich (1955) 111, 282 = Kat. Köln 1956, 158, 428; M. Pallottino, *Mostra dell' arte e della civiltà etrusca*, Cat. Milano (1955) 121, 396.
[6] H. u. I. Jucker, ebd. 110, 281 bzw. 158, 427.
[7] Bonamici 1985, 158.
[8] G. Lippold, Rez. zu E. Langlotz, *Griechische Bildhauerschulen*, in: *Gnomon* 4 (1928) 414–426. S. auch P. J. Riis, *Tyrrhenika* (1941) 3 ff. u. passim; E. Richardson, *Etruscan Votiv Bronzes* (1983) XII ff.
[9] Chr. Morgenstern, *Galgenlieder* (1905) «Das Nasobem», Strophe 2.
[10] Zanco 1961, 441, unten, glaubte, nur die beiden Haruspices Nr. 7 und 8 der selben Werkstatt, ja sogar dem selben Meister zuschreiben zu dürfen: «Per quanto sia del tutto inadequato parlare in casi del genere di ‹scuole› sono del parere che questi due bronzi ...»; M. Moretti u. a., *Kunst und Land der Etrusker* (1969) 236 Abb. 244 Mitte und rechts; Zanco 1961, Nr. 7. 8, Abb. 13. 14 und 15. 16; H. 34 cm; beide ohne Fundort.
[11] Volterra, Museo Guarnacci, Nr. 1971/1; H. 20,8 cm; Lit. s. Anm. 3.
[12] Volterra, Museo Guarnacci, Nr. 226; H. 57,5 cm: A. F. Gori, *Mus. Etr.* ..., 2 (1737) 230, Taf. 104; Zanco 1961, 446, 10–448, Abb. 19–22; M. Moretti u. a. a. O. (Anm. 10) 236. Abb. 245, links; O. W. v. Vacano, *Considerazioni sull «Ombra della sera»*, in: *Riv. Volterra* 16, 1 (1977) 3–8; Bonamici 1985, 163, 218–265, mit 4 Abb.; Cristofani 1985, 275, Abb. 75.
[13] G. Dennis, *Bull.Inst.* 1885, 137 f.; ders., *The Cities and Cemeteries of Etruria* 2 (1848) 162, Anm. 5 (Fundbericht). Zur Lokalisierung des «Ripostiglio di Casa Bianca» vgl. *carta d'Italia dell' Ist. Geogr. It.* 1:100000, Fol. 112 (1953): Volterra.
[14] H. 40 cm, früher Museo Kircheriano, Nr. 5300: G. Q. Giglioli, *Su alcuni bronzi etruschi*, in: *StEtr* 22 (1952/1953) 49–67, spez. 52; Zanco 1961, 437–440, Nr. 6, Abb. 11. 12, spez. 455; Moretti u. a. (s. Anm. 10), 236 Abb. 245, Mitte; T. Dohrn, in: *Helbig* III 4, 2667; M. Sprenger / G. Bartoloni, *Die Etrusker. Kunst und Geschichte* (1977) 157 f. Taf. 258 (2. von links).
[15] s. Anm. 13.
[16] H. 28 cm, Ex Museo Kircheriano: T. Dohrn, *Grundzüge etruskischer Kunst* (1958) Abb. 21; ders., in: *Helbig* III4, 2667; Zanco 1961, 428, 2–430, Abb. 3.4; Cristofani 1985, 275, Abb. 74.
[17] s. Anm. 13.
[18] H. 22 cm: Zanco 1961, 430, 3–431, Abb. 5. 6.
[19] Florenz, Museo Archeologico, Nr. 150, «dalle Gallerie»: Beine abgebrochen, erhaltene H. 20,5 cm, ergänzt ca. 28 cm; s. auch o., Anm. 3 und 4.
[20] Zanco 1961, 433,4–435, Abb. 7. 8; Moretti a. O. (Anm. 10) 236, 244 (links); A. Hus, *Les bronzes étrusques, Coll. Latomus* 139 (1975) 121, Taf. 57; Sprenger / Bartoloni a. O. (Anm. 14) 157, 258 (rechts).
[21] «In Volterra z. B. fanden sich viele Exemplare», vermerkt W. Zschietzschmann schon 1969 in: H. Busch / G. Edelmann, *Etruskische Kunst* (1969) XLIII, bei Erläuterung der «Ombra della sera», 127, Abb. 5.
[22] Fiumi 1976, Abb. 158, Nr. 43.42. Abb. 156, Nr. 10/52. Auch Abb. 157, Nr. 58 weist in diese Richtung.
[23] Bonamici 1985, Nr. 214. 215.
[24] Vgl. z. B. Plin., *nat. hist.* 34, 65 (Xenokrates über Lysipp). Dazu B. Schweitzer, *Zur Kunst der Antike, Ausgewählte Schriften* 1 (1963) 160 f. und 121, 37.
[25] = Tracht dienender Leute in Kult und täglichem Leben bei Etruskern und Römern: Serv., *ad Aen.* 12, 120; Colonna a. O. (Anm. 2) Taf. 23, 80; Bonamici 1985, 170, Anm. 21 und 32. Ferner: L. Bonfante, *Roman costumes*, in: *Aufstieg und Niedergang der römischen Welt* I 4 (1973) 598. Abb. 13b; dies., *Etruscan Dress* (1975) 38. Taf. 13,4; Richardson a. O. (Anm. 8) 221, Anm. 12. 242, Typus 5, Taf. 160, 151.
[26] Richardson a. O. (Anm. 8) 10–12, Taf. 1.2; Colonna a. O. (Anm. 2) passim.
[27] Volterra, Museo Guarnacci, Nr. 1971/2, H. 12 cm: Fiumi 1976, 74, Abb. 161; Bonamici 1985, 159, 212; Cristofani 1985, 276, Abb. 80.
[28] Volterra, Museo Guarnacci, Nr. 12/52 und 76, H. 8 cm und 8,5 cm: Bonamici 1985, 161 f., Nr. 216 und 162 f., Nr. 217.
[29] So auch Bonamici 1985, 158 col. 1.
[30] Sie und die wenigen anderen griechischen Beispiele sind nur insofern vergleichbar, als sie – wie es sich dort geziemt (Herodot II 35,3) – die Hydria nicht nach Frauenart auf dem Kopf, sondern auf der linken Schulter tragen. E. Simon, *Festivals of Attica – An Archaeological Commentary* (1983) 60.

63 f., Taf. 19,1; ebd. Anm. 14: Drei weitere Beispiele für griechische männliche Hydriaträger: Fikellurafrgt. von Milet, Ausgrabungen beim Athena-Tempel, Hydria London E 159 des Phintias und Skyphos Wien 3710 des Brygosmalers.

31 s. Anm. 27.

32 Bonamici 1985, 159, 212. 170, Anm. 23.24.

33 R. Zandrini, *I kottaboi di Perugia*, in: *RM* 57 (1942) 236–249; A. M. Adam, *Bibliothèque Nationale, Bronzes étrusques et italiques* (1984) 74 f., Nr. 77. Abb. 74 u. 75; Bonamici 1985, 159, 212. 170 Anm. 25.

34 Volterra, Museo Guarnacci, Nr. 12/52. S. Anm. 27.

35 S. Anm. 14.

36 G. Dennis bezeichnet im Fundbericht über den «Ripostiglio di Villa Bianca» die 45 cm hohe Statuette des bekränzten jungen Mannes – und nur diese – in der Tat mit gesperrtem Druck als «the hermes», s. Anm. 13.

37 Hinweis von Zanco 1961, Zeilen 7–14.

38 Deutlich erkennbar bei Sprenger / Bartoloni a. O. (Anm. 14) Taf. 258, zweiter von links.

39 Plin., *nat. hist.*, 34.18 und 23; E. Richardson, *The Etruscan Origin of Early Roman Sculpture*, in: *MemAmAc* 21 (1953) 110 ff., Abb. 24–35. 37 f.

40 Vgl. z. B. Fiumi 1976, Abb. 156; Bonamici 1985, Abb. 158, 211; Cristofani 1985, 273 Abb. 63 u. 66.

41 s. Anm. 16.

42 s. Anm. 18.

43 Villa Giulia Inv. Nr. 24472 (Museo Kircheriano Nr. 5277), L. 25 cm, H. 19,5 cm, B. 15,5 cm: Dennis a. O. (Anm. 13); Giglioli a. O. (Anm. 14) spez. 50–54. Abb. 1; M. Pallottino, in: *TLE* 2 (1968) 398.

44 H. 28 cm (?): Zanco 1961, 452, Abb. 28; S. Reinach, *Rep.Stat. Grecque et Romain* (1898) II 2, 504,6; O. Montelius, *La civilisation primitive en Italie* II (1904, Repr. 1969) 990, Taf. 226,7; v. Vacano a. O. (Anm. 12) 5, Abb. 2, nach D. Valeriani / F. Inghirami, *Etrusco Museo Chiusino* I (1838) Taf. 30,1.

45 G. Dennis, *Cities and Cemeteries of Etruria* (1848) II 104.

46 Vgl. bes. Zanco 1961, 162, 216 und auch 155, 213.

47 s. Anm. 16.

48 Einen vergleichbaren Qualitätsunterschied zeigen die beiden «haruspex»-Statuetten o. Anm. 10, die Zanco dessen ungeachtet dem selben Meister zuschreibt.

49 Zu Haltung und Gewandung vgl. die 18 cm hohe Frauenstatuette von Montalcino im Museo Archeologico Florenz, Nr. 84407: Cristofani 1985, 276 Abb. 78 (Vorder- und Rückansicht); A. Maggiani, *Riv. di epigrafia etr.*, in: *StEtr* 49 (1981) 269–271, Nr. 4, Taf. 41, 40 (TLE2 447).

50 Nach Dohrn a. O. (Anm. 16) macht «die Gestalt des Mädchens fast den Eindruck, als stehe es auf Stelzen».

51 s. Anm. 4 und 19.

52 s. Anm. 12.

53 Schon H. u. I. Jucker (Anm. 5) wiesen auf die – leichte – Konkavität der Rückenbildung hin, durch die sich freilich die Jünglingsgestalt von der «Ombra della sera» unterscheidet, deren Körper im Querschnitt rundlich oval ist.

54 v. Vacano a. O. (Anm. 12) 6, col. 1.

55 H. u. I. Jucker a. O. (Anm. 5).

56 T. Dohrn, *Die etruskische Kunst im Zeitalter der griechischen Klassik* (1982) 30,8. Taf. 13, 1.2: Athlet mit Diskus im Kunstmuseum Basel, H. ca. 12 cm (G. Hafner, *Männer- und Jünglingsbilder aus Terrakotta im Museo Gregoriano Etrusco*, in: *RM* 73/74 [1966/1967] 40 Anm. 55. Taf. 5,3; M. Sprenger, *Die etruskische Plastik des 5. Jhs. v. Chr. und ihr Verhältnis zur griechischen Kunst* [1972] 80). Dohrn a. O. (Anm. 16) 28,2. Taf. 11,1: Jüngling mit *lituus* von Monte Capra, im Museo Civico Bologna, H. 13,6 cm (Cristofani 1985, 271 Abb. 57). Vgl. auch den «Alten» vom Belvedere-Tempel in Orvieto: Sprenger / Bartoloni a. O. (Anm. 14) Abb. 198/99 (Motiv seitenverkehrt!) und Cristofani 1985, 284 Abb. 100: «Aplu» der Bibl. Nat. Paris Nr. 101, H. 16 cm.

57 Dohrn a. O. (Anm. 56) 25,16, Taf. 10,3.4: Museo Civico Bologna, H. 11 cm; G. A. Mansuelli, *La tomba felsinea Arnoaldi delle anfore panatenaiche*, in: *StEtr* 17 (1943) 153 f. 131, Taf. 16.

58 *Mostra dell'Etruria Padana* I, Cat. Bologna (1960) 809, Taf. LX.

59 s. Anm. 20.

60 Daß es sich möglicherweise wegen des «torques», wegen der Haartrachtstilisierung und der Schlange als Attribut um eine keltische Gottheit oder um eine Priesterin oder Verehrerin einer keltischen Gottheit handle (Zanco 1961, 434 f.), wird man nicht mehr widerlegen müssen. Vgl. Colonna a. O. (Anm. 2) 112, Anm. 113.

61 Deutlich erkennbar bei Sprenger / Bartoloni a. O. (Anm. 14) 258, rechts außen (vgl. o. Anm. 38).

62 Nicht die übliche «bärtige» Unterweltsschlange, zoologisch kaum bestimmbar. Die einzige wegen der Kopfform vergleichbare europäische Schlange, die «westliche Sandboa» (*eryx iacula*), ist nur 3–4 mm dick und ca. 23 cm lang und ein im südlichen Balkan und auf einigen griechischen Inseln, nicht aber in Italien heimisches Schlänglein: E. N. Arnold / J. A. Burton, *Pareys Reptilien- und Amphibienführer* (1979) 193,2. Verbreitungskarte 260, 102; s. auch die «Hygieia»-Statuette des Museo Guarnacci: Fiumi 1976, Abb. 165.

63 s. o. Anm. 60.

64 Museo Archeologico Florenz, Nr. 553, H. 36 cm: Dohrn a. O. (Anm. 56) 70 f. Taf. 49; Cristofani 1985, 164 Abb. 56.

65 H. Kenner, *Die trauernde Athena*, in: *Anzeiger der phil. hist. Klasse der Österr. Akademie der Wissenschaften*, 114 (1977) 379–406.

66 Louvre, Inv. Nr. 530, H. 2,30 m; G. B. Waywell, *Athena Maffei*, in: *BSA* 66 (1971) 373–382. Taf. 66–72; O. Palagia, *Euphranor* (1980) 22. Abb. 36–40. So gewichtig die vorgebrachten Argumente sind, so bleibt doch die Erklärung des «ad ansa» aufgestützten rechten Armes als durch Sparsamkeits- und Stabilitätserwägungen des Kopisten bedingt wenig befriedigend angesichts der ikonographisch in guter Tradition stehenden, im neuattischen Kopierbetrieb jedoch ungewöhnlichen Veränderung. Dies gilt auch für die auffällig übertrieben erscheinende Verneigung der Louvre-Statue.

67 Adam a. O. (Anm. 33) 160, 236; C. Anti, *Athena Marina e Alata*, in: *MonAnt* 26 (1910) 313 f., Abb. 25 (Motiv seitenverkehrt): Museo Gregoriano Etrusco Nr. 12114, aus Orte. T. Dohrn, in: Helbig I4, 700; E. Stefani, *Orvieto. Tempio etrusco presso il Pozzo della Rocca*, in: *NSc* (1925) 143, Abb. 8. (Orvieto, Belvedere-Tempel). Vgl. auch die Athena der Fikoronischen Kiste: T. Dohrn, *Die Ficoronische Ciste* (1972) Taf. 1.3.6.

68 Zanco 1961, Nr. 1 (Paris, Louvre, vom Nemisee, H. 50,2 cm); Nr. 6 (Rom, Villa Giulia, H. 40 + 5(?) cm); Nr. 10 (Volterra, Museo Guarnacci, H. 57,5 cm); Nr. 11 (erhalten nur Oberkörper (Perugia, Museo Archeologico, H. 45 + 45 (?) cm).

69 G. v. Kaschnitz-Weinberg, *Ritratti fittili etruschi e romani dal secolo III a I av. Cr.*, in: *RendPontAcc* 3 (1924/1925) 325 ff. (= *Ausgewählte Schriften* II [1965] 5 ff.); ders., *Studien zur etruskischen und frührömischen Porträtkunst*, in: *RM* 41 (1926) 133 ff. (= *Ausgewählte Schriften* II, 21 ff.); G. Hafner, *Frauen- und Mädchenbilder aus Terrakotta im Museo Gregoriano Etrusco*, in: *RM* 72 (1965) 41 ff.; ders., *Männer- und Jünglingsköpfe aus Terrakotta im Museo Gregoriano Etrusco*, *RM* 73/74 (1966/ 1967) 29 ff.; S. Steingräber, *Zum Phänomen der etruskisch-italischen Votivköpfe*, in: *RM* 87 (1980) 215–253.

70 Steingräber a. O. (Anm. 69) 222–227.

71 Zanco 1965, 445 f., Abb. 20, 21, 22; v. Vacano, *Estratto dalla Riv. Volterra* 16,1 (1977) Abb. 7, 10.

72 H. Bulle, *Der schöne Mensch im Altertum* 2 (1912) 423. Taf. 190; L. Alscher, *Griechische Plastik* 4 (1957) 104–106, Abb. 45; L. Laurenzi, *Boethos*, in: *EAA* II (Rom 1959) 118, Abb. 178; E. Berger, *Lexikon der Alten Welt* (1965) 483, s. v. Boethos; H. v. Steuben, in: *Helbig* II4 1410.

73 Zanco 1961, 448, Anm. 39: Museo Gregoriano Etrusco Nr. 13761.13758; G. Kaschnitz v. Weinberg, *Ausgewählte Kleine Schriften* 2 (1965) 5 f., Taf. 1,1.1,2; Hafner a. O. (Anm. 69) 73/74, 1966/67, 46. Taf. 17,1.2. 43 f. Taf. 13,1.2.

74 Zanco 1961, 448 «non può molto risalire oltre il I, massimo fine II sec.a.C.»; W. Zschietzschmann a. O. (Anm. 21), XLIII. Abb. S. 127: 2. Jh. v. Chr.; Jucker a. O. (Anm. 5): 2. Jh. v. Chr.; M. Pallottino a. O. (Anm. 5) 121, 395: 2. Jh. v. Chr.

75 F. Messerschmidt, *Das Grab der Volumnier bei Perugia*, in: *RM* 57 (1942) Abb. 37.41 f., 48–51. Taf. 18,1. 19,2.20 f. Zur Datierung: J. Thimme, *Chiusinische Aschenkisten und Sarkophage der hellenistischen Zeit*, in: *StEtr* 23 (1954) 132–147; zeitl. Abfolge: 147. Vgl. auch das Giebelrelief von Civitalba: Sprenger / Bartoloni a. O. (Anm. 14), Abb. 282: «kurz nach Mitte 2. Jh. v. Chr.»; F.-H. Massa-Pairault, *Recherches sur l'art et l'artisanat étr.-italiques à l'époque hellénistique* (1985) 143 f., Abb. 81, 83–87, 89: 2. Jh. v. Chr.; F. L. Basted, *Untersuchungen zur Datierung und Bedeutung der Tazza Farnese*, in: *BABesch* 37 (1962) 7–9, 23: 107 v. Chr.

76 Hafner a. O. (Anm. 69) 73/74, 1966/67, 36, Taf. 8,2.38 f.; Taf. 9,3.4.42, Taf. 12.1.2.

77 s.o. Anm. 75.

78 Paris, Louvre, Nr. 321, H. 50,2 cm, ausgegraben im Winter 1886/1887 im Dianaheiligtum am Nemisee: L. Borsari, *NSc* (1887) 23–25; Jucker a. O. (Anm. 5) 278, Abb. 61 bzw. 419, Abb. 50; Zanco 1961, 425–428, Abb. 1.2; D. G. Milten / S. F. Doeringer, *Master Bronzes from the Classical World*, Cat. Fogg Art Museum 1968, 86; Cristofani 1985, 273 Abb. 67 (Front-, Profil- und Schrägaufnahme).

79 G. Colonna, Zur Herkunft der gelängten Statuetten «a fettuccia» des umbro-sabellischen Raumes, a. O. (Anm. 2). Vgl. auch Cristofani 1985, 274 o. links.

80 E. S. Türr, *Über spätetruskische Tonsarkophage aus Tuscania*, in: *RM* 70 (1963) 68–79.

81 Ders., a. O., 78; ders., *Spätetruskische Tonsarkophage* (1969) 5.

82 J. Martha, *L'art étrusque* (1889) 503 f.

83 P. J. Riis, *An Introduction to the Etruscan Art* (1953) 73; Jucker a. O. (Anm. 5); Pallottino a. O. (Anm. 5) Nr. 344; Dohrn a. O. (Anm. 16) 46 f.; O. J. Brendel, *Etruscan Art* (1978) 330 f. Zweifelnd bzw. widersprechend: G. M. A. Richter, *Greek, Etruscan and Roman Bronzes*, Cat. Metropolitan Museum New York (1915) 92; Giglioli a. O. (Anm. 14), 57; Zanco 1961, 456–459.

84 Jucker a. O. (Anm. 5).

85 Dies scheint speziell noch nicht untersucht worden zu sein (vgl. Anm. 24).

ANMERKUNGEN

Bühne frei!
Guglielmo Maetzke

* Allgemeine Bibliographie: P. Inghirami, *Il teatro romano di Volterra*, in: *Rassegna Volterrana* (1977) 31 ff.; *AA. VV.*, *Il Teatro romano di Volterra* (1993).

1 E. Fiumi, *Volterra. Scavi nell'area del teatro romano*, in: *NSc* (1955) 132 ff.

2 G. Capdeville, *I Cecina e Volterra*, in: *Atti del XIX Convegno di Studi Etruschi ed Italici, Volterra 1995* (1998) 253 ff. u. 295 ff.

3 Bescheidene Reste eines früheren Bauwerks sind unter der *orchestra* sichtbar. Zu den Überresten von Gebäudestrukturen, die man fälschlicherweise für einen Tempel aus hellenistischer Zeit hielt, vgl. A. Maggiani, *Il contributo della ricerca archeologica*, in: *AA. VV.*, *Il teatro romano* (s. allg. Bibliogr.) 100 ff. Zu den Gebäuderesten, die beim Bau des westlichen Arms der *porticus post scaenam* claudischer Zeit zerstört wurden, vgl. E.Regoli, *Scavi nell'area del teatro romano e ricognizioni nel territorio volterrano: i risultati preliminari*, in: *Atti di Volterra '88, un progetto* (1988) 125 ff.

4 P. Inghirami, *Il teatro* (s. allg. Bibliogr.) 31 u. 41.

5 Fiumi a. O. (Anm. 1) 130.

6 Vitruv, *De Architectura*, Buch VI. Vgl. auch A. Neppi Modona, *I teatri greci e romani* (1961) 114 f.; P. Inghirami, *Il teatro* (s. allg. Bibliogr.) 37 ff.

7 M. Munzi, *L'architettura*, in: *AA. VV.*, *Il teatro romano* (s. allg. Bibliogr.) 43.

8 A. Pizzigati, *La decorazione architettonica*, in: *AA. VV.*, *Il teatro romano* (s. allg. Bibliogr.) 62.

9 Fiumi a. O. (Anm. 1) 144; Munzi a. O. (Anm. 7) 50.

10 Pizzigati a. O. (Anm. 8) 58.

11 Fiumi a. O. (Anm. 1) 123; A. De Agostino / P.

VITI, *Il teatro romano. Studio architettonico e ricostruttivo*, in: *NSc* (1955) 150 ff., 170, Abb. 13–15.

12 O. LUCHI, *Per la storia del teatro romano di Volterra*, in: *Prospettiva* 8 (1977) 37 ff.

13 Zu den kaiserlichen Porträts einschließlich umfassender Bibliographie vgl. PIZZIGATI a. O. (Anm. 8) 65.

14 LUCHI a. O. (Anm. 12) 38.

15 Zu diesem Thermengebäude vgl. C. CORVO, *Le Terme di Vallebuona*, in: *AA. VV., Il teatro romano* (s. allg. Bibliogr.) 77 ff.

16 FIUMI a. O. (Anm. 1) 116 ff., 137.

17 Ebd. 139.

18 VITI a. O. (Anm. 11) 166 ff., Abb. 12–16.

19 G. MAETZKE, *Consolidamenti e restauri*, in: *AA. VV., Il teatro romano* (s. allg. Bibliogr.) 89 ff.

ANMERKUNGEN

Die Stadtform Volterras im Mittelalter
Costantino Caciagli

1 P. PIEROTTI, *Urbanistica: storia e prassi* (1972) 25 ff. und passim.

2 Ebd., 109 ff., passim.

3 E. FIUMI, *Volterra e S. Gimignano nel medioevo* (1983) 28. Die von mir vorgeschlagene Methode wurde von Fiumi in der Einleitung zu seiner Studie *Richerche storiche sulle mura di Volterra* klar umrissen, wenn er schreibt: «So kann der Historiker die historische mittelalterliche Quelle nicht vom archäologischen Befund trennen, die Archivforschung nicht von den Ruinen». Die Gründe sind vielfältig, darunter die nur bedingte Wirklichkeitsnähe der Sprache in den Statuten, der Verlust von materiellen Zeugnissen.

4 M. PALLOTTINI, *Nota introduttiva allo studio della forma urbana* (1965), *Atti Convegno INU*, 13.

5 FIUMI a. O. (Anm. 3) 55 (Reg: vol. n° 95 und 160). Anstatt des Jahres 1000 sind andere frühere Daten benutzbar, von denen jedoch das epigraphische Zeugnis und die gegenständliche Entsprechung fehlen.

6 PALLOTTINI a. O. (Anm. 4) 12.

7 FIUMI a. O. (Anm. 3) 32–33. Es ist nützlich, die beigefügte Karte mit der Bezeichnung «Parziale ricostruzione di Volterra medioevale e delle sue cerchia murali» zu Rate zu ziehen.

8 Ebd. 90–96. Man muß die außerhalb der Mauern erbaute Kirche S. Alessandro (5) hinzuzufügen.

9 M. BATTISTINI, *Ricerche storiche volterrane*, in: A. MARRUCCI (Hrsg.), *Accademia dei Sepolti* (1998) 390–391.

10 Ebd. 392–393.

11 M. IOZZO, *Aspetti della cultura di Volterra etrusca fra l'età del ferro e l'età ellenistica. Atti del XIX Convegno di Studi etruschi ed italici*. Volterra 15.–19. Ottobre 1995 (1997) 37. C. CACIAGLI, *Architetture e strutture di fortificazioni a Volterra*, in: *«Laboratorio universitario volterrano, Quaderno III»* 18–36.

12 FIUMI a. O. (Anm. 3) 55, 102.

13 Ebd. 27–48. Der gleiche Autor (S. 107) nennt die alte Bezeichnung «Vigna dei Calzolari».

14 BATTISTINI a. O. (Anm. 9) 363. Die Gegend war im Jahre 1336 für Gärten bestimmt.

15 E. FIUMI, *Volterra etrusca e romana* (1976) Taf. 1, S. 8.

16 FIUMI a. O. (Anm. 3) 102.

17 C. RICCI, *Volterra illustrata* (1926) 48.

18 FIUMI a. O. (Anm. 3) 163 n. Das Viertel existierte bereits zu Beginn des 12. Jhs. Das vom Autor genannte Dokument stammt aus dem Jahre 1109.

19 Ebd. 49.

20 BATTISTINI a. O. (Anm. 9) 143. Die Piazza wird in einem Dokument aus dem Jahre 1200 erwähnt. Im Jahre 1299 besaßen die Cavalieri di S. Iacopo di Altopascio das auf der Piazza stehende Haus.

21 FIUMI a. O. (Anm. 3) 55 ff. Es scheint, daß der bischöfliche Palast im Jahre 1274 erbaut oder restauriert wurde und zerstört im Jahre 1472, als die neue Festungsanlage von den Florentinern gebaut wurde.

22 Ebd. Dem Bischof wurde im Jahre 851 n. Chr. von Kaiser Ludwig II. die Möglichkeit gestattet, auf der Piazza dei Priori, genannt il Prato (die Wiese), im Monat August, am Tag der Gottesmutter Maria, einen wichtigen jährlichen Markt abzuhalten. Die Wiese wurde «Wiese des Königs» genannt, bevor sie als «Wiese des Bischofs» bezeichnet wurde. Im Jahre 1207 wurde auf der Piazza, nach Aussage der Dokumente, eine Ulme gepflanzt, unter der sich Konsuln (oberste Magistrate) und Älteste zu versammeln pflegten, bis sich die Gemeinde eine neue Verordnung gegeben hatte. Im Jahre 1208 wurde mit den Fundamentarbeiten des Palazzo dei Priori begonnen.

23 A. CINCI, *Storia di Volterra* (1885, Nachdruck 1997) 1–11. Die Fundamente des Gebäudes (oder ein Teil von ihnen) wurden im Jahre 1208 begonnen, die Fertigstellung des Sitzes der Volterraner Stadtregierung erfolgte im Jahre 1239, wie man auf der Gedenktafel lesen kann, die an der Fassade des Palastes angebracht ist. Dort, wo der Palast errichtet wurde, befanden sich Häuser und Türme von Privatleuten, die von der Gemeinde zwischen 1224 und 1320 erworben wurden. Es bleibt die Ungewißheit, ob einige Erwerbungen sich auf den Palazzo Pretorio beziehen.

24 FIUMI a. O. (Anm. 3) 109. Eines der ersten Gebäude, die um «die Wiese» (*prato*) herum erbaut wurden, war die Torre del Porcellino. Im Jahre 1224 war die Gemeinde Schuldner von Righetto dei Masnieri, möglicher Gefährte des Belforti, bezüglich des Turms und der angrenzenden und mit ihm verbundenen Häuser, die 1882 in ihren jetzigen Zustand gebracht wurden. Im Jahre 1301 war das Gebäude Sitz des Capitano del Popolo und des Salzzolls. Ab der 2. Hälfte des 13. Jhs. wurden in dem Turm die Kerker der Gemeinde eingerichtet.

25 RICCI a. O. (Anm. 17) 59, 70.

26 FIUMI a. O. (Anm. 3) 113. Die Gemeinde ordnete 1321 den Abriß an.

27 RICCI a. O. (Anm. 17) 56.

28 FIUMI a. O. (Anm. 3) 104.

29 BATTISTINI a. O. (Anm. 9) 396–397. Der Forscher präzisiert, daß sich das Oratorium S. Antonio in den Jahren 1421–1425 im Bau befand.

30 Ebd. 340, passim. Der Brunnen wurde im Jahre 1244 von Meister Stefano erbaut. Die dort erwähnten Gassen waren schon im 13. Jh. vorhanden.

31 Ebd. 341. Der Forscher erwähnt nicht die Tatsache, daß sich an den Brunnen angrenzend ein weiteres Tor befindet, von dem Fiumi annimmt, daß es sich um den Vorgängerbau des an höherer Stelle errichteten Tores handelt, noch führt Battistini das Vorhandensein von etruskischen, einem anderen Tor zugehörigen Ruinen an.

32 D. WATKIN, *Storia dell'architettura occidentale* (1994) 26. «Il concetto di città pianificata è un prodotto dell'età della colonizzazione (greca) soprattutto in occidente. Ma già verso il 466 a.C. l'architetto Ippodamo aveva impostato il progetto della sua nativa Mileto secondo un'ampia planimetria a scacchiera . . .». Volterra ist keine Stadt der Kolonisation; diese Tatsache hat eine Stadtform bedingt, die keine Veränderungen durch Einflüsse in der hellenistischen Zeit gestattete.

LITERATUR

Kunstschätze in Volterra
Franco Lessi

L. BECHERUCCI, *Manieristi toscani* (1944).
P. BAROCCHI, *Il Rosso Fiorentino* (1950).
S. J. FREEDBERG, *La pittura in Italia dal 1500 al 1600* (1988) (ital. Ausg.).
G. BRIGANTI, *La Maniera italiana* (1961).
M. BURRESI / A. CALECA, *Monumenti dell' arte a Volterra* (1981).
R. P. CIARDI, *Rosso Fiorentino – Realtà e Visione* (1987).
A. PAOLUCCI, *La Pinacoteca di Volterra* (1986).
F. LESSI, *La Pinacoteca di Volterra* (1986).
C. G. ARGAN, *Storia dell' Arte Italiana* (1968).
T. LEONI-ZANOBINI, *Cangiante del Rosso Fiorentino* (1986).
F. LESSI, *Palazzo Minucci-Solaini, La nuova sede della Pinacoteca* (1989).

BILDNACHWEIS

Abb. 1, 2, 20, 22, 23, 31, 32, 34–37, 42–45, 51–55, 65–68, 100, 116–126: Photos F. Fiaschi.
Abb. 3, 4, 7, 12, 64, 95, 138–141: Photos S. Steingräber.
Abb. 5, 6, 9, 10, 13, 91, 105–109, 112–115: Photos A. Suzuki.
Abb. 7, 8, 17, 56, 61, 80a–d, 89, 99: Photos DAI Rom.
Abb. 52b: Repro DAI Rom.
Abb. 11a.b, 90: nach E. Fiumi, Volterra etrusca e romana Taf. 2, Taf. 3.
Abb. 14: Photo Scala, Florenz.
Abb. 15, 16, 48, 50, 78, 79: Hirmer Photoarchiv, München, Nr. 754.1190, Nr. 764.1556, 764.1551, 764.1558, 754.1194, 764.1554.
Abb. 18: nach E. Fiumi, StEtr 29 (1961) Taf. I.
Abb. 19: nach E. Fiumi, Volterra etrusca e romana Taf. 1, ergänzt durch F. W. von Hase.
Abb. 21: Umzeichnungen nach Cateni 1998, 37, Abb. 20.
Abb. 24, 26, 27, 29, 30: Umzeichnungen.
Abb. 25a–c: Umzeichnungen nach Cateni, in: Zanini 1997, 160 Abb. 100,1–6, Umzeichnungen nach Bonamici, in: Zanini 1997, 162 Abb. 101,5.7, Umzeichnungen nach Bonamici, in: Zanini 1997, 162 Abb. 102,8–13.
Abb. 28: nach Zanini 1997, 36 Abb. 12.
Abb. 33: nach Bodechtel.
Abb. 38, 49a.b: nach Maggiani, in: Atti Volterra 1995 (1997) 76 Abb. 11, 89 Taf. Vb u. VIa.
Abb. 39: nach Carata.
Abb. 40: nach Bonamici.
Abb. 41a–c, 45: nach Richardson 1983, Abb. 82–84, 679.
Abb. 46: nach Maggiani 1991.
Abb. 47: nach Romualdi 1989–1990.
Abb. 57, 58–60, 62, 63: Repros H. Blanck.
Abb. 69a–d: Photos Staatl. Antikensammlungen u. Glyptothek München.
Abb. 70: Photo British Museum.
Abb. 71a.b: Photos M. Maaß.
Abb. 72a–c: Photos Dept. of Classical and Near Eastern Antiquities, National Museum of Denmark.
Abb. 73: Photo Musée du Louvre, Département des Antiquités Grecques, Etrusques et Romaines.
Abb. 74a–77c: Photos Associazione «pro Volterra».
Abb. 93, 94, 104: Photos P. N. Manoni.
Abb. 81, 88: Photos M. Nielsen.
Abb. 82: nach F. Inghirami, Monumenti etruschi o di etrusco nome, Vol. 6 (Badia Fiesolana 1826) Taf. X3: 4–5.
Abb. 83: Photo Soprintendenza Archeol. della Toscana, Florenz.
Abb. 84: Photo Ny Carlsberg Glyptothek.
Abb. 85: Metropolitan Museum of Art, Rogers Fund 1909.09.39.
Abb. 86: Staatliche Antikensammlung und Glyptothek München, nach ANTIKE WELT 5/96, S. 412.
Abb. 87: Photo Rijksmuseum van Oudheden, Leiden.
Abb. 92: Photo A. Nünnerich-Asmus.
Abb. 101: nach R. Galli, Volterra iconografica (1983) Abb. 4.
Abb. 102: Graphische Rekonstruktion von C. Caciagli.
Abb. 103: nach der aerophotogrammetrischen Aufnahme der Gemeinde Volterra 1990.
Abb. 110, 111: nach G. Albertini u. A. Augenti.
Abb. 127–133, 136, 137: nach Volterra, Progetto (1995).
Abb. 134: aus Quaderno I (1996/1997) 54 Abb. 14.
Abb. 135: aus Quaderno II (1997/1998) 30 Abb. 6.
Abb. 142: Photo Villa Palagione.

ADRESSEN DER AUTOREN

DR. UMBERTO BAVONI
Museo Diocesano di Arte Sacra
Via Roma 13
I-56048 Volterra

DR. HORST BLANCK
Istituto Archeologico Germanico
Via Sardegna 79
I-00187 Roma

Dr. Burkhard Brunn
Dantestr. 1
D-60325 Frankfurt a. M.

Prof. Costantino Caciagli
Universita di Pisa
Fac. di Architettura
Lungarno Pacinotti 45
I-56126 Pisa

Prof. Giovannangelo Camporeale
Universita di Firenze
Dip. di Scienze dell'Antichita
Piazza Brunelleschi 4
I-50121 Firenze

Dr. Gabriele Cateni
Museo Guarnacci
Via Don Minzoni 15
I-56048 Volterra

Dr. Piero Fiumi
Via del Mandorlo
I-56048 Volterra

Prof. Friedrich-Wilhelm von Hase
Römisch-Germanisches Zentralmuseum
Ernst-Ludwig-Platz 2
D-55116 Mainz

Prof. Ursula Höckmann
Archäologisches Institut der Universität Mainz
Phil. Fak. FB 15
Saarstr. 21
D-55099 Mainz

Prof. Franco Lessi (†)
Pinacoteca Comunale
Via Sarti
I-56048 Volterra

Prof. Guglielmo Maetzke
Via Toselli 150
I-50144 Firenze

Prof. Marjatta Nielsen
Svankaervej 20
2720 Vanlose
DK-Copenhagen

Prof. Diedrich Praeckel
Augusta Allee 1
D-61348 Bad Homburg v. d. H.

Prof. Stephan Steingräber
Istituto Archeologico Germanico
Via Sardegna 79
I-00187 Roma

Prof. Otto Wilhelm von Vacano (†)
Archäologisches Institut der Universität Tübingen
Schloß
D-72070 Tübingen